T0419958

HAZ *TODO*
MEJOR CON MÚSICA

REVERBERACIÓN

KEITH BLANCHARD

PRÓLOGO DE PETER GABRIEL

OCÉANO

CONTENIDO

LA CABEZA DE HERMANN

Era una típica noche de sábado en 1978. Mis padres habían salido, mi hermana mayor, Lisa, y su amiga Susan Higgins estaban haciendo de niñeras, y yo era un pequeño fastidio. "Paradise by the Dashboard Light" retumbaba en la habitación de Lisa y yo logré escabullirme dentro para presenciar el alboroto.

La épica canción había llegado a aquel conocido verso —la parte del béisbol con Phil Rizzuto— y las chicas procedieron a explicarme, base por base, una lección de vida que yo era demasiado joven para conocer y que no he olvidado jamás. "...*Pasa la primera base y comienza a acelerar en serio, no afloja lo más mínimo, va a intentar llegar a segunda base...*" Ahí estaba yo, con una sonrisa idiota, absorbiéndolo todo.

Fue la primera canción de mi propia *playlist* personal. Nunca me sentí tan a gusto, nunca me sentí tan bien.

Lisa falleció pocos años después, pero me dejó el regalo más preciado —Styx y Zeppelin, Foreigner y Andy Gibb, The Police y Peter Gabriel—, lo que mantuvo vivo su espíritu y detonó mi amor por la música.

Ahora, muchos años después, estoy aprendiendo a apreciar la música de una manera totalmente nueva, utilizando las enseñanzas de la neurociencia para aprovechar mis canciones favoritas y mejorar mi vida de múltiples formas: ayudando a concentrarme, estimulando mi creatividad, tranquilizándome, ayudándome a dormir. Mi nueva aventura consiste en desentrañar cómo funciona la magia de la música, y es una aventura increíble.

A mi lado en este recorrido me acompañan el mismísimo Peter Gabriel —¡WOW, un gigante para mí!— y su talentosa hija, Anna. Estamos trabajando incansablemente para llegar al fondo de esto: descubrir por qué nuestro cerebro ama tanto la música y cómo, de hecho, esto puede ayudarnos a hacer todo lo que hacemos, bueno... mejor.

El libro que tienes en las manos es la continuación de nuestro primer proyecto sobre el cerebro, *It's All in Your Head*, y planta nuestra bandera en el campo de la música —una especie de canción inicial de lo que esperamos llegue a ser una extensa *playlist* de éxitos memorables.

Así que mantente sintonizado mientras desarrollamos esta idea central en un mundo lleno de canales de entretenimiento. Aún vienen muchos detalles.

Acompáñanos en este viaje por el cerebro y aprende cómo hacer mejor todo lo que haces con música.

—MICHAEL HERMANN

PRÓLOGO
POR PETER GABRIEL

Siempre he pensado en mi colección de música como una caja de píldoras: un kit de herramientas para transformarse. Diferentes tipos de música sirven para distintos objetivos: la música puede usarse para conducirnos al baile, a la batalla, al deporte, a los rituales, al sexo, a la serenidad. Puede cambiar cómo funcionamos, en grupos o como individuos, cómo funcionan nuestra mente y nuestro cuerpo, cómo nos sentimos y cómo vemos el mundo a nuestro alrededor. Incluso cómo nos vemos a nosotros mismos.

Una vez salté desde un escenario alto durante el último número en un concierto. Un bailarín alocado se atravesó en mi trayectoria y chocamos, y algo se rompió en mi pierna. Me llevaron de regreso al escenario y terminé el resto de la canción de rodillas. La banda salió y yo me quedé allí, incapaz de moverme —pensaron que sólo estaba exagerando—. Tuvieron que llevarme fuera del escenario, y la pierna comenzó a dolerme endemoniadamente. Pero lo realmente interesante para mí fue que, aunque sabía que algo andaba mal, no sentí absolutamente nada de dolor durante los últimos tres minutos. La adrenalina provocada por la música, la multitud y la actuación habían anestesiado por completo mi pierna rota.

Cuanta más investigación surge, más poderosa parece ser la música. En este libro exploraremos la relación especial entre la música y el cerebro, la máquina que procesa esas vibraciones, sonidos y armonías, y las convierte en todo tipo de estímulos y acciones. De todos los sentidos, el sonido parece atravesar menos filtros mentales antes de manifestarse en el cuerpo (con la excepción del lenguaje, que parece seguir una ruta mucho más enrevesada). Las frecuencias bajas pueden hacer vibrar nuestro cuerpo, y el resto de las frecuencias parece evocar sentimientos específicos sin exigir mucho esfuerzo mental. Intentamos darle sentido a toda la información, crear orden a partir del caos, descubrir quiénes somos y a dónde tenemos que ir, y encontrar un significado en la cacofonía que nos bombardea.

El reconocimiento de patrones parece ser una de las principales funciones del cerebro, y la habilidad para sincronizar tu cerebro con un ritmo musical está presente en todas las culturas. Cuando escuchamos música detectamos y anticipamos su forma, tratando de encontrar una coincidencia con nuestros recuerdos y filtros sociales. La repetición del sonido —en el ritmo, la armonía, la melodía o las palabras— puede tener un poder especial. ¿Cuántas veces haces algo antes de que se vuelva aburrido... y puedes trascender ese aburrimiento y utilizar la repetición para transportarte a otro lado?

Solíamos tener una casa en Senegal, donde la música y la danza todavía son una parte tan importante de la vida cotidiana como la comida. Vi a una madre enseñándole a bailar a su bebé, que apenas podía caminar. Ella chasqueaba la lengua mientras el bebé se movía siguiendo el ritmo con una gran sonrisa, agitando los brazos y doblando las rodillas. Aunque no soy famoso por mi habilidad en el baile, siempre me invitaban al centro del círculo de danza. En Senegal, ser un hombre blanco torpe no es excusa para no bailar, cantar o tocar algún instrumento, sencillamente lo haces. Hay tanta libertad en rendirse ante el poder de la música que le permites transportar tu cuerpo y tu mente a lugares donde normalmente no vas.

Cuando compongo canciones soy muy consciente de los sentimientos que quiero provocar, y en ocasiones tengo un objetivo muy específico. Una canción como "I Grieve" tenía la intención de darle a la gente una herramienta para ayudarla a superar las pérdidas. Yo había buscado algo que me ayudara a mí, y no había podido encontrar lo que necesitaba. En la mayoría de las tradiciones espirituales, una búsqueda de sentido como ésa está asociada con el silencio: una elección voluntaria para encontrar más con menos. ¿Un sonido tiene más significado cuando se produce en el silencio, como una gota de agua en una piscina? El contexto es otro factor importante cuando tratamos de desenredar los misterios de la música y la mente.

Estamos entrando a una era de grandes cambios: biomonitorización, manipulación genética, inteligencia artificial y —potencialmente el más disruptivo de todos— la ICO, o interfaz cerebro-computadora. Ya sea que nos conectemos directamente a los circuitos del cerebro o accedamos a ellos de forma no invasiva, cosas extraordinarias están ocurriendo a medida que abrimos esta nueva frontera. La capacidad para leer, escribir y traducir la actividad cerebral está a punto de poner al mundo de cabeza.

También será útil esclarecer cómo los estímulos sensoriales activados por la música pueden utilizarse para cambiar nuestro comportamiento. Hace muchos años creamos un espectáculo llamado *The Lamb Lies Down on Broadway*, y mi plan para comenzar era tomar las lecturas del cerebro y el cuerpo de cada miembro de la banda y convertirlas en música. Era 1974 y la tecnología aún no era capaz de producir lo que yo había imaginado. Hoy está todo allí... y más. Si así lo decidimos, todos podemos convertirnos en los creadores de nuestro propio espectáculo de luz y sonido, el cual, utilizando alguna IA, podríamos aprender a diseñar para que satisfaga nuestras necesidades en cualquier momento. Integrar la IA a la mezcla musical nos permitirá transformar nuestra actividad cerebral en música autogenerada: menos *disc-jokey*, más *disc-YOkey*.

Todos tenemos maneras distintas de interactuar con la música, y para muchos escuchar es simplemente algo que hacemos sin pensarlo tanto, como respirar. Pero si podemos comenzar a entender un poco mejor esta cosa impredecible llamada música, podría otorgarnos un poderoso kit de herramientas para utilizarlas cuando sea y como sea que se necesite: música como medicina, como educadora, como terapeuta. Este libro no nos dará todas las respuestas, pero espero que nos permita hacer mejores preguntas.

HAGAS LO QUE NO TE SALTES LA INTRO- DUCCIÓN

VOLVAMOS AL MOMENTO DEL CIGOTO. Cuando eras un esperma y un óvulo, nada más. Tú ya eras tú, pero aún quedaba mucho por hacer.

Durante meses y meses, antes de tu gran entrada al frenético universo alterno de la sala de partos del hospital, tus células se estuvieron dividiendo vertiginosamente. Fuiste una partícula de brillantina, luego un grano de arroz, después una moneda de un centavo de dólar. Tus venas se ramificaron; te brotaron protuberancias que se transformaron en manos de remo y pies de aleta. Y en algún punto, tu gigantesca cabeza de embrión comenzó a volverse... consciente.

Pero ¿qué fue lo que detonó tu consciencia? Seguro no fue algo que *viste*: tus ojos sí se abren dentro de la matriz, pero no antes de la semana 28, y francamente, no hay mucho qué ver. Tampoco fue un olor o un sabor en el líquido estable de tu tanque de aislamiento sensorial. No, lo que encendió la llama de tu consciencia —lo que te despertó, por así decirlo— fue sin duda un sonido. Porque más o

HAGAS,

menos a las 18 semanas, antes de que tus otros sentidos se pusieran verdaderamente a funcionar, comenzaste a ser capaz de oír.

Y es *ahí* cuando la cosa se pone interesante.

Habrá sido algo parecido a esto: no hay nada... y entonces, poco a poco, hay algo. Un ritmo constante. *Bump-bum, bump-bum, bump-bum.* Llena todo el espacio; es el ruido que produce el mundo. Aún no puedes saber de qué se trata, desde luego, pero parece importante, y lo es.

Es el latido del corazón de tu madre: la primerísima canción de la única y maravillosa banda sonora que es tu vida.

Bienvenido al *show*.

Es difícil sobreestimar la importancia de los latidos y la voz de una madre para un recién nacido. Los doctores y las enfermeras acuestan al bebé sobre el pecho de su mami tan pronto como pueden: cara a cara, piel con piel, sus corazones otra vez latiendo uno cerca del otro. Esos latidos no se sincronizan con precisión: el corazón de los infantes palpita aproximadamente al doble de velocidad que el de su mamá. Pero para el recién nacido, volver a encontrar fuera de la matriz ese sonido materno tan familiar, en este nuevo mundo horriblemente ruidoso y excesivamente brillante, sirve como un faro de continuidad en un mundo que se ha vuelto loco. Y listo: comienza la vinculación afectiva.

No hay duda de que estos sonidos seguirán siendo la música favorita del bebé durante mucho, mucho tiempo. Pero el papel que tienen no es puramente de confort: resulta que esos estímulos auditivos tempranos desempeñan un rol fundamental en la continuación del desarrollo físico del recién nacido. Específicamente la corteza auditiva, donde los sonidos son procesados y llevados al nivel de la percepción, no se desarrolla completamente sino hasta la semana 24 del embarazo. Y puesto que desde hace mucho tenemos la habilidad para salvar bebés prematuros nacidos antes de esa semana, podíamos probar teóricamente, fuera de la matriz, qué tan importantes son estos estímulos para su desarrollo. Y porque podíamos hacerlo, lo hicimos.

Investigadores de Boston, dirigidos por un neurocientífico de Harvard, dividieron en dos grupos a unos bebés extremadamente prematuros. Un grupo recibió el cuidado neonatal estándar. En el otro grupo cada bebé escuchó, por tres horas diarias en su incubadora, grabaciones de su madre cantando "Estrellita, ¿dónde estás?" y leyendo *Buenas noches, luna*, así como una reproducción de los latidos de su corazón. Treinta días después, los investigadores descubrieron que los bebés que habían recibido estos estímulos extra tenían una corteza auditiva más gruesa, un fenómeno relacionado con un mejor desarrollo de la audición y el lenguaje.

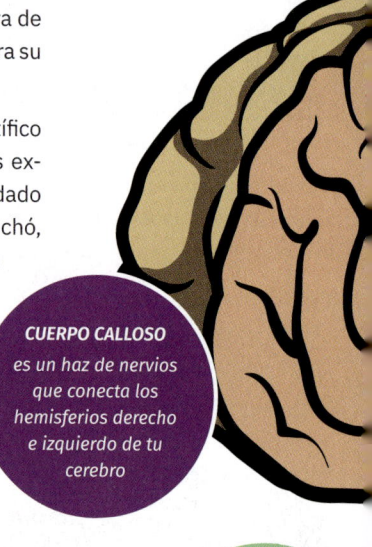

CUERPO CALLOSO
es un haz de nervios que conecta los hemisferios derecho e izquierdo de tu cerebro

AMÍGDALAS
(una en cada hemisferio) ayudan a la toma de decisiones y la respuesta emocional

MESENCÉFALO
procesa la visión y la audición rudimentaria

PUENTE TRONCOENCEFÁLICO
está relacionado con respirar, dormir, tragar y demás actividades involuntarias

MÉDULA
regula la respiración, el ritmo cardiaco, la tos, los estornudos y otras actividades inconscientes

Así es: el sonido de sus madres literalmente alteró la estructura de los cerebros de estos infantes y los hizo más fuertes. Y esa sola idea asombrosa —que el sonido puede utilizarse como una herramienta para realizar cambios significativos en tu cerebro— sienta las bases de todo lo que estás a punto de leer.

Desde los primeros momentos en que eres físicamente capaz de escuchar un ritmo, la música comienza a moldearte. Como veremos una y otra vez a lo largo de este libro, la música no es un mero entretenimiento: continuamente reconfigura tu siempre cambiante cerebro "neuroplástico"... para bien o para mal. Año tras año, nuevos estudios revelan más beneficios específicos de la música reproducida estratégicamente. Puede ayudarte a dormir mejor y despertar revitalizado, a concentrarte durante los desafíos, a reducir el **estrés**, a desbloquear la verdadera creatividad en una lluvia de ideas, a ejercitar tu cuerpo y tus **emociones**, a conectar con otros y reconectar con tu pasado, y mucho más.

Este libro trata de cómo utilizar la ciencia para aprovechar el poder de la música para mejorar tu vida de todas las formas posibles. Pero antes de que podamos empezar a

Tus sesos en resumen

LÓBULOS FRONTALES
son la sede de la memoria, el lenguaje, la resolución de problemas, las emociones y la personalidad

LÓBULOS PARIETALES
convierten los estímulos sensoriales y la percepción en información procesable

LÓBULOS TEMPORALES
se encargan del procesamiento auditivo y la asignación de significado a la memoria de largo plazo

TÁLAMO
transmite al córtex los estímulos sensoriales del cuerpo; regula el ciclo del sueño

LÓBULOS OCCIPITALES
se encargan del procesamiento visual y tareas relacionadas, como el reconocimiento facial

HIPOCAMPOS
(uno en cada hemisferio) tienen un papel importante en la formación de nuevos recuerdos y la comprensión espacial

GANGLIOS BASALES
ayudan a planear y a coordinar la actividad física

CEREBELO
procesa los estímulos sensoriales; coordina el movimiento motor, la postura y el equilibrio

Conoce tus ondas cerebrales

El nivel general de actividad de tu cerebro se divide, por conveniencia, en cinco rangos de frecuencia, desde la más lenta —llamémosle la "primera velocidad" de tu mente— hasta la sobremarcha. Esto es lo que sucede en cada etapa.

Primera velocidad: ondas delta (0.5-4 Hz)

Éste es el nivel más bajo de actividad cerebral; se produce cuando estás inconsciente y tu cerebro está esencialmente en piloto automático, en general sólo haciendo que funcionen los sistemas de fondo del cuerpo. Las ondas delta se presentan durante la etapa 3, el sueño sin sueños (como se detalla en el Capítulo 1: Relájate), y cuando estás en un estado meditativo profundo. En el interior de tu cabeza, esto es lo más tranquilo que hay.

Segunda velocidad: ondas theta (4-8 Hz)

Las ondas theta describen el nivel ligeramente mayor de actividad cerebral que se produce cuando estás en esa área gris entre dormido y despierto, ya sea durmiendo ligeramente (por ejemplo, en el sueño REM), o técnicamente despierto pero atado al sofá y metafóricamente en coma (por ejemplo, mirando un juego de bolos).

Tercera velocidad: ondas alfa (8-12 Hz)

Si tu cerebro está generando ondas alfa, estás completamente despierto, tranquilo, despreocupado. Éste se conoce como el estado de reposo de tu cerebro: es donde se halla tu cabeza cuando tomas una ducha o estás haciendo fila, cuando conduces en línea recta pero tu mente divaga.

Cuarta velocidad: ondas beta (12-35 Hz)

Es el estado activo de tu cerebro; se produce durante la parte productiva de tu día, cuando estás muy despierto, alerta y concentrado. Cuando generas ondas beta estás prestando atención a los estímulos sensoriales, teniendo conversaciones e interactuando con el mundo a tu alrededor.

Sobremarcha: ondas gamma (35+ Hz)

Las ondas gamma se generan cuando tu mente está ocupada al máximo. Estás hiperconsciente, procesando activamente información, resolviendo problemas. Puedes llegar a pensar que eres multitarea (un mito que desmentimos en el Capítulo 2: Concéntrate). ¿Estás teniendo una fuerte y agotadora discusión con tu jefe? ¿Corriendo contrarreloj para terminar tu examen de ingreso a la universidad? Bienvenido al momento gamma.

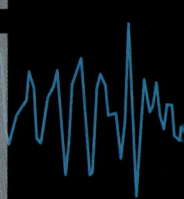

comprender cómo y por qué la música ejerce esta hipnótica e increíble influencia sobre nuestro cerebro y nuestro cuerpo, tenemos que revisar las cuestiones básicas. Así que arranquemos con el milagro de tus oídos.

Imagina que estás en medio de un cine muy ruidoso, teniendo una conversación en voz baja con tu pareja mientras los diálogos de la película, los efectos de sonido y la emocionante banda sonora suenan simultáneamente en los altavoces. Oyes un ruido sordo muy particular, que al instante reconoces como un bote de palomitas que se cayó unas tres filas detrás de ti. Y cuando alguien al otro extremo del cine exclama "¡Torpe!", y los asistentes sueltan una risita porque entendieron igualmente qué fue lo que se cayó y por qué, también lo escuchas, sin perderte un instante de la película.

Todos estos sonidos llegaron a ti como una sola, compleja e invisible onda de presión, percibida por ambos oídos, que tu cerebro tuvo que procesar y separar en impresiones individuales (las distintas capas de la banda sonora de la película, tu propia conversación, el ruido sordo, el barullo de la audiencia) y convertirlas en una historia creíble de lo que está sucediendo a tu alrededor. Tus oídos y tus procesadores de audio no sólo distinguen los sonidos individuales, sino que les atribuyen dirección y distancia, miden el nivel de amenaza e intuyen una causa, los comparan con la memoria y predicen resultados, y mucho más. Y todo esto ocurre en tiempo real, a un nivel mayormente inconsciente, en medio de la oscuridad.

He aquí la manera en que tus oídos hacen su magia, ese viaje tras bambalinas de cuatro etapas que el sonido realiza en su camino al interior de tu cabeza.

EL OÍDO EXTERNO

Tus orejas pueden parecer una nimiedad sin sentido, una ocurrencia tardía de la evolución para evitar que tus gafas se caigan. Pero en realidad son antenas parabólicas en miniatura que amplifican hasta las ondas sonoras más débiles para que los depredadores no puedan sorprenderte y las presas no se te escapen. (Coloca ahora mismo una mano ahuecada detrás de tu oreja y duplicarás su tamaño... y su poder). Tener dos orejas te permite triangular los sonidos para que puedas comprender de dónde vienen, pero en aras de la simplicidad, concentrémonos sólo en una. La onda sonora captada por el pabellón auricular baja por el carnoso conducto auditivo, donde finalmente choca con una barrera de piel estirada que los científicos llaman membrana timpánica, pero que tú conoces cariñosamente como tu tímpano. La vibración resultante es percibida al otro lado de esta delgada pared elástica: la cámara sellada a presión que conocemos como oído medio.

EL OÍDO MEDIO

¿Qué hay dentro de tu oído medio? Sólo un trío de jazz brillantemente sincronizado hecho de osículos, los huesecillos más pequeños del cuerpo humano, apodados según su forma distintiva: el martillo, el yunque y el estribo. Este trío —al diablo, llamémoslo Los Osículos— toca continuamente en su apretado alojamiento, vibrando en concordancia con lo que sea que esté sucediendo fuera del tímpano. Cuando los pájaros gorjean y la lluvia cae y Adele se luce cantando, son Los Osículos, tu banda de *covers* interna, quienes fielmente recrean los sonidos en el interior de tu cabeza. Estos "sonidos" siguen siendo ondas de presión que el cerebro no puede interpretar, claro está, pero ahora se producen en un ambiente protegido, con presión controlada y libre de cerumen y pelusa. No se convertirán en señales eléctricas que el cerebro pueda utilizar hasta que alcancen el oído interno.

EL OÍDO INTERNO

El fiel *cover* que hacen Los Osículos de los sonidos del mundo exterior es interpretado para un solo espectador: la cóclea, un tubo en espiral con forma de caracol, lleno de líquido y recubierto de decenas de miles de pelitos diminutos. A medida que viaja por las curvas de este tubo, el patrón característico de cada onda sonora dispara combinaciones únicas de estos filamentos, convirtiendo la onda de presión en decenas de miles de impulsos eléctricos individuales que se dirigen hacia el cerebro, vía el **nervio auditivo**, para ser procesados.

LA CORTEZA AUDITIVA

Esta numerosa multitud de señales disparadas por los filamentos se dirige primero hacia tus cortezas auditivas derecha e izquierda para ser desenmarañada. Junta tus cuatro dedos de cada mano y toca con ellos ambos lados de tu cabeza, un par de centímetros por encima de las orejas: allí es donde se localizan las cortezas auditivas. Ellas separan los sonidos según la **frecuencia**, el tiempo (de modo que escuches el tiro del arma antes del rebote de la bala) y otros factores básicos, y también contienen subunidades que manejan un procesamiento más complejo, como el **área de Wernicke**, que nos ayuda a entender el lenguaje.

Cuando escuchas música, es la versión de Los Osículos la que se digitaliza y se envía para ser revisada simultáneamente por distintas partes interesadas en tu cerebro: el hipocampo, centrado en la memoria (¿Conozco esta canción? ¿Debería cantarla?); la **corteza motora** (¿Debería seguir el ritmo con el pie, o pararme a bailar?); la temperamental amígdala (¿Esta canción me pone triste?); etcétera. Entonces todas estas evaluaciones paralelas se combinan, vinculando los resultados a una historia convincente, esencialmente en tiempo real, por tu atareada corteza frontal. Reconoces esta canción... te gusta esta canción... subámosle el volumen... ¡a bailar!

Este proceso —la grabación, la regrabación, la **codificación**, la mezcla y la evaluación— continúa ininterrumpidamente, en cada momento de tu vida en vigilia.

Pero espera: hay más. Los estímulos auditivos no son meras impresiones que son traducidas y "comprendidas" pasivamente por nuestro omnisciente cerebro. Más bien, los sonidos y los demás estímulos sensoriales modifican activamente tu cerebro —y, a través del cerebro, tu cuerpo y tus conductas—, seas consciente de estos ajustes o no. El cerebro, solo en su silencio y su oscuridad, quiere saber qué hacer basándose en lo que está sucediendo en el mundo. Está ávido de retroalimentación; responde activamente a las señales del mundo real. Y ésa es una poderosa oportunidad que puedes aprovechar.

El mecanismo específico por el que puedes usar las señales de la música para influenciar a tu cerebro y tu comportamiento es complejo y fascinante.

Tu ajetreado cerebro nunca deja de trabajar, incluso cuando estás dormido, o en coma, o dando cabezadas mientras un compañero de trabajo documenta su fascinante sueño. Pero los patrones de los impulsos eléctricos que recorren tus **sinapsis** sí cambian a lo largo de tu día, en formas que se corresponden con tu comportamiento. (Ver "Conoce tus ondas cerebrales", p. 6). Con herramientas avanzadas como el electroencefalograma (EEG) y la imagen por resonancia magnética funcional (IRMf), podemos medir estas ondas de actividad eléctrica y representarlas como capturas visuales que demuestran cuán activa está cada región de tu mente en un momento determinado.

A medida que tus actividades cambian a lo largo del día, tu cerebro puede cambiar imperceptiblemente de frecuencia, la mayoría de las veces entre el estado de reposo alfa y el estado de alerta beta. No siempre alcanzamos el estado que queremos o necesitamos, como bien lo sabes: tu mente puede fastidiarte corriendo a toda velocidad cuando estás tratando de dormir, o puede arrastrarte inexorablemente hacia la somnolencia cuando tu jefe está disertando monótonamente en la sala de reuniones. La capacidad para utilizar el poder de controlar el nivel de actividad de tu cerebro ciertamente sería una revolución.

¿Acaso no sería maravilloso que pudieras inducir activamente el patrón de ondas que necesites en cualquier momento? ¿Para relajarte a profundidad o concentrarte intensamente, para potenciar tus entrenamientos y avivar tus pasiones, para mejorar la conexión con tus amigos y tu familia, para inducir productividad o creatividad cuando lo requieras?

Como probablemente ya lo has adivinado, resulta que sí se puede. ■

RELÁJATE

SLOW DOWN,
YOU GOT TO
MAKE THE
MORNING

SIMON AND GARFUNKEL
"The 59th Street Bridge Song
(Feelin' Groovy)"

---

*Se optó por dejar en inglés los versos de las canciones para que el lector identifique las frases que ha escuchado tantas veces acompañadas por música, y para que no se pierdan el ritmo, la métrica y la poética del idioma original. (N. del E. en español).

YOU MOVE TOO FAST

LAST...*

CUANDO VEO UNA PELÍCULA O UN PROGRAMA DE TELEVISIÓN AN-TIGUOS, siempre me sorprende lo lenta que solía transcurrir la vida. En la versión en blanco y negro de la vida de hace apenas unas cuantas generaciones, nadie tiene más de un empleo, y el que tiene incluye un largo almuerzo con bebidas alcohólicas y termina puntualmente a las cinco. La gente tiene tiempo para vestirse con elegancia antes de tomar un vuelo. Pasan la mañana entera con el periódico; caminan a la barbería, si de pronto se les ocurre, para una afeitada profesional. Las parejas o las familias a veces simplemente "van a dar un paseo en coche". Si se le puede creer a la ficción de nuestra cultura, la vida era lenta, y simple, y dulce.

Bueno, no hace falta decirlo, hoy en día todo se mueve mucho más rápido. En lugar de ir a pasear, nos ejercitamos mientras vemos nuestro programa favorito. Nos tomamos fines de semana largos en lugar de vacaciones de quince días. Silenciamos el micrófono en nuestras videoconferencias para que los participantes no escuchen que tecleamos porque estamos haciendo otro trabajo mientras les ponemos atención con un oído. Y cualquier momento libre que se nos presenta —esas ocasiones cuando la gente acostumbraba a mirar a su alrededor o saludar a un desconocido— lo ocupamos ahora para interactuar con nuestro teléfono inteligente, por si algo irresistiblemente fascinante hubiera acontecido en los cuarenta y tres segundos que pasaron desde la última vez que lo revisamos.

Si vamos a explorar cómo podemos aprovechar el extraordinario poder que tiene la música sobre nuestro cerebro, la relajación es sin duda el lugar para comenzar, porque ya tenemos una comprensión instintiva de cómo se interrelaciona con la música. Quizá todavía no utilices la música para mejorar tu entrenamiento físico, fortalecer tus relaciones, despertar la creatividad o prevenir la **demencia**, pero todos sabemos utilizar la música para relajarnos.

> "I been waiting for the waves to come and take, take me right to you".
>
> **POST MALONE** "Otherside"

Imagina que estás haciendo una lista de reproducción para una reunión con tus amigos. (Una de las grandes ventajas del siglo XXI es el fácil acceso con la punta de los dedos a toda la música del mundo; ahora todos somos un *deejay*). Mi *playlist*, como la tuya, es un reflejo único de mis gustos personales, mi edad, mi historia, mis amigos, mi vida. Yo probablemente metería algo de Steely Dan y Elvis Costello de mis años universitarios, un poco de Blondie y Boz Scaggs del instituto, también algunos de mis dulces pecados favoritos esperando que mis amigos no se burlen de ellos, y así seguiría: una mezcla de canciones sumamente personal que, instintivamente, sé que rápido llevará a mis amigos de cierta edad a la zona relax.

¿Qué canciones específicas debería escoger para darle esa vibra? Las letras a veces pueden ayudar: las canciones que son buenas para relajarse y beber y pasar el rato con los amigos a menudo literalmente hablan *sobre* relajarse y beber y pasar el rato con los amigos.

Pero en general se trata simplemente de elegir canciones a un ritmo adecuado, con la asociación correcta y reproducidas al volumen justo. Un grupo de canciones bien seleccionadas establece rápido la atmósfera, poniendo la mente de mis invitados en un estado de relajación para que puedan abandonar su estrés diario y lleguen a donde quiero llevarlos.

Pero ¿cómo, y por qué, funciona esto?

Tu actividad cerebral puede ser medida en términos de sus patrones de ondas eléctricas. Cuando te sientes relajado, estás produciendo ondas alfa de baja frecuencia. Ésta es una configuración mental en la que es bueno y saludable y libre de impuestos pasar mucho tiempo: la producción de ondas alfa se ha relacionado con una reducción del estrés y la **ansiedad**, con una mejora en la coordinación mental y la integración mente-cuerpo, con un aumento de tu capacidad de aprendizaje y con la estimulación tanto de la tranquilidad como de —extrañamente— la lucidez. Las ondas alfa también se asocian con un incremento en la creatividad, que abordaremos con más detalle en el Capítulo 7: Crea.

Pero no es fácil convencer a nuestros atareados cerebros de bajar la velocidad hasta el estado alfa. De hecho, algunos estudios han mostrado que la actividad de nuestro cerebro en realidad *aumenta* cuando no tiene mucho que hacer, aunque la ciencia no tiene claro el motivo. Algunos proponen que nuestro cerebro emplea el tiempo muerto para ponerse al corriente en cosas importantes mas no urgentes, como atender problemas no resueltos o desenmarañar complejas cuestiones sociales. Otros dicen que las distintas partes del cerebro aprovechan el momento de calma para practicar trabajar juntas —como tu corteza frontal afinando su relación con tu reflejo de **lucha o huida** para ayudarte a entrar en pánico sólo cuando sea apropiado— o que

utilizamos los momentos de inactividad para organizar la memoria de dos maneras, dándole sentido a nuestro pasado reciente y planeando proactivamente para el futuro. (¿Qué tiene que ver planear el futuro con la memoria? El neurocientífico Moshe Bar de la Universidad Bar-Ilan especula que soñar despierto con el futuro te permite fijar "experiencias previas" a las que podrás recurrir más adelante, como cuando no puedes evitar que tu cerebro ensaye una conversación estresante que planeas tener próximamente).

Relajarse es un reto constante para nuestra especie, quizá porque no llevamos mucho tiempo en la cima de la cadena alimentaria. Para los deliciosos animales carnosos como nosotros, la evolución premia la vigilancia: aquellos que se mantenían constantemente alerta y despiertos, evaluando permanentemente sus opciones de lucha o huida, eran los que sobrevivían, en términos generales. Hemos evolucionado para un mundo mucho más peligroso que en el que vivimos hoy: somos naturalmente nerviosos, prestos a entrar en pánico y lentos para dejar de lado el estrés cuando pasa el peligro. Necesitamos desesperadamente el alivio de la relajación; sólo tenemos que encontrar la manera de llegar allí.

CÓMO AYUDA LA MÚSICA

Pregunta a cualquier bebé: la música puede ser una herramienta increíblemente poderosa para arrullar a los humanos y llevarlos a un estado de relajación. El sonido mitiga las distracciones, la familiaridad renueva las asociaciones placenteras, y la melodía y la armonía demandan atención parcial de tu omnisciente **corteza prefrontal**, reemplazando o reduciendo la influencia nociva de los factores causantes de estrés. Pero ésos son sólo beneficios marginales. El verdadero espectáculo, la influencia dominante de la música sobre tu cerebro, está en el **ritmo**.

La música con un *beat* muy marcado puede inducir a tu cerebro a sincronizarse con su ritmo y a imitarlo, produciendo ondas cerebrales en la misma frecuencia. Cuando escuchas música relajante —música con un **tempo** lento de 60 a 80 **pulsaciones (*beats*) por minuto (ppm)**, como "Perfect" de Ed Sheeran (63 ppm), u "Hotel California" de los Eagles (75 ppm)— el patrón se introduce en tu cráneo a través de los oídos y los nervios auditivos, y tu cerebro, ávido de patrones, se fija a él y se sincroniza para empezar a producir ondas alfa (8-12 Hz), lo que te hace sentir más relajado. Tan simple como eso.

"La **armonía** y la vibración que son percibidas como agradables o coherentes pueden afectar a las ondas cerebrales y ponerte en un estado de relajación", dice la doctora Helen Lavretsy, profesora del departamento de Psiquiatría de la UCLA y experta en salud mental integrativa. "Este estado puede promover aún más cambios fisiológicos al reducir las hormonas del estrés y la respuesta al estrés, relajar la respiración y tener efectos profundos sobre el **sistema nervioso autónomo**, así como disminuir la inflamación".

La **sincronización espontánea** —en este caso entre tu cerebro y un ritmo exterior— puede sonar a pseudociencia. Pero lo vemos todo el tiempo en la naturaleza, por ejemplo en las bandadas de pájaros que cambian de dirección como si fueran uno solo, o en el destello simultáneo de las luciérnagas al anochecer durante la temporada de apareamiento. Sucede incluso en los sistemas mecánicos. El gran matemático Christiaan Huygens, que en su tiempo libre inventó el reloj de péndulo, descubrió que los péndulos de dos relojes que colgaban de una viga de madera, al cabo de muy poco tiempo, terminaban misteriosamente sincronizados. No es magia, desde luego: Huygens conjeturó, y los físicos lo confirmaron 340 años después, que existe un mecanismo por el cual un sistema de baja energía puede robar energía a otro sistema de energía mayor hasta que ambos queden exactamente en fase o fuera de fase. En el caso de los relojes, el mecanismo de transferencia de la energía se basaba en las diminutas vibraciones en la viga de madera de donde colgaban los relojes.

Los adultos que escuchan 45 minutos de música antes de ir a dormir manifiestan, desde la primera noche, una mejor calidad de sueño.

En el cerebro, esta sincronización espontánea se llama **arrastre de ondas cerebrales**. Cuando comienzas a seguir con los dedos o con el pie el ritmo de una canción, es tu corteza motora la que está trabajando; piénsalo como una especie de metrónomo que ayuda a los patrones de tu actividad cerebral a sincronizarse con este estímulo rítmico externo. ¿Recuerdas ese concierto donde estuviste de pie junto al altavoz y sentías el ritmo de los tambores

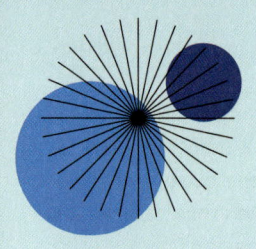

¿Cómo puedo relajar mis nervios antes de una reunión importante?

Tu cerebro, al detectar un peligro, seguramente está operando en una frecuencia alta (genial si lo que planeas es salir corriendo de la sala de juntas o atacar físicamente a tus compañeros de trabajo, pero no es el estado en el que quieres estar para proyectar calma y seguridad en la reunión que diriges). Para reducir rápidamente la frecuencia de tus ondas cerebrales, necesitas tomarte cinco minutos antes de la reunión. Busca un lugar tranquilo y piérdete en tus auriculares con una canción tranquila y familiar, una más bien lenta y con una melodía simple. (Un musicoterapeuta recomienda "Someone Like You" de Adele como un buen ejemplo; sólo asegúrate de que sea una que funcione para ti, sin asociaciones negativas). Mientras se reproduce, respira lentamente. Sumérgete en la canción y olvida todo lo demás. Cuando la canción termine, respira profunda y liberadoramente, suelta el aire despacio, y déjate ir. Tú puedes.

en el pecho y creíste que el sonido influía en los latidos de tu corazón? Pues tenías razón a medias: la música también realinea tu mente.

¿Por qué tu astuto y siempre bien protegido cerebro habría de permitirse ser tan fácilmente manipulado por influencias externas? Resulta que es una cualidad, no un defecto. "Nuestro cerebro depende de poder recopilar información de nuestro entorno", me señaló el neurocientífico doctor Daniel Levitin, autor de *Tu cerebro y la música*. "Los sistemas nerviosos se vuelven cada vez más sofisticados, pero todavía necesitan ser permeables para que puedas encontrar comida, y una pareja, y evitar el peligro, y demás". Tu cerebro ha evolucionado para absorber continuamente un caos de estímulos sensoriales, decidir lo que es importante —¿hay un componente emocional?, ¿un correlato en la memoria?— y responder de inmediato. Al manipular los estímulos importantes como la música, puedes adquirir un medio de control sobre tu cerebro desde el exterior, por así decirlo.

HAGAS LO QUE HAGAS, NO PIENSES EN ELEFANTES

Las ondas cerebrales más lentas están asociadas no sólo con la relajación, sino con los estados hipnótico y meditativo. Cuando meditas, tu cerebro genera más ondas alfa (particularmente en la parte posterior de tu cerebro, más cerca del **tronco encefálico** y de la sede de tus antiguas funciones cerebrales "reptilianas"). Debido a que nos distraemos con tanta facilidad, es difícil acceder a voluntad a un estado meditativo, y ya no digamos permanecer allí; la meditación es una disciplina que típicamente se practica y aprende durante un largo periodo. Pero suena lógico pensar que la música en el rango lento de 60 ppm, que es sabido que induce las ondas alfa, podría ayudar a los practicantes a desconectarse del mundo... y, en efecto, así sucede. "Cuando medito, elimino todos los tambores", dice el artista de música electrónica Steve Aoki. "Quiero flotar. Quiero levitar. Y para llegar a esa clase de estado mental, tienes que escuchar música que te lleve a ese lugar".

Los **pulsos binaurales** son un canal interesante para inducir un estado de meditación. Disponibles sin costo como archivos de sonido en YouTube y otras partes, los pulsos binaurales envían música de una frecuencia ligeramente distinta a cada oído, y tu cerebro percibe la diferencia entre las frecuencias como un tercer sonido. (El efecto funciona mejor con auriculares, desde luego). Cuando la frecuencia de ese tercer sonido se encuentra en el rango buscado para la meditación... *voilà*. Un estudio controlado mostró que escuchar pulsos binaurales redujo significativamente la ansiedad en los pacientes de una sala de urgencias, un grupo ansioso por excelencia.

La música relajante puede procurarnos beneficios nada triviales para la salud, como reducir la presión sanguínea y mantener bajas las pulsaciones del corazón. Pero no tiene que ser música como tradicionalmente se define. Los cuencos tibetanos, por ejemplo, pueden reducir la ansiedad, la tensión y la **depresión**, y se sabe que éstas son precursoras de varios tipos de enfermedades.

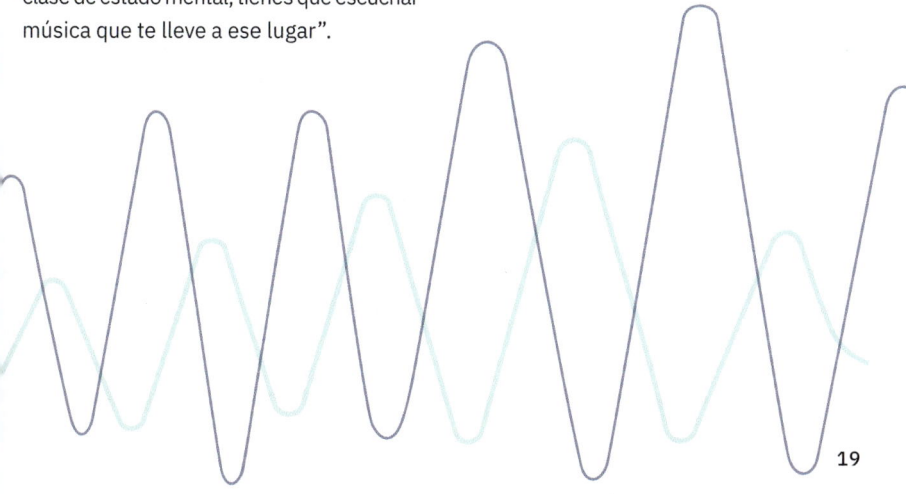

CUATRO PREGUNTAS PARA

DAVID BYRNE

Sólo hay un David Byrne. El exuberante fundador de la innovadora banda de *new wave* Talking Heads ha cruzado fronteras y plataformas, dejando un legado inconfundible en teatro, cine, artes visuales y, por supuesto, en música.

¿Hay ocasiones en que simplemente preferirías no escuchar música?

Muchas veces. Sospecho que al ser alguien que escribe música, que la interpreta, escucho la música de una manera más analítica, y una de dos: o la ignoro por completo o le pongo realmente mi atención. Entonces rara vez escucho música, a menos que pueda prestarle atención. Así que lo hago cuando viajo, por la noche, si estoy haciendo algo que no requiera mucha concentración: lavando platos o pelando patatas o lo que sea. Para esa clase de cosas puedo poner música, puedo realmente meterme en ella a profundidad, pero teniéndola sólo de fondo no puedo. O me roba la atención de lo que estoy haciendo o tengo que ignorarla por completo, lo cual en ocasiones es muy difícil de hacer.

¿Cómo crees que ha afectado la tecnología al modo en que escuchamos y experimentamos la música?

He notado que la gente más joven que yo es mucho más inclusiva en sus gustos musicales que, digamos, la gente de mi generación. Me gusta pensar que yo lo soy, pero me he dado cuenta de que mucha gente más joven escucha una variedad más amplia de música —de un periodo de 30, 40 años—. Ellos no hacen juicios basándose en "Oh, eso es anticuado, era la música de mis padres", o que no es bueno porque esa persona usaba una ropa realmente espantosa o porque esa persona está considerada totalmente fuera de onda en este momento. Ellos hacen sus juicios basándose en lo que escuchan. Y si les gusta, les gusta. Y no importa de dónde viene o de qué época. Y eso me parece realmente alentador. Creo que, con el *streaming*, el hecho de que tengan acceso a tanta música y de que la música no venga cargada con un contexto, la vuelve una especie de música sin contexto.

¿Qué tiene de mágica la sincronización?

Casi todas las noches tengo presentaciones. Estoy haciendo un *show* en Broadway que tiene muchas canciones mías, y, charlando con otros cantantes, a menudo hablamos sobre "¿Dónde vamos a respirar?". Vas a sincronizarte donde te detengas a respirar. Y eso te pone en sincronía, tu respiración esencialmente es sincronía. Es como el yoga, donde respirar es intencional. No es simplemente "Respira cuando tengas ganas de hacerlo". Tienes que respirar en esa pausa entre las palabras, es tu oportunidad, respira. Y ahora tienes que controlar cómo dejas salir el aire, cuán rápido lo dejas salir, porque tienes que llegar al final de la frase y ese tipo de cosas. No pienso mucho en eso cuando estoy escribiendo, aunque a veces escribo algo y digo: "Oh, eso es imposible de cantar".

¿El ritmo es el elemento más importante cuando escribes música?

Una cosa que noté es que hay muchos ritmos que nos hacen movernos, que afectan a nuestro cuerpo, que son el resultado de dos ritmos distintos que ocurren al mismo tiempo. No se trata de un solo *beat*, como "bump, bump, bump, bump", que sería música tecno, la gente baila con eso. Pero en muchas culturas, me parece que nos movemos más cuando son dos ritmos diferentes que se superponen. Uno de los más comunes es seis *beats* por compás y cuatro *beats* por compás. Si los colocas uno encima del otro, obtienes una especie de ritmo funky, y no tiene que ser siempre seis *beats* o siempre cuatro *beats*, puede ser una combinación de los dos. La implicación para tu oído, para tu cerebro, para tu cuerpo, es que esos dos ritmos se están produciendo simultáneamente. Y se convierte en esa cosa muy física donde parte de tu cuerpo se mueve con un ritmo y parte de tu cuerpo se mueve con el otro. Lo haces sin pensarlo. No eres consciente de ello, pero creo que eso de verdad conecta con algo en la percepción del ritmo en tu cuerpo.

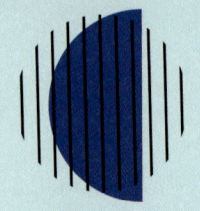

¿Cómo funcionan las canciones de cuna?

La ciencia ha confirmado lo que las madres han sabido por miles de años: las canciones de cuna calman el mal humor de los bebés. Suficientemente simples para no perder la limitada atención del bebé (un cantante, sin instrumentos, una melodía descompasada), las canciones de cuna llevan al cerebro del infante a producir las ondas alfa que reducen las pulsaciones cardiacas y la respiración y fomentan el sueño. No importa el idioma en el que se canten —sólo es un galimatías para el público meta—, pero los bebés parecen recordar canciones que oyeron mientras estaban en el útero. Las canciones de cuna brindan a los bebés beneficios a largo plazo en su desarrollo, y también reducen el estrés de los papás.

Se ha mostrado que también los sonidos de la naturaleza, en particular el sonido del agua, inducen a la relajación. Tu cerebro ha desarrollado un "sistema de vigilancia activado por amenazas" para despertarte del letargo cuando los problemas se avecinan, con respuestas químicas integradas ante sonidos de peligro, como gritos repentinos y penetrantes. Ese mismo sistema responde de manera opuesta cuando los estímulos son sonidos de fondo regulares y tranquilizadores, como agua corriendo u olas rompiendo suavemente. Orfeu Buxton, profesor de salud bioconductual en la Universidad Estatal de Pensilvania, explica en *Live Science*: "Estos ruidos lentos y susurrantes son los sonidos de lo que no representa una amenaza, y ésa es la razón por la que funcionan para calmar a la gente… Es como si dijeran: 'No te preocupes, no te preocupes, no te preocupes'".

(LAST NIGHT) I DIDN'T GET TO SLEEP AT ALL

A falta de un coma, el estado de mayor relajación que un humano puede alcanzar es el sueño. Has pasado un tercio entero de tu vida bajo las sábanas, pero el hecho de que sea algo familiar no significa que sea bien comprendido. ¿Por qué demonios necesitamos dormir? ¿Qué pasa después de que cerremos los ojos que es tan importante para que valga la pena apagarnos por completo durante ocho horas seguidas y pasar tantos años colectivamente en ese estado vulnerable, improductivo y catatónico?

Aún no comprendemos el sueño en su totalidad. Pero sabemos lo que pasa cuando no dormimos lo suficiente, y no es nada bueno. Las enfermeras privadas de sueño cometen más errores en los hospitales; los trabajadores del turno nocturno tienen más accidentes de tránsito en su camino de vuelta a casa. En 2012 un piloto de JetBlue que no había dormido tuvo un "episodio minipsicótico" durante un vuelo, abandonó la

"No es indispensable para la supervivencia humana, sin embargo, parece estar programado en nuestro cerebro que necesitamos de la música".

DR. CHARLES LIMB *sobre la importancia de la música para la humanidad*

cabina y corrió por el fuselaje, desvariando sobre el 9/11 y Jesús; tuvo que ser sometido por los pasajeros. Según la Asociación Estadounidense del Corazón, tu riesgo de sufrir un infarto se eleva 24 % en la semana posterior al cambio de horario de primavera (cuando pierdes una hora de sueño), y se reduce 21 % en el otoño, cuando recuperas esa hora de sueño. Dormir es una cosa seria.

La persona promedio necesita alrededor de ocho horas de sueño por día, de acuerdo con la Fundación Nacional para el Sueño. Pero la cantidad requerida va disminuyendo a lo largo de la vida: los recién nacidos duermen alrededor de 14 a 17 horas por día, mientras que los adultos mayores sólo de siete a ocho horas en total, incluyendo la siesta en la mesa de bingo.

El hecho de que necesites menos sueño después de tus años formativos y de desarrollo nos da una pista sobre por qué dormir es tan importante. El Dr. Rafael Pelayo, un especialista del sueño del Centro para la Medicina del Sueño de Stanford, me dijo que pensara en el acto de dormir no como si fuera un tiempo zombi, sino más bien como una fase necesaria de reconstrucción que nuestro cuerpo y nuestro cerebro demandan. "Solemos considerar el sueño en dos categorías principales", dijo. "Una parte tiene algo que ver con restaurar cosas —una restauración metabólica— y otra parte está relacionada con el desarrollo del cerebro. Un niño pequeño duerme más horas porque su cerebro está creciendo más".

Tus ondas cerebrales, así como tu ritmo cardiaco, se vuelven muy lentos cuando duermes... pero no llegan a cero. Mientras estás dormido e inconsciente, partes de tu cerebro continúan activas, empleando el tiempo libre de estímulos sensoriales para hacer cosas como realizar reparaciones de fondo necesarias (igual que los trabajadores de caminos que esperan hasta las tres de la mañana para evitar inconveniencias en el tráfico). Tus músculos se relajan por completo; tu digestión funciona al máximo. Consolidas los recuerdos del día: la caótica reevaluación de los eventos contra las experiencias pasadas que nos da el soñar. Y utilizas el sueño para procesar las emociones y darle sentido a cómo te sientes. Todas estas funciones son importantes a lo largo de tu vida, pero son cruciales cuando eres joven y tu cuerpo y tu mente aún están en desarrollo.

Los adolescentes son muy malos para dormir: su cuerpo y su cerebro, aún en crecimiento, necesitan de nueve a diez horas de sueño por noche, pero sólo reciben alrededor de siete en promedio, lo que puede causar estragos en su cerebro en desarrollo. El sueño comienza a ser nuevamente un problema para muchas personas cuando llegan a la mediana edad. "La verdadera crisis de la edad madura es el sueño", me dijo la Dra. Joy Allen, presidenta del Departamento de Musicoterapia del Berklee College of Music. "Cuando la gente llega a los 40, 50 o 60, los patrones de sueño pueden convertirse en un problema mayor, sea para conciliar el sueño o para permanecer dormido. Observamos un gran incremento en el uso de Ambien".

I'M GONNA GO TO SLEEP, AND LET ALL THIS WASH OVER ME

Dormirse y despertar son el resultado de una interminable batalla de toma y daca entre químicos cerebrales. A lo largo de toda la noche, mientras duermes, un **neurotransmisor** llamado **acetilcolina** se acumula lentamente, hasta que alcanza un punto crítico que te despierta por la mañana. Mientras tanto, tu nivel de **adenosina**, un neurotransmisor que te provoca somnolencia, está bajo por la mañana pero se acumula a lo largo de tu día, superando gradualmente a la entusiasta acetilcolina y haciéndote sentir cada vez más cansado.

Tu **ritmo circadiano** también desempeña un papel: la luz del día evita que tu glándula pineal produzca **melatonina**, otro químico adormecedor, pero cuando el sol se oculta comienzas a bombear melatonina, y a ponerte somnoliento. Este ciclo natural se ve afectado por una gran variedad de cosas: el café, por ejemplo, bloquea tus receptores de adenosina, evitando que te des cuenta de lo cansado que estás.

Idealmente queremos conciliar el sueño rápido, dormir profundamente y por un largo periodo, y despertar revigorizados. Con el

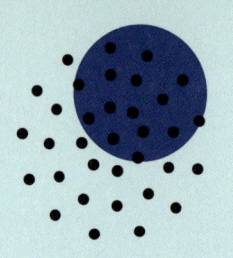

¿Qué es el ruido blanco?

El sonido se presenta en distintas frecuencias: la nota grave de un bajo, un piccolo alto. Y así como la "luz blanca" contiene todo el espectro de la luz, el ruido blanco contiene todas las frecuencias audibles y puede ayudar a enmascarar sonidos particulares de cualquier frecuencia. Se utiliza para contrarrestar los tinnitus o acúfenos (un zumbido persistente en los oídos, de gravedad médica) y para ayudar a los bebés a dormir, e incluso se agrega a algunas sirenas de ambulancia para disimular el ruido de fondo, permitiendo a los conductores y a los peatones identificar más fácilmente la ubicación de la sirena.

DATO CURIOSO

Un estudio encontró que "Weightless", de Marconi Union, es la canción más relajante del mundo. Consiguió reducir un 65 % la ansiedad.

correr de los años hemos solucionado muchos desafíos de este plan: seguramente ahora duermes sobre un colchón en lugar de una roca plana, en una habitación oscura y con temperatura controlada, libre de depredadores. (Cosa interesante, cuando duermes en un lugar desconocido, un hemisferio de tu cerebro se mantiene parcialmente despierto, como haciendo guardia ante nuevos peligros). Y sin embargo, dormir bien sigue siendo un reto para casi todos, incluidos los padres primerizos, los estudiantes de instituto, los viajeros y seis de cada siete enanos.

Incluso antes de que empleemos la música, podemos mejorar nuestras posibilidades de conseguir una buena noche de sueño. Mantén la luz azul del teléfono y de las pantallas de televisión fuera del dormitorio, para que el reloj circadiano fotosensible de tu cerebro no piense que es de día. Invierte en un colchón de marca y en sábanas confortables. Bloquea o contrarresta los ruidos distractores con sonidos naturales que tranquilicen tu mente. Tomadas en conjunto, estas prácticas se conocen como higiene del sueño, una manera sencilla y (exceptuando el colchón) económica de potenciar tu bienestar.

CÓMO NOS AYUDA A DORMIR LA MÚSICA

Cuando estás intentando dormir, cualquier sonido relajante —un ventilador, un generador de "ruido blanco" que lleve el murmullo de un riachuelo a la habitación— ayuda a eliminar ruidos molestos del exterior. Pero la música adecuada puede ir mucho más lejos, guiando rítmicamente a tu cerebro a producir el tipo de ondas que te ayuden a quedarte dormido.

Para conciliar el sueño, tu mejor apuesta es reproducir canciones cuyo tempo esté entre 60 y 80 ppm, que más o menos coincide con el ritmo cardiaco al dormir, y a un volumen no demasiado alto. En lugar de auriculares, que no aguantarían las vueltas que damos durante la noche, prueba con almohadas acústicas o con altavoces en tu dormitorio, y reproduce la misma canción en bucle una y otra vez, para que se vuelva familiar y reconfortante, pero

LAS CUATRO ETAPAS DEL SUEÑO

ETAPA UNO es tu fase somnolienta, cuando estás medio despierto, medio dormido. Sólo dura de uno a cinco minutos y no incluye estar acostado despierto, pensando en ese espinoso problema del trabajo; es cuando de verdad te estás quedando dormido y la función ejecutiva de tu cerebro (el estado mental que te permite tomar decisiones) va de salida, cediendo el control de tu consciencia.

ETAPA DOS comienza la relajación para entrar en el periodo de sueño realmente valioso. Esta etapa dura de diez minutos a una hora, y en ese tiempo tu pulso se reduce de 80 a 60 ppm aproximadamente. Aún puedes despertarte con relativa facilidad si tu pareja cierra con fuerza la puerta del armario o una ambulancia pasa frente a tu casa.

ETAPA TRES es el sueño profuuuuuundo, cuando tus ondas cerebrales se reducen significativamente hasta la casi imperceptible frecuencia delta. Por lo común sólo dura alrededor de entre 20 y 40 minutos, pero parece que es aquí cuando se realiza una gran parte del trabajo: tus músculos se relajan al máximo, tu cuerpo se recupera, tu cerebro ordena los recuerdos de los días previos y decide qué conservar y qué desechar. Si esta mañana te ha sido muy difícil despertar, entonces seguramente te encontrabas en esta fase.

Cuando dormimos lo suficiente, pasamos por estos cuatro ciclos de sueño, en orden, un par de veces por noche. **Esto es lo que sucede.**

ETAPA CUATRO es el famoso sueño REM, cuando hasta puedes soñar que cantas "Losing My Religion". La mayor parte de tu cuerpo está temporalmente paralizada; con excepción de tus ojos, que se mueven rápidamente bajo tus párpados cerrados, y de todo lo necesario para sostener las actividades autónomas como la respiración y la digestión. Y además es algo bueno, porque tu cerebro está más o menos despierto, imaginando estímulos sensoriales donde no hay ninguno y combinándolos con fragmentos de recuerdos, para entretejer todo en una larga e inconexa historia que conoces como "soñar". (Esto puede ocurrir en cualquier fase, pero principalmente sucede aquí: si eres capaz de recordar tu sueño, lo más probable es que hayas despertado durante esta fase).

La fase REM es vital para dormir bien; este estado semiactivo parece ser donde la **consolidación** de la memoria, el procesamiento de la memoria emocional y la vinculación de recuerdos afines tiene lugar, mientras tu mente está despierta pero desconectada de tu cuerpo. Si esa parálisis química se interrumpe, puede resultar en actividades similares al sonambulismo, en el que tu cuerpo zombi intenta actuar de acuerdo con las locuras que tu mente está creando. La fase REM se vuelve más larga hacia el final de la noche —puede durar sólo diez minutos en tu primer ciclo, pero hasta una hora en el segundo—, y ésta puede ser la razón de por qué necesitas ocho horas completas para obtener todos los beneficios del sueño REM.

requiriendo cada vez menos atención con el transcurrir de los minutos. El tipo de música que escuches mientras duermes es por supuesto una cuestión de gusto personal, pero vale la pena señalar que la música clásica ha demostrado mejorar la calidad del sueño y reducir la depresión en estudiantes, quizás en parte porque no tiene letras que distraigan.

Y cuando la noche termine, despertar de la manera adecuada también es importante. Un estudio del Real Instituto de Tecnología de Melbourne sugiere que despertar con una canción proporciona una mejor lucidez matutina que despertar a tu cerebro sacudiéndolo con una alarma u otro sonido molesto. "Creemos que un estridente 'bip bip bip' podría perturbar o confundir nuestra actividad cerebral al despertar", dicen los investigadores, "mientras que un sonido más melódico, como 'Good Vibrations' de The Beach Boys o 'Close to Me' de The Cure, podría ayudarnos a transitar a un estado de vigilia de una forma más efectiva".

Para concluir, no necesitas tener una suscripción a Apple Music para aprovechar la música a la hora de dormir. En una Charla TEDx reciente, el baterista Jim Donovan, que por mucho tiempo fue insomne, explicó una simple técnica de 30 segundos que él desarrolló para inducirse uno mismo al sueño a través del ritmo. Siéntate en el borde de tu cama, cierra los ojos y respira lentamente, golpeando tus muslos con suavidad con las palmas de tus manos. Respira despacio a lo largo de todo el ejercicio, pero golpea relativamente rápido al inicio (con la cadencia del tictac de un cronómetro), y entonces reduce el ritmo conforme te acercas a la marca de los 30 segundos. "Tu cerebro descubre que hay un patrón, conecta con él y comienza a seguirlo", dice Donovan. En otras palabras, estás haciendo que tu cerebro baje la velocidad.

Sweet dreams are made of this. ■

PARA LLEVAR

Relajarse y dormir son vitalmente importantes para la buena salud.
Pero el mundo es un lugar con muchas distracciones y la mente es lenta
para adormecerse. Junto con otras herramientas de relajación, como el
mindfulness y ejercicios de respiración, la música puede ayudarte, rápida
y definitivamente, a salir del carril de alta velocidad induciendo las ondas
alfa que ralentizan tu cerebro hasta el rango justo de actividad necesario
para relajarte y revitalizarte. Relajarte más (incluyendo dormir mejor)
despejará tu mente, pavimentará el camino para la inspiración y producirá
descomunales efectos en tu salud y tu bienestar. Algo para consultar con la
almohada...

PARA ESTABLECER EL AMBIENTE EN UNA NOCHE TRANQUILA Crea un placentero "baño de sonido", donde una canción suene en todo el espacio como una textura de fondo uniforme (en oposición a una experiencia localizada de la que entras y sales) con música tranquila, en el rango de 60 a 80 ppm, apenas lo suficientemente fuerte para llenar el silencio pero que no te distraiga de una conversación.

PARA TOMARTE UN DESCANSO Y MEDITAR Considera música internacional con la que no estés familiarizado, con tambores muy marcados y sin letras o asociaciones emocionales que te distraigan, para conducir a tu cerebro al estado alfa y mantenerlo allí.

PARA QUEDARTE DORMIDO MÁS RÁPIDO Y DORMIR MEJOR Reduce la luz, mantén los teléfonos fuera del dormitorio y reproduce música que te resulte familiar durante tus horas de sueño, que no sea muy ruidosa, que no tenga letra y que esté en el rango "canción de cuna", de 60 a 80 ppm.

PARA DESPERTAR REVITALIZADO Y ALERTA Las alarmas no ayudan a ponerte en estado de alerta, sólo te sacuden. Programa tu despertador para que te despierte con música suave y melódica: evita los pitidos, y definitivamente también esos superhilarantes conductores de la radio matutina.

CONCÉNTRATE

I'M IN LOVE WITH MY CAN'T WAIT TO

BILLIE EILISH
"my future"

FUTURE

MEET HER

ERES UN EXPLORADOR EN UN PLANETA EXTRAÑO y te acabas de topar cara a cara con una enorme criatura extraterrestre. Tu supervivencia depende de decidir *muy* rápidamente si se trata de una amenaza o una oportunidad. ¿Es este extraño animal un depredador que caza y se alimenta de otras criaturas? ¿O es una presa perseguida y devorada, y por lo tanto no representa una amenaza para ti?

Tu mejor apuesta instantánea es mirarle los ojos.

Los ojos en los costados de la cabeza de un animal le proporcionan un campo de visión cercano a los 360 grados; es lo que permite a las sabrosas presas, como vacas y borregos, detectar desde cualquier ángulo al lobo que se aproxima. Los ojos en el frente, en contraste, ayudan a los depredadores a mantenerse enfocados en lo que sea que estén persiguiendo para que no se les escape. Imagina un guepardo corriendo a toda velocidad por la sabana, con la mirada fija en la gacela de ojos grandes y a los lados de la cabeza que corre por su vida adelante de él. Hay excepciones, naturalmente, incluso aquí en la Tierra, pero es una contundente regla general: *Ojos al frente: cazo; ojos a los lados: me escondo.*

¿Por qué algunas personas silban mientras trabajan? ¿Les ayuda?

Antes de que la radio y otras fuentes gratuitas de música se popularizaran, los trabajadores a menudo silbaban o cantaban juntos para pasar el tiempo o expresar camaradería, o como un recurso para protestar por sus condiciones. Durante la Segunda Guerra Mundial se transmitía música en las fábricas de Estados Unidos para mantener elevada la moral, y se pensaba que el ritmo ayudaba a los trabajadores a mantenerse productivos. La filosofía está allí, en la canción de Blancanieves cuando limpia la casa: "Silbando al trabajar / cualquier quehacer es un placer…".

Todo tiene que ver con la concentración.

Como el máximo superdepredador de nuestro planeta, los humanos hemos convertido la concentración en una forma de arte. Dirigimos nuestros ojos situados al frente hacia el mundo natural, decidimos lo que queremos y encauzamos nuestras energías a desarrollar nuevas habilidades para obtener esas cosas. Esto nos provee de un conjunto de herramientas, armas y otros inventos en permanente expansión: ahora podemos desplazarnos más rápido que ese guepardo, volar como las aves, ver en la oscuridad, matar o salvar a gran escala. Hemos pasado alrededor de un millón de años (hasta ahora) evolucionando unos extraños y bulbosos prosencéfalos especialmente adaptados para procesar con rapidez los objetos de nuestra atención. Este enfoque en la concentración nos ha dado la agricultura, la industria, la cultura y las megaciudades, nos ha abierto a las telecomunicaciones globales y los viajes espaciales, y nos ha convertido decididamente en los responsables de nuestro mundo.

Sin embargo…

La concentración se está convirtiendo en un importante reto en nuestros días. Nuestra

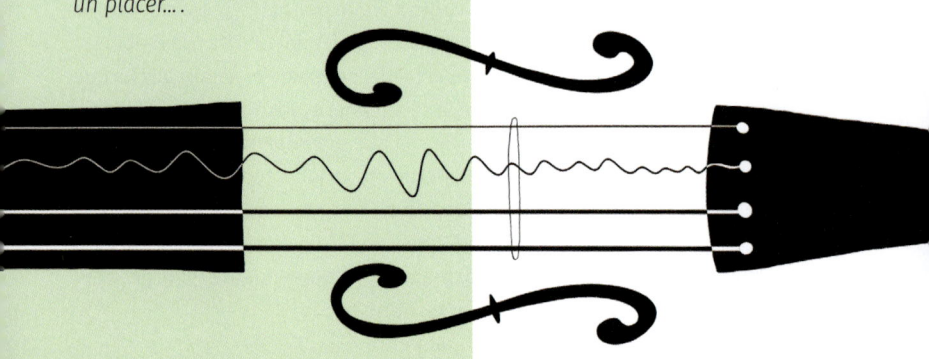

compleja vida moderna nos consiente con nuevos cuidados y consideraciones, y nos suministra infinidad de distracciones que cortocircuitan nuestros objetivos. Quizá quieras renunciar a tu empleo y empezar tu propio negocio, o renovar una casa para revenderla, o escribir un guion de cine, o desarrollar ese invento revolucionario. Y ya vas a ponerte a trabajar en ello, en serio, tal vez después de un episodio más de *Rick y Morty*.

A cada uno se nos han concedido unas 4 mil semanas de vida —un pensamiento inquietante. En ese periodo todos esperamos lograr cosas valiosas, y sabemos que se requiere de una concentración continua para completar los pequeños pasos que nos llevarán al gran éxito. Pero, por diseño, nuestros cerebros divagan, y en un mundo plagado de objetos brillantes puede volverse casi imposible controlar la intranquilidad y mantenerse enfocado.

Echemos un vistazo más de cerca al fino arte de mantener la concentración y veamos las respuestas que la ciencia —y la música— nos dan.

WATCH CLOSELY NOW

El cerebro humano es la supercomputadora más impresionante que cualquier cosa que hayamos inventado, capaz de procesar la increíble cantidad de 11 millones de bits de información por segundo. Pero la consciencia humana puede lidiar solamente con unos 100 bits por segundo, que sigue siendo un número alto, pero menor al 0.001 % del total de lo que percibimos. Nuestra unidad de procesamiento central, para decirlo con una metáfora, tiene que tomar decisiones difíciles cada segundo sobre qué diminuta fracción de estímulos sensoriales merece la pena elevar al nivel de la percepción consciente. Esta gran eliminación define la realidad para ti: te ayuda a desconectarte de las conversaciones a tu alrededor cuando estás en un bar muy concurrido con un amigo, te permite ignorar con seguridad todos esos coches de colores en una autopista rápida (hasta que uno se mete a tu carril), y en general a continuar con tu vida.

En otras palabras, tu primer nivel de concentración ocurre aun antes de que seas consciente de él. Tener un *déjà vu* o sentir temor de pronto sin saber por qué —el llamado "don del miedo"— puede ser una señal de que estás reaccionando a estímulos que tu cerebro recibió y que simplemente nunca alcanzaron el umbral de tu consciencia. ("Subliminal" literalmente significa "por debajo del umbral").

Armado sólo con esa pequeñísima muestra del mundo —los bits que tu cerebro te permite experimentar— tomas todas tus decisiones conscientes, incluyendo qué es aquello por lo que vale la pena preocuparse

y qué puede ser descartado sin riesgo. Y es aquí donde nos enfrentamos con los retos, porque la vida moderna ha crecido en complejidad mucho más rápido que nuestra capacidad para seguirle el paso.

Considera el estrés, que tiene un origen benéfico como respuesta útil ante las situaciones de emergencia. Durante las crisis de lucha o huida, tus glándulas suprarrenales, montadas como vaqueros encima de tus riñones, liberan la hormona **cortisol** para ayudar a tu cuerpo a resistir; esto mejora tus

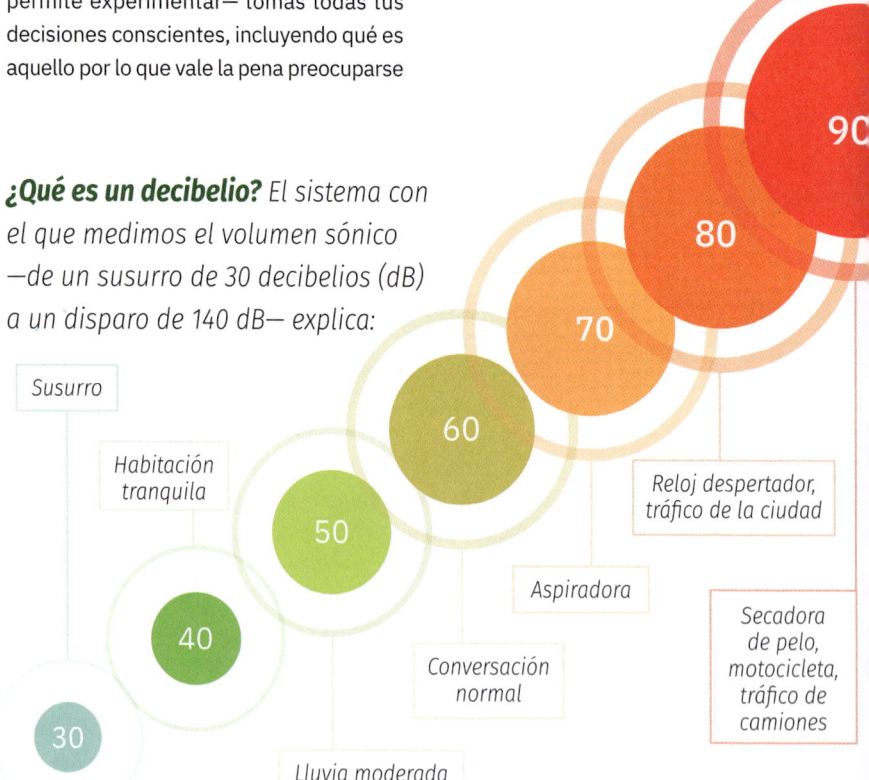

¿Qué es un decibelio? *El sistema con el que medimos el volumen sónico —de un susurro de 30 decibelios (dB) a un disparo de 140 dB— explica:*

- Susurro
- Habitación tranquila
- Lluvia moderada
- Conversación normal
- Aspiradora
- Reloj despertador, tráfico de la ciudad
- Secadora de pelo, motocicleta, tráfico de camiones

30 · 40 · 50 · 60 · 70 · 80 · 90

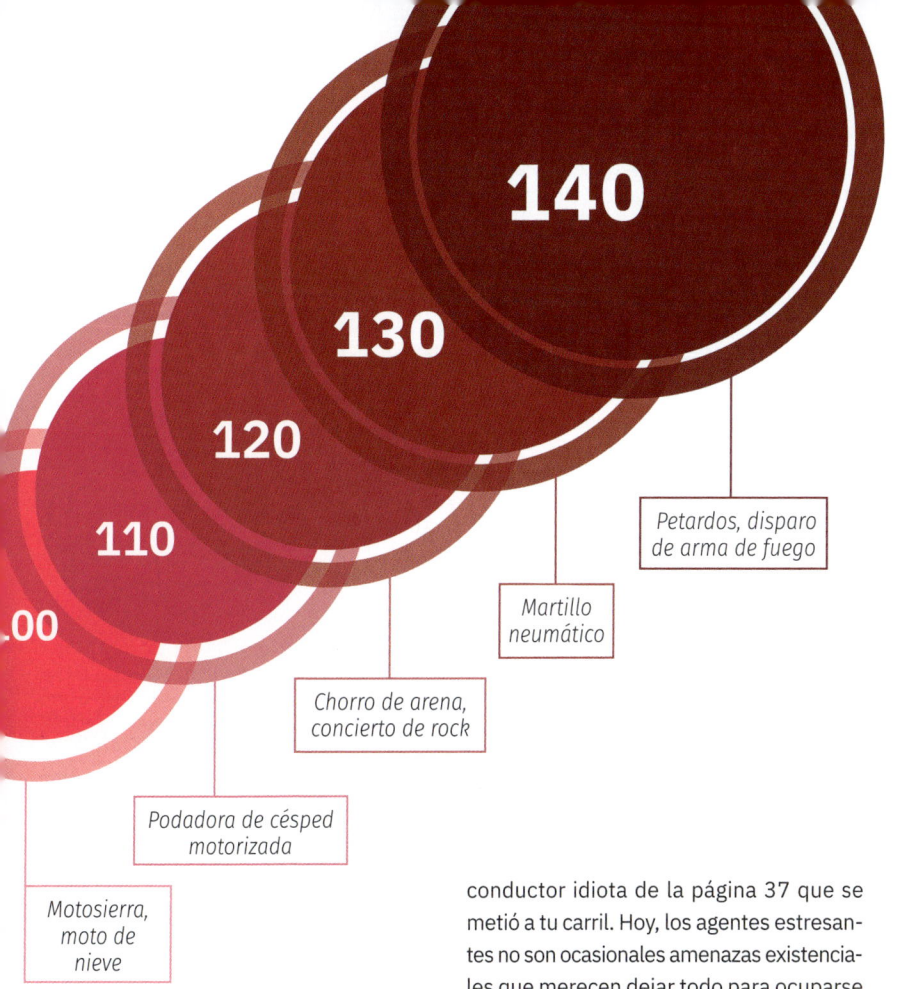

140

130

120

110

.00

Petardos, disparo
de arma de fuego

Martillo
neumático

Chorro de arena,
concierto de rock

Podadora de césped
motorizada

Motosierra,
moto de
nieve

posibilidades de supervivencia ralentizando temporalmente funciones como la digestión, la respuesta del sistema inmunitario y los procesos del sistema reproductivo, para que puedas poner mayor energía y recursos en pelear contra el oso o en escapar del oso. Es un poderoso rasgo adaptativo que ayudó a los antiguos humanos a sobrevivir y desarrollarse.

Pero en el mundo actual no son los osos los que nos producen estrés: son los mercados a la baja. Y los jefes volubles. Y ese conductor idiota de la página 37 que se metió a tu carril. Hoy, los agentes estresantes no son ocasionales amenazas existenciales que merecen dejar todo para ocuparse de ellas, son factores constantes en nuestra vida diaria. Como resultado, para muchos nuestro sistema de alarma natural está activándose constantemente, y esa dieta recurrente de cortisol (la mayoría de las células de tu cuerpo tiene receptores de cortisol) puede traer desastrosas consecuencias a la salud, incluyendo problemas digestivos, dificultades para dormir, ansiedad y pánico, incapacidad para concentrarse, infartos y **accidentes cerebrovasculares**.

Así que ése es un desafío para poderse concentrar: nuestro entorno produce una elevada cantidad de preocupaciones. Pero también estamos cada vez más abrumados por distracciones placenteras, que son igualmente letales para la concentración. No es que nuestro cerebro simplemente se descarrile por las distracciones, sino que ha evolucionado para *preferirlas*. Como apunta Chris Bailey, autor de *Hyperfocus*, en una Charla TEDx: "No es que estemos distraídos; es que nuestros cerebros están sobreestimulados. Es que, para empezar, estamos ansiosos por distraernos".

Resulta que los humanos estamos provistos de un mecanismo perverso que los psicólogos llaman *inclinación a la novedad*, por medio del cual nuestro cerebro nos recompensa con una dosis de **dopamina** cada vez que apartamos la vista de la pelota. Piénsalo por un minuto: tu cerebro recibe una diminuta recompensa química cada vez que te alejas de esa tarea laboral y mejor revisas tu correo electrónico, o echas un vistazo al juego, o tratas de ver si puedes encontrar Carhenge en Google Maps. (Sí, eso existe). Francamente es un milagro que logremos terminar cualquier cosa.

Tu cerebro sí tiene un mecanismo específicamente diseñado para ayudarnos a evitar las distracciones; de hecho, se cree que un daño en este circuito puede ser el origen de la dificultad que mucha gente con **autismo** tiene para lidiar con la sobreestimulación. Pero es como llevar una cuchara a un duelo con pistolas. De acuerdo con un estudio reciente de Microsoft, la gente en línea pasa sólo 40 segundos haciendo una cosa antes de cambiar a otra (y recibir su recompensa de dopamina por la novedad). Algunos adictos a la pantalla en California, con la esperanza de restaurar sus receptores de dopamina y terminar con su adicción, se enrolan en algo llamado **ayuno de dopamina**: restringirse voluntariamente actividades como el sexo, la buena comida y el tiempo con los amigos. Es típico de California, ciertamente, pero la batalla es real.

Entonces, dado que nuestro cerebro traicionero nos sobrecarga con falsos positivos por los cuales preocuparnos y nos recompensa cada vez que nos distraemos, ¿cómo podemos esperar concentrarnos?

¡La música al rescate!

CÓMO AYUDA LA MÚSICA

Convenientemente, la música sirve para estos dos desafíos. Comencemos con el estrés. La mayoría de la gente encuentra que ciertos tipos de música son naturalmente placenteros y relajantes. Se ha demostrado que escuchar y hacer música (sobre todo cantar) aminora los síntomas fisiológicos y físicos que produce el estrés. La música reduce el flujo sanguíneo hacia tu "centro del miedo", la amígdala, que a su vez reduce la producción del estresante cortisol. Y la música incrementa los niveles de dopamina, por lo que generalmente te sientes más contento y menos preocupado. Hasta aquí todo bien.

Por el lado de la distracción, la música puede ser un poderoso silenciador. Estudios han mostrado que la música ambiental a unos 70 decibelios (más o menos tan fuerte como una aspiradora) es suficiente para amortiguar las interesantes conversaciones a tu alrededor cuando estás en tu cubículo de la oficina. Esto aísla efectivamente a tu cerebro de los estímulos auditivos externos y te ayuda a concentrarte, pero si se escucha más fuerte que unos 80 decibelios, esa música comienza a volverse interesante, y por lo tanto intrusiva. Los empleados de

algunos Starbucks han señalado que al final del día suben el volumen de la música específicamente para interrumpir la productividad y echar a los últimos clientes holgazanes —la versión auditiva de hacer parpadear las luces en la última llamada.

Más allá de la música convencionalmente definida, los sonidos ambientales de la naturaleza, como el romper de las olas del mar o el apacible fluir de un arroyo, también pueden servir para acallar las distracciones. Pero como vimos en el Capítulo 1: Relájate, estos sonidos pueden ser calmantes al punto de la somnolencia... así que, aunque pueden reducir el estrés, no es probable que te induzcan a la productividad que estás buscando. Hay una razón por la cual todos los salones de masaje en Estados Unidos suenan como si estuvieras acostado bocabajo en un río que pasa por una granja de carrillones de viento. No, si tu objetivo es evitar las distracciones y además terminar con el trabajo, lo que necesitas son canciones.

TRAVEL TO THE BEAT OF A DIFFERENT DRUM

Las canciones se diferencian de otros sonidos distractores de una manera fundamental: tienen ritmo. Algunas personas incluyen los sonidos ambientales en una definición muy laxa de la música, y está bien, pero las canciones tienen una cadencia regular, un tempo... algo que se repite. Estos patrones son en parte predecibles, pero con intrigantes variaciones; precisamente lo que nuestro cerebro necesitado de significado y ávido de patrones siempre está buscando.

La música que nuestro cerebro considera significativa comienza con un ritmo.

"Sabemos que hay ritmos en toda la naturaleza", me dijo el Dr. Adam Gazzaley, neurocientífico y autor de *The Distracted Mind*. "Nuestro cerebro opera bajo principios rítmicos, por lo que considero que existe una conexión profunda y fundamental con el ritmo. Y no es únicamente cómo escuchas los ritmos; es cómo te *mueves* con los ritmos".

Desde tiempos antiguos hemos usado los tambores para enfocar la conducta humana. Imagina al percusionista que mantiene sincronizadas múltiples filas de esforzados remeros en un trirreme romano, o al tamborilero cuya cadencia hace que miles de casacas rojas británicas marchen al unísono. Las culturas antiguas empleaban un tempo lento al tocar los tambores para inducir estados de trance, y los ritmos acelerados han preparado psicológicamente a los guerreros para la batalla a lo largo de la historia, y lo siguen haciendo hoy. "Yo creo que el ritmo está en nuestro ADN", sugiere el mundialmente famoso baterista Jonathan Mover. "Todo se remonta hasta el inicio mismo de la comunicación. Cuando una tribu hablaba con otra o se preparaba para ir a la guerra, o celebraba un matrimonio, se comunicaba a través de los tambores. Tocar los tambores es realmente la base y la raíz de todo".

Hasta en la configuración clásica de una banda moderna de cuatro integrantes son los tambores los que generalmente producen el ritmo constante que todos los demás siguen. Como explica la neurocientífica Dra. Heather Read, psicóloga y directora del Brain Computer Interface Group: "La investigación de la neurociencia encuentra

CUATRO PREGUNTAS PARA

LACHANZE

Con su sonrisa efervescente y su poderosa y seductora voz, LaChanze da fuerza y una profunda dimensión emocional a sus complejos papeles teatrales. Esta estrella de Broadway, ganadora del Tony Award, domina a su audiencia mientras da vida a dinámicas heroínas.

¿Podrías describir los distintos retos de sólo cantar una canción y cantar una canción encarnando un personaje?

Cuando canto en un ambiente de concierto, estoy realmente abierta a la respuesta de la audiencia. Para que estén allí conmigo. Yo canto para ellos. Es como ahora que hablo contigo, estamos teniendo un intercambio. Cuando interpreto una canción representando a un personaje estoy expresando mis pensamientos o emociones íntimas, y no necesariamente estoy buscando interactuar contigo. No es tanto cantar una canción en un escenario como comunicar el pensamiento o la idea o la emoción de lo que estoy diciendo.

Así, podrías decir la frase "Oh, qué hermoso día". Y luego si cantas "Qué hermoso día", podrías tener una opinión diferente al respecto, dependiendo de cómo te sientes. "Qué hermoso día" podría ser "Bueno, éste de verdad es un día de mie*da". Puedes tener tantas interpretaciones distintas de lo que es un hermoso día cuando estás cantándolo encarnando un personaje, en oposición a simplemente cantar "Un hermoso día".

¿Es emocionalmente agotador interpretar la misma escena día tras día?

En realidad no estás interpretando lo mismo cada vez, porque somos seres humanos. Despertamos un día y nos sentimos estupendamente. Despertamos al día siguiente y no nos sentimos tan bien, o tal vez estamos cansados de la voz. Podría ser una variedad de desafíos. Pero como el contrato es de ocho espectáculos a la semana, tienes que presentarte a trabajar sin importar cómo te sientas.

Si me subo a ese escenario y estoy interpretando, digamos, a Celie, de *El color púrpura*, eso me ubica en una historia muy desgastante e intensa. Y, por ejemplo, quizá me siento cansada de la voz, o es mi octava actuación de la semana. Y estoy vocalmente agotada y emocionalmente exhausta porque estoy criando a dos niños y todo se me junta. Entonces utilizo eso. Se lo aplico al personaje. No intento trabajar como si no estuviera cansada, simplemente lo utilizo.

Es teatro en vivo. La razón por la que la gente lo ama es porque está vivo y no hay forma de esconderse detrás de un corte o una toma repetida o editada. Tienes que estar auténticamente en el momento. Amamos el teatro en vivo porque somos seres humanos y experimentamos este cambio de emoción, esta experiencia interactiva juntos. Puede ser que algo me ponga emotiva de repente y esté cantando una canción y eso me haga llorar y yo intente cantar y no pueda lograrlo; la audiencia está allí, está en la palma de mi mano y está sintiendo lo que yo estoy sintiendo. Le da la oportunidad a la gente de conectar con sentimientos y de permitirse experimentar emociones que tal vez no se atreven a sentir en su vida cotidiana.

¿Crees que la música específicamente hace eso?

Sí. Hay algo en el tono que reverbera espiritualmente en nosotros. Hay algo en ciertas notas, o en ciertos tonos, o en cómo los abordas. Una de las cosas que me han dicho a lo largo de casi toda mi carrera es que, cuando canto, la gente siente muchísimo. Sienten la alegría o simplemente algo en mi voz les hace experimentar algo, y yo creo que es la reverberación del sonido. Tal vez mi sonido conecta con alguien espiritualmente. Hay ciertos cantantes con los que yo conecto espiritualmente porque me encanta su sonido.

¿Crees que la música puede ayudarnos a superar el duelo?

Absolutamente. Cuando yo perdí a alguien muy importante en mi vida, sólo quería enterrar la cabeza bajo mi almohada, quedarme en mi habitación y todo eso. Y en parte lo hice. Dependiendo de lo que necesitaba sentir, si quería permitirme sufrir un poco más, ponía música que me ayudara a abrirme emocionalmente, la música hace eso. No importa cómo te sientas, simplemente te abre el espíritu, la mente, y te permite experimentar la emoción.

O como cuando vas en el coche y algo comienza a sonar en la radio y tú dices: "Oh, no puedo escuchar eso ahora". La razón por la que no puedes oírlo no es porque no lo ames o porque no te guste la canción, es porque no quieres experimentar esa emoción en ese momento. Ése es el poder de la música.

¿Cómo me saco esa canción de la cabeza?

Una canción pegadiza se conoce popularmente como **gusano auditivo** *(earworm). "Nuestra habilidad para imaginar música, llamada imaginería musical, es muy buena", dice el Dr. Kelly Jakubowski. "Los estudios muestran que somos capaces de imaginar música con alta precisión en términos de tono, tempo y volumen. Un earworm es un tipo específico de experiencia de imaginería musical, durante el cual una pieza de música (a menudo sólo un fragmento) viene a la mente espontáneamente y se repite en bucle". El cerebro no diferencia entre los earworms y las experiencias musicales reales, y puede invocarlos para que ayuden a regular los estados de ánimo, de la misma forma que lo hace la música real. Por ejemplo, sujetos de estudio han mencionado escuchar la misma canción pegadiza cada vez que están estresados. Si estás invadido por un earworm, intenta buscar la canción y escucharla completa de principio a fin, o reproducir una melodía memorable que no asocies con ningún estado de ánimo (un favorito de los fans es "God Save the King").*

que los *beats* temporalmente predecibles, como el ritmo musical, invocan patrones de activación neuronal que están sincronizados con el *beat*, permitiendo al cerebro y al cuerpo anticiparse y ejecutar el siguiente movimiento". Esto hace que la banda se enfoque, pero también la audiencia: los tambores marcan el tempo, lo que induce al cerebro de los que están escuchando a producir las ondas específicas que, a su vez, los conducen hacia la respuesta emocional deseada.

"Los ritmos son poderosos porque su regularidad permite la predicción del futuro", dice la Dra. Laurel Trainor, psicóloga cognitiva y profesora en la Universidad McMaster. "Si alguien aplaude tres veces sucesivas con un *beat* regular, por ejemplo, tu cerebro sabe con exactitud dónde debería caer el siguiente *beat*. Existe mucha evidencia para pensar en el cerebro como un órgano cuya función es predecir continuamente el futuro, comparar su predicción con lo que sucede y aprender de las predicciones equivocadas actualizando sus modelos de cómo funciona el mundo". En otras palabras, nuestro cerebro ha evolucionado para estar siempre en busca de patrones y ritmos porque ellos hacen posible la predicción, y facilitan la supervivencia. La música abre esa puerta.

¿Qué tipo de ritmo nos pone en la configuración mental correcta para el enfoque y la concentración? Tienes que llevar a tu cerebro a la producción de ondas beta,

¿Se te quedó pegada "Bad Romance" de Lady Gaga? La goma de mascar podría quitártela de inmediato: se ha descubierto que ayuda a interferir en el molesto "discurso interior" de nuestro cerebro.

reflejando actividad en el rango de 12 a 35 Hz. El tempo es importante: hasta cierto punto, un aumento en el tempo incrementa la producción de ondas beta, siendo la zona óptima las canciones rápidas y alegres de entre 100 y 180 ppm. (La canción pop promedio está en 116 ppm, de acuerdo con *The Washington Post*). Esto podría explicar por qué, en un estudio sobre listas de reproducción para realizar tareas escolares, "Drivers License" de Olivia Rodrigo, a 144 ppm, fue la más popular entre 100 mil canciones examinadas. Escuchar canciones que disfrutas, según otro estudio, amplifica aún más la producción de ondas beta.

Sin embargo, la familiaridad es una espada de doble filo: las canciones que conoces y te encantan, como cualquiera que haya cantado a todo pulmón durante un viaje por carretera lo sabe, pueden ser increíblemente distractoras. Si quieres que tu adolescente conduzca con seguridad, por ejemplo, lo mejor que puedes hacer es prohibirle que escuche su propia música. En una prueba realizada a 85 conductores jóvenes, los adolescentes a los que se les permitió escuchar la música de su preferencia se distraían más, cometían más errores y conducían con mayor agresividad. Escuchar música con la que no estaban familiarizados mejoraba su puntuación. El autor del estudio dedujo que esto se debía en parte a que escuchar tu propia música (típicamente al volumen alto que les gusta a los adolescentes) te cambia de la mentalidad de "espacio compartido", apropiada para conducir, hacia una mentalidad más de espacio personal, en la cual olvidas que tus acciones pueden impactar a los demás, literalmente, en este caso.

EL MITO DEL MULTI-TASKING

La filosofía de la multitarea sostiene que tu inteligente cerebro puede realizar múltiples tareas a la vez. Pero no puede, porque la capacidad de tu memoria operativa es absoluta. Cuando *crees* que estás realizando múltiples tareas simultáneas —digamos, viendo un documental mientras respondes correos electrónicos y hablas por teléfono— en realidad estás haciendo tareas secuenciales, cambiando rápidamente de tarea a tarea, dándole toda tu atención a cada una en orden, como un gran maestro de ajedrez que juega contra nueve estudiantes "a la vez".

Para demostrarte que la multitarea es una ilusión, haz esta simple prueba del grupo danés **Potential Project.**

PASO UNO Realiza esta tarea secuencial.

Consigue un lápiz y una hoja, y cronometra el tiempo que tardes en el siguiente ejercicio: escribe "Soy un gran multitarea" en la primera línea, luego escribe los números del 1 al 20 en la segunda. Revisa cómo te ha ido.

PASO DOS Repítelo, esta vez como multitarea.

Ahora repite el mismo ejercicio en la tercera y cuarta líneas, sólo que ahora cambiando simultáneamente entre línea y línea; es decir, multitarea. Primero escribe la letra "S" en la línea de arriba, luego el número "1" en la de abajo, luego la "o" en la de arriba, después el "2" en la de abajo, y así hasta concluir la actividad.

PASO TRES Regodéate en tu fracaso.

¿Has tardado el doble de tiempo? ¿El cuádruple? ¿Has sentido cómo tu cerebro batallaba para cambiar continuamente de una tarea a otra?

LA OTRA CARA DE LA CONCENTRACIÓN: LA MULTITAREA

Eso nos lleva a la multitarea: el sueño de todos, la realidad de nadie. (Ver "El mito del *multitasking*", a la izquierda). La música puede ayudarnos a ser más productivos, sea lo que sea que intentemos hacer, pero la manera en que funciona nuestra memoria nos impone un límite superior a la cantidad que podemos manejar al mismo tiempo.

Por ejemplo: si en este momento te digo un número al azar de siete dígitos, no hay ninguna probabilidad de que lo recuerdes en un mes. Pero si una bella desconocida te susurra su teléfono en el bar, podrás recordarlo apenas el tiempo necesario para encontrar una manera de escribirlo. Ésta es tu **memoria de trabajo** o memoria operativa, el sistema que tiene tu cerebro para retener brevemente la información mientras decide si la almacena o no (y cómo). A veces llamada "los *post-it* del cerebro", la memoria operativa utiliza diferentes esquemas, como información visual (p. ej., imaginar los números en un teclado) y verbal (p. ej., repetírtelos a ti mismo), para retener los elementos en cuestión entre 10 y 15 segundos, antes de almacenarlos o desecharlos.

Es uno de los más grandes trucos para las fiestas de la humanidad, pero nuestra memoria operativa, trágicamente, tiene una capacidad máxima. La persona promedio no puede recordar más de siete u ocho cosas en orden —artículos para comprar en la tienda, indicaciones para llegar a una dirección, etc.— sin olvidar elementos individuales. ¿Por qué siete u ocho? La razón es fascinante. Para recordar un conjunto de cosas en orden, tu cerebro organiza un grupo de **neuronas** para representar a cada elemento de forma individual. Entonces crea una secuencia que expresa a esos grupos en orden, comenzando por suprimir la activación de todos los grupos excepto el primero, después suprimiendo todos excepto el segundo, etcétera. Esto se vuelve exponencialmente más difícil conforme se alarga la secuencia (se ha estimado que es 15 veces más difícil recordar siete cosas que tres). Y *ésa* es la razón de que hayas olvidado comprar el brócoli.

Resulta interesante que algunas personas en el espectro autista pueden crear sin esfuerzo rutas mucho más fuertes y recordar cadenas de 100 dígitos o más, una poderosa declaración del valor de la **neurodiversidad**. (La neurodiversidad aboga por considerar las condiciones mentales atípicas, como el autismo, como perspectivas alternativas valiosas que hay que celebrar, más que anormalidades que haya que corregir).

La verdadera razón por la que el *multitasking* no funciona es porque cambiar entre múltiples tareas mentales requiere reiniciar continuamente tu memoria operativa, comenzando nuevamente el proceso cada vez que cambias, sólo para retener la misma información. Te hace sentir frenético y ocupado, cuando en realidad está perjudicando seriamente tu productividad, tanto como un 40 %. Según un estudio, los participantes que resolvieron de forma *multitasking* una serie de pruebas cognitivas experimentaron una disminución en su CI aparente, similar a la de los efectos de fumar marihuana o mantenerse despierto toda la noche.

MÚSICA PARA ESTUDIAR

La presión para concentrarse y retener nueva información a través del enfoque aplicado es padecida intensamente por los estudiantes. El abuso de Adderall, la barata y adictiva "droga del estudio", ya se considera una epidemia, con clínicas especializadas y centros de tratamiento en todo el país. Sin embargo, de acuerdo con los American Addiction Centers, a menos que el usuario tenga un desorden de la atención clínicamente diagnosticado, el Adderall en realidad no mejora la función cognitiva ni la capacidad de aprendizaje. Estos "esteroides mentales" pueden facilitar el rendimiento a corto plazo y servir para los objetivos inmediatos del estudiante que tiene el tiempo encima, pero no le hacen ningún favor al cerebro.

Para concentrarte mejor en el trabajo, escucha música de videojuegos, que ha sido diseñada como música de fondo para solucionar acertijos y otras tareas que requieren de una alta concentración.

CUATRO PREGUNTAS PARA

KOOL

El miembro cofundador de Kool & the Gang está detrás de algunos de los éxitos de rocola más groovy de todos los tiempos, como "Celebration", "Get Down on It" y "Jungle Boogie". La banda es uno de los grupos musicales más sampleados y ha vendido más de 80 millones de álbumes.

¿Cómo te ayuda la música a empezar tu día?

Yo escucho clásica, el tipo de música que te relaja, que te quita un poco el estrés. Eso me relaja. Me prepara para el día: cualquier llamada de negocios que tenga que hacer o cualquier asunto que tenga ese día. No me gusta mucho ver la televisión... pero por la mañana tengo que pensar, así que debo oír música para pensar, música relajante, ya sabes, jazz o clásica.

Una buena canción pop tiene algo de pegajoso: una vez que la escuchas, se te queda en la cabeza por el resto del día. ¿No es ése el santo grial?

Bueno, en algunas canciones creo que fue la simplicidad. Una de las cosas que mi madre solía decirnos era: "Sabes, a todos les gusta una buena melodía, una canción que la gente siempre pueda recordar". Ya sabes, canciones simples, y así es como surgió "Funky Stuff", tenía una melodía simple, muy simple, no complicada. "Hollywood Swinging", "Watching Bed", simplicidad.

¿Crees que a veces los músicos complican demasiado las canciones?

"Celebration" vino después de "Ladies Night", y estábamos celebrando porque le habíamos dado la vuelta a nuestras carreras. Entonces mi hermano tocó esa pista, y tenía una especie de sabor de hogar, como estar allí en Birmingham, Alabama, bebiendo Kool-Aid sentados en una mecedora. Y quién iba a saber que esa canción se habría de convertir en lo que se convirtió. No era una canción muy complicada. No era una canción con mucha letra. Era simplemente cómo fue compuesta.

Si miras "Get Down on It" y [canta la melodía] "Get down on it... get down on it...", no hay nada complicado en eso. Pero es la manera en que está montada. Mi hermano empezó a escuchar a Bob Marley. Y fue allí cuando se le ocurrió "Get Down on It". Claro, no es reggae, pero tenía un estilo parecido.

Sí, mantuvimos ese rumbo. A veces las canciones pueden ser excesivamente complicadas y no terminan de funcionar. Hay gente que lo lleva demasiado lejos; yo lo mantengo simple, básico, como construir una casa, empiezas con la percusión, empiezas con el bajo y los teclados y la guitarra. Simplemente nos quedamos con el *groove*, no tengo que tocar todas esas cosas funky, todas esas cosas muy llamativas. Y hemos tenido grandes éxitos al no hacerlo. Es un título sencillo, es el ritmo, es el *groove*, ¿sabes?

Con "Eleanor Rigby" de los Beatles la música en realidad no era tan complicada. Sólo fue cuestión de cómo la montaron. Y después "I Wanna Hold Your Hand", eso es todo.

¿Cuál es la canción más alegre que tocan?

Cuando íbamos empezando no teníamos un vocalista. No seguíamos a ningún cantante, simplemente seguíamos el *groove*... pero tuvimos que empezar a hacerle espacio a un vocalista. Nos gustan "Hollywood Swinging" y "Jungle Boogie" porque nuestro trompetista se suelta, ya sabes, él solía tocar algo de rock. Y nosotros nos quedamos como "¿Qué está haciendo?". Pero eso es la libertad, cuando no hay un cantante que se interponga. No tengo nada contra los cantantes, pero todo es cuestión del talento musical, y nosotros simplemente estábamos siguiendo el *groove* y madurando... Wow. Es la simplicidad. Okey. Simplicidad.

¿La música de fondo ayuda para estudiar?

No particularmente. La música puede ser muy distractora, en especial la que tiene letra, y sobre todo las canciones favoritas que el estudiante promedio pondrá en una playlist para estudiar toda la noche. Escuchar música, aunque sea de fondo, requiere un poco de atención, lo cual reduce la capacidad de tu memoria operativa y disminuye la comprensión lectora. Pero la música es genial para la motivación y para ponerte en ánimo productivo, lo que significa que tu mejor plan debería ser estudiar en silencio o con música instrumental a bajo volumen. Tu playlist tal vez es tan buena que no te deja concentrarte, pero por favor, de ningún modo dejes de escuchar tu música favorita antes de estudiar, durante las pausas y como una recompensa cuando hayas terminado, de modo que obtengas todos los beneficios motivacionales sin la distracción.

La música ofrece una alternativa de bajo riesgo y cero costo, cuando se usa sabiamente. La música clásica en particular ha demostrado que reduce el tipo de estrés que sufren los estudiantes y mejora su estado de ánimo, aun si el llamado "efecto Mozart", por el cual se piensa que la música clásica mejora tu inteligencia en general, sea ampliamente considerado una patraña. (La idea se extendió a partir de una popular malinterpretación de un estudio que encontró sólo una modesta mejora en las habilidades de razonamiento espacial en un pequeño grupo de estudiantes universitarios). Pero la música ha demostrado que ayuda a los estudiantes a sobresalir temporalmente gracias a su probada capacidad para reducir el estrés, mejorar el ánimo y proporcionar recompensas químicas. No te hace más inteligente, sólo te hace un estudiante más feliz, y a veces eso ayuda.

La música electrónica ambiental, que también tiene poca letra que distraiga, puede brindar beneficios parecidos, preparando los cerebros de los estudiantes para absorber e interpretar más fácilmente nueva información. Un pequeño estudio de géneros musicales declaró que la música de baile electrónica o EDM (*electronic dance music*) era el género de todos los examinados que más ayuda, pues incrementa la velocidad y la precisión en 9 de cada 10 participantes para ejecutar un rango variado de tareas, incluyendo problemas matemáticos escritos, comprobación ortográfica y razonamiento abstracto. Steve Aoki dice lo siguiente sobre la música EDM: "La música abre otro portal que permite una mayor ingesta o una mayor absorción. A fin de cuentas, de lo que se trata es de optimizar mi índice de absorción en cualquier cosa que esté haciendo".

Otra alternativa que no lleva letra es la música de videojuegos, que con frecuencia se diseña específicamente para generar reacciones emocionales al tiempo que mantiene a tu cerebro enfocado en evaluar, sortear y completar tareas.

Así es: matar horda tras horda de zombis es una tarea, una muy fea, difícil e interminable tarea. Lo cual nos lleva a una de las áreas más interesantes de la concentración: el **estado de flujo**, también conocido como "la zona".

EYE OF THE TIGER

¿Alguna vez has estado tan profundamente inmerso en una actividad —correr, escribir, cocinar— que perdiste el sentido del paso del tiempo? Esto se conoce coloquialmente como estar "en la zona", y es un estado de hiperconcentración muy deseado, aunque a menudo difícil de alcanzar. Las dificultades se simplifican y las distracciones desaparecen; te sientes seguro, motivado y perspicaz sobre lo que tiene que hacerse. Y cuando levantas la vista de lo que estás haciendo, te sorprende darte cuenta de que las horas han pasado volando.

> "So if you're lonely, you know I'm here waiting for you
>
> I'm just a cross-hair, I'm just a shot away from you".
>
> **FRANZ FERDINAND** "Take Me Out"

Los atletas en la zona, para dar un ejemplo, manifiestan experimentar una claridad inusual, un tiempo de reacción más corto y una percepción sensorial más aguda. Para los jugadores de baloncesto, el aro se vuelve más grande; para los bateadores, la bola rápida que se aproxima se ve tan grande y tan fácil de golpear como un pomelo. "Al dejar de ser consciente de mi movimiento, descubrí una nueva unidad con la naturaleza", dijo Roger Bannister, tratando de describir su estado mental cuando corrió la primera milla en cuatro minutos, una marca mundial.

Los científicos llaman a esta condición un "estado de flujo", y nadie está más familiarizado con los estados de flujo que los compositores de canciones y los intérpretes, que a menudo dependen de ese nivel de hiperconcentración productiva para crear sus mejores trabajos. La leyenda del rock Mick Fleetwood lo describe así: "Llega un momento en que me siento completamente seguro, y sé que estoy en la zona, y es atemporal y mágico". Y Steve Aoki dice: "Una vez que estás en el flujo, las cosas llegan naturalmente, no tienes que pensarlas dos veces. Mis ciclos cerebrales durante ese tiempo, cuando estoy componiendo este tipo de música, están supercargados. Y cuando estás en el estado de flujo, lo único que necesitas es quedarte allí tanto como puedas, porque es difícil llegar".

Puedes usar la música para que te ayude a guiarte hacia un estado de flujo productivo, y no necesitas ser un músico profesional para hacerlo. "Yo recomiendo un 'precalentamiento' con música para estimular tu ánimo y prepararte mejor para llegar al *groove*", dice Diana Saville, cofundadora y CEO de BrainMind, una aceleradora de la industria del cerebro. "Me resulta más fácil 'perderme' en la búsqueda creativa cuando preparo el escenario con plena consciencia. Puesto que escuchar tu música preferida puede mejorar tu ánimo (esto ha sido demostrado en numerosos estudios, pero por experiencia todos sabemos que es verdad), recomiendo escuchar *playlists* bien seleccionadas antes y durante la actividad en la que esperas alcanzar el flujo".

Entonces, antes de tu actividad, primero invierte tiempo en crear una lista de reproducción de tus canciones favoritas; recuperarás el tiempo "perdido" una vez que tu productividad se incremente cuando llegues al flujo.

CONCLUSIÓN

El anhelo es ser capaces de aprovechar a voluntad el poder de la concentración y convertir cada momento de crisis en una oportunidad para un desempeño sobrehumano... o al menos de alta eficiencia y efectividad, para disipar las distracciones y arrasar en el examen, realizar el trabajo de una semana en un día, invocar ideas innovadoras con la pura fuerza de voluntad.

Aún no lo conseguimos del todo (no existe un plan mágico para alcanzar los estados de flujo en el momento que se desee). Pero ahora sabemos que la música puede ser una fuerza poderosa para ayudarnos a generar un estado mental más productivo.

Aplicar la música al mundo laboral ya ha registrado algunos grandes triunfos. Los trabajadores a los que se les permite escuchar música completan tareas más rápido y tienen mejores ideas que sus colegas sin acceso a música. Los cirujanos que escuchan música durante la preparación de la cirugía ejecutan las operaciones de forma más eficiente y precisa. Los atletas entrenan más duro y por más tiempo y consiguen mejores resultados en la pista de campo cuando escuchan música. Y la lista continúa. Apenas comenzamos a sacudir el mundo.

PARA LLEVAR

La música trabaja en varios niveles para ayudarnos a superar las limitaciones de nuestra mente y mantenernos concentrados. Inunda el fondo y acalla las conversaciones; su cadencia puede inducir la producción de las ondas cerebrales que necesitamos para estar enfocados, y su familiaridad o novedad pueden alterar nuestra configuración mental a través de efectos espejo. Éstas son algunas formas de aplicarlo en tu vida.

PARA DESPERTAR A TU EQUIPO ANTES DE LA GRAN PRESENTACIÓN Una canción "animada y motivante" de 100 a 180 ppm —como "Mr. Brightside" de The Killers a 148 ppm o "9 to 5" de Dolly Parton a 102 ppm (hay aplicaciones en línea que te dicen los ppm de cualquier canción)— puede ser suficiente para generar las ondas beta que necesitas para alcanzar una buena concentración.

PARA MANTENERTE PRODUCTIVO MIENTRAS TRABAJAS EN CASA Ocupa y distrae a tu cerebro con una pista de fondo. Cualquier sonido ambiental ayuda, pero la música es mejor. Pon canciones a un volumen moderado que te resulten familiares, pero no tus favoritas; así podrás construir una burbuja productiva sin distraerte de tu trabajo.

PARA ESTUDIAR BIEN Y RECORDAR LO ESTUDIADO Prueba EDM o música clásica ligera para obtener los beneficios de la reducción del estrés y el mejoramiento del ánimo sin darle a tu mente una letra que tenga que procesar inconscientemente, en especial si tus estudios tienen que ver con lectura, escritura o pensamiento crítico.

PARA MANTENERTE CONCENTRADO MIENTRAS CONDUCES Escucha algo que no conozcas para abrir tu "espacio personal" y evita ponerte tan cómodo que inconscientemente olvides que estás viajando a una velocidad peligrosa en un vehículo en movimiento. Aquí también busca algo en el rango de 100 a 180 ppm, como "Up" de Cardi B a 166 ppm o "Semi-Charmed Life" de Third Eye Blind a 102 ppm. (Claro, si estás más cansado que aburrido, ¡mejor detente!)

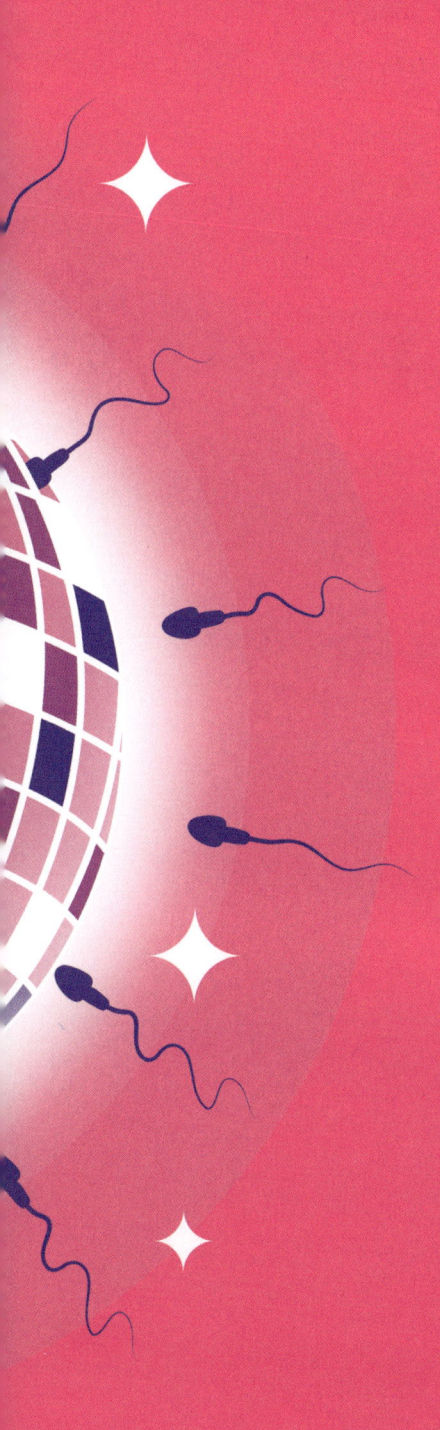

AMA

HELLO,
IS IT ME

LIONEL RICHIE
"Hello"

YOU'RE LOOKING FOR?

NUNCA OLVIDARÁS LA SENSACIÓN: el paso ligero mientras flotas de regreso a tu coche después de esa cita perfecta donde te diste cuenta de que esa persona es... especial. Claramente no se trata de mera atracción, y no es solamente deseo, aunque Dios sabe que también hay algo de eso. No, esto es algo animal y verdadero, algo que sientes en los huesos. Y por muy cliché que suene, ya estás contando los minutos que faltan para que vuelvas a ver a esa criatura que no es como ninguna otra. Ahora estás en el asiento del conductor y tu corazón corre como Usain Bolt. Es difícil concentrarse en cualquier otra cosa con tu cabeza girando de ese modo: obvio, estás enamorado/a.

O tal vez sufres una intoxicación alimentaria.

Pero supongamos que es enamoramiento. De lo que quizá no te has dado cuenta es de que tu cerebro ha comenzado a experimentar una transformación química, una que ha estado programada en el ADN humano por miles de años. Si sientes que tus pensamientos flotan es porque así es: tu cerebro está inundado con esa dulce "hormona de la felicidad", la dopamina, y su cálida y tierna prima, la **oxitocina**. Y al mismo tiempo, tu nivel de **serotonina** —el neurotransmisor que afecta a tu sensación de estar en control— desciende discretamente.

La mayor parte de la acción tiene lugar en tu área tegmental ventral y tu núcleo caudado, las regiones del cerebro responsables del placer, la motivación y el procesamiento de recompensas. Pero la corteza prefrontal —el centro de comando y control de nuestro cerebro para razonar— también reduce la velocidad cuando estamos enamorados, y las amígdalas, componentes clave de nuestro sistema de respuesta ante las amenazas, también se ralentizan. Experimentas todo esto como aturdimiento, calor, pensamientos obsesivos, una pizca de inestabilidad y temeridad, y un apetito general por cometer locuras.

Enamorarse se siente bien y te hace obsesionarte porque la evolución quiere bebés. Cuando encuentras una pareja compatible, tu cerebro —utilizando herramientas cuidadosamente perfeccionadas a lo largo de milenios de selección natural— aprovecha la oportunidad y te recompensa con un constante goteo de **hormonas** del bienestar diseñadas para motivarte a continuar con la relación hasta llegar a la conclusión con pañales que la evolución desea.

Pero lo que es realmente notable sobre la química de enamorarse es el parecido que comparte con la química de escuchar música. La música puede estimular la liberación de los mismos neurotransmisores y encender las mismas rutas cerebrales que el amor romántico; el sistema de recompensas de tu cerebro, en términos generales, parece responder de forma similar a ambos estímulos. Cuando dices que te apasiona una canción, resulta que de verdad es amor lo que sientes.

¿Es de extrañar que más de la mitad de todas las canciones traten de amor? Se calcula que los humanos han grabado 100 millones de canciones de amor distintas, incluyendo la mitad del Billboard 100 de esta semana. (Hasta la primerísima transmisión de una voz humana a través de un prototeléfono, el "Señor Watson, venga aquí. Quiero verle" de Alexander Graham Bell, suena como el inicio de una canción de amor). Queda claro que nos encanta cantar sobre el amor. Pero ¿por qué esta curiosa obsesión con declarar nuestro amor por medio de canciones? ¿Y cómo podemos utilizar el poder de la música para mejorar el romance, el sexo, el compromiso y todas las demás cosas buenas que hay en medio?

Abróchate el cinturón: éste será un viaje muy agitado.

YOU LIGHT UP MY VENTRAL TEGMENTAL AREA

La reproducción es el Trabajo Número Uno de toda criatura viviente, y tu cerebro se toma muy en serio la química del amor y el deseo. El simple hecho de mostrarle a la gente fotografías de su pareja romántica enciende en su cerebro los centros de recompensa; pensar en la persona amada puede provocarnos un colocón como de narcóticos. Al mismo tiempo, el cerebro enamorado experimenta un aumento en la hormona del estrés **norepinefrina**, lo que incrementa la frecuencia cardiaca y la presión sanguínea, produciendo lo que podrías llamar un golpe de metanfetaminas. Estas recompensas químicas, como *todas* las recompensas químicas, elevan

Casi una de cada cinco personas admitió haber dicho "Te amo" como resultado de una canción que escucharon juntos. **Ten mucho cuidado con eso.**

a su vez nuestra motivación para buscar y recibir más recompensas. Hablando de ser adicto al amor.

El amor y el deseo parecen inducir en el cerebro respuestas neurales separadas, pero superpuestas: ambas producen un "colocón", son adictivas y afectan a muchas de las mismas regiones cerebrales. Pero son lo suficientemente distintas para encontrarte con demasiada facilidad en la incómoda posición de estar enamorado de una persona y desear a otra. De hecho, es más complicado que eso, de acuerdo con

la Dra. Helen Fisher, investigadora del Instituto Kinsey y asesora científica en jefe de Match.com. "Hemos evolucionado tres sistemas cerebrales claramente distintos para el apareamiento y la reproducción. Uno es el impulso sexual, el segundo es el amor romántico y el tercero es sentir un apego profundo", me dijo. "Son sistemas cerebrales diferentes, igual que el miedo y la ira y la sorpresa son sistemas cerebrales distintos".

Piensa en el amor romántico como el bonito video viral de una petición de matrimonio, en el apego como la pareja de ancianos que se toma de la mano en el banco del parque, y en el deseo como... bueno, como la fastidiosa pareja en el cuarto de hotel justo encima del tuyo. Es fantástico cuando todos esos sistemas cerebrales cooperan en una sola relación, pero no siempre funciona de ese modo.

Podría parecer obvio que el amor es una emoción, pero en realidad es algo mucho más profundo: un antiguo mecanismo de supervivencia que compartimos con otros animales, de los zorros a las aves a los elefantes. "El amor románico es un impulso profundamente básico", dice la Dra. Fisher. "Evolucionó hace millones de años para permitirnos enfocar nuestra energía de apareamiento en un individuo en particular". El área tegmental ventral, esa fábrica que crea nuestros **sentimientos** de amor romántico, se ubica justo al lado de la fábrica que crea nuestras sensaciones de hambre y sed. "El hambre está allí para mantenerte vivo hoy", dice la Dra. Fisher, "y el amor romántico te impulsa a formar una pareja para enviar tu ADN hacia el mañana".

En una relación romántica de larga duración, nuestras respuestas en tiempo real de amor, deseo y apego están mediadas por cambios estructurales del cerebro: por ejemplo, el cerebro de las parejas que han estado juntas mucho tiempo muestra un aumento de actividad en el pálido ventral, una región del cerebro rica en receptores de oxitocina y vasopresina que facilita la unión en pareja y el apego a largo plazo. Y así es como tu compromiso de larga duración se vuelve estructuralmente fijo, evitando que seas tentado por Susi, la de contabilidad y, de paso, mejorando tu salud. Dice la Dra. Fisher: "La gente que está en una buena relación de pareja de larga duración suele vivir de cinco a siete años más".

El cerebro recompensa a los cuerpos por realizar actividades que crean más cerebros: éste es el sistema evolutivo completamente natural que ha funcionado bien por miles de años. Pero la música puede ponerse fácilmente al servicio del amor para acelerar el paso. Ya sea que intentes estimular el romance, mejorar tu desempeño en la alcoba, hacer que el amor perdure o consolar a un corazón roto cuando el amor desaparece, puedes utilizar la música para poner a tu cerebro (y algunas veces el cerebro de los demás) en un estado mental que optimice tus oportunidades de éxito.

DATO CURIOSO

¿Quieres volver más rítmica tu forma de hacer el amor? Casi la mitad de la gente encuestada en un estudio dijo que la música correcta te lleva a conseguirlo.

CONOCE TUS NEUROTRANSMISORES

Algunos de los importantes químicos que recorren tu cerebro, y su función

GLUTAMATO El neuroquímico más común está ligado al aprendizaje y la memoria. Demasiado puede producir un comportamiento impulsivo/violento.

GABA Si el glutamato es el acelerador, GABA es el freno; aumenta la tranquilidad y se asegura de que no te pongas muy agresivo.

OXITOCINA Esta "droga del amor" hace que te enamores y te sientas conectado. También ayuda a las madres lactantes a vincularse con sus bebés.

DOPAMINA Es el químico de la "recompensa" asociado con muchos tipos de placer. Muy poco puede conducir a depresión; demasiado, puede provocar adicción.

SEROTONINA Modula el ánimo; está asociado con la tranquilidad. Niveles bajos pueden causar depresión.

ADENOSINA Este neurotransmisor se produce durante el día; cuando una cantidad suficiente se haya acumulado, te sentirás somnoliento.

ENDORFINAS Son los analgésicos de tu cuerpo. A niveles altos te sientes relajado y eufórico; a niveles bajos puedes ser más sensible al dolor.

NORADRENALINA Como su prima la adrenalina, la norepinefrina eleva la energía y está relacionada con la respuesta de lucha o huida y con el aumento de la frecuencia cardiaca.

CUATRO PREGUNTAS PARA

MICK
FLEETWOOD

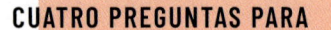

El incontenible miembro cofundador de la leyenda del rock Fleetwood Mac es visto a menudo como el pegamento que mantiene junta a esta banda célebremente volátil. El carismático baterista recientemente ha añadido "estrella viral de TikTok" a una larga lista de logros.

¿Está bien estar en silencio?

Cuando tengo un momento emocionalmente estéril, no soporto no sentir. La música me activa y siempre recurro a ella. Es probable que involuntariamente lo haga mucho más de lo que confieso. Puedo estar sentado en una playa y pensar: "¿Soy baterista?". Sólo soy Mick. A veces, cuando me siento un poco decaído, me aíslo por completo y algo me activa. Y casi siempre es la música.

Cuando escribes una canción, ¿se trata de ti o de la audiencia?

Mucho de lo que busco en la música es un recordatorio de lo vulnerables que somos todos, y a partir de ahí adquieres una gran fortaleza, tanto si eres consciente de ello como si no. Hablando por mí, creo que la vulnerabilidad es una bendición y que así es como escucho. Es un recordatorio de algo que es increíblemente eficaz en la forma de arte conocida como armonía, música y continuidad del ritmo. Cuando todo se une como si fueras un alquimista, si tus pequeños tentáculos están al menos medio abiertos, no hay nada que se le iguale.

"Dreams" es una canción reflexiva, dramática y profundamente personal. Y para los fans resulta excepcionalmente fácil identificarse con ella.

Fleetwood Mac, desde el principio... surgió de aferrarnos a todo lo que era la fascinación de sentir. No somos superficiales. Había un drama en eso, la química de Lindsey, de Stevie y, digamos simplemente, de la banda. Se convirtió en un telón de fondo que era tan personal y muy real.

Quizá fuimos ingenuos y revelamos demasiado, pero en realidad, mirando hacia atrás, eso fue lo verdaderamente importante. Entonces, cuando dices que con eso nos ganamos a cientos de millones de personas y que ellas se identificaron de cierta manera... así de poderoso es. Dios sabe que no pensamos en eso. Era realmente un diario de sentimientos. Y después se convirtió más en una especie de telenovela para nosotros. Sé que de hecho la telenovela se convertía más en una carga a medida que tomábamos consciencia... Nunca lo vi de esa manera, pero "Dreams" conectó con muchas personas que se identificaron muy específicamente con cierto tipo de sentimiento. Una vez más, ése es el poder de lo que estamos hablando.

Como baterista, ¿de qué forma abordas la creación de una "canción triste" a diferencia de una "canción feliz"?

Como un loco. Vuélvete la esponja más grande que haya conocido la humanidad y empápate por completo. Ése fue mi entrenamiento y también fue parte del comienzo de esta conversación. Escuchar música fue un escape. Y en el escape aprendí lo importante que es ese viaje y cuánto puedes poner de tu parte para respaldar tu versión. Trata siempre de volverte parte de ella. Ésa es la magia. No siempre lo captas, pero nosotros sabemos lo que es. Hay estructuras que tienen una causa y efecto que están literalmente conectadas químicamente con emociones muy muy poderosas.

Soy el rey de los tontos, si tú quieres. Entonces, en realidad soy un adicto.

¿Qué clase de estimulación física recibes de tocar la batería?

No puedes escapar al hecho de que todo tiene un ritmo intrínseco, en su forma más simple. Es tan poderoso como sentarte frente a una ola...

Hay un punto muerto que siempre me espero, me pongo increíblemente nervioso antes de subir al escenario y pienso: "No puedo ni siquiera tocar un redoble", lo cual es muy infantil. Y entonces me encuentro en el patio de juegos. De pronto ya no hay abusones. Pero luego entro a un momento donde me siento completamente a salvo, y sé que estoy en la zona y es atemporal y mágico. Casi siempre.

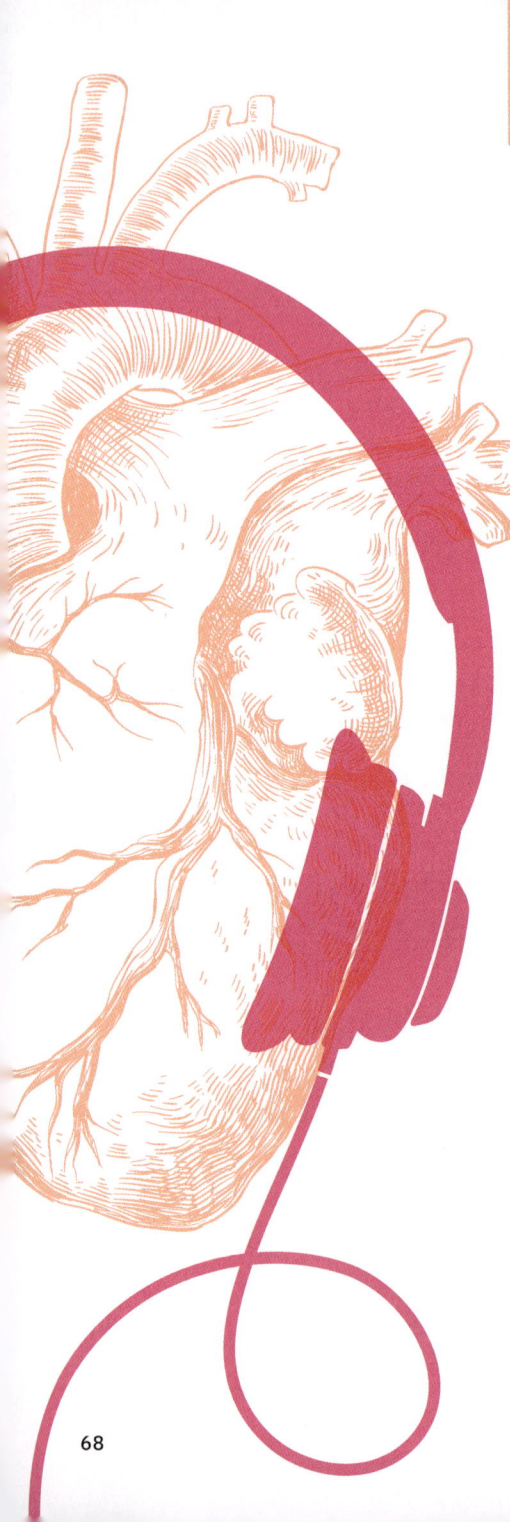

CÓMO AYUDA LA MÚSICA

La música es muy eficiente para llegar a los centros emocionales del cerebro y activar respuestas físicas. La Dra. Francesca Dillman Carpentier, psicóloga de medios y profesora de la Universidad de Carolina del Norte en Chapel Hill, me lo explicó de la siguiente forma: "Los sonidos pueden afectarnos fisiológicamente, pero también emocionalmente. Ciertas notas agudas pueden hacernos sentir escalofríos. Ciertos sonidos graves hacen que nuestro pecho vibre físicamente, lo que podemos experimentar como algo agradable o incluso malinterpretarlo como una emoción, agitándonos el corazón". Ésa es la razón por la que la canción correcta puede erizarte la piel o hacerte llorar. Dicho esto, la música (como el amor) no se trata solamente de la respuesta emocional reptiliana. "Biológicamente, la música estimula los **sistemas límbicos** del cerebro, esos sistemas fundamentalmente primitivos que se ocupan de la supervivencia y la excitación y el miedo y el sexo y todas esas cosas que de verdad son básicas para nuestra existencia", dice el Dr. Charles Limb, cirujano, neurocientífico y músico de la Universidad de California, en San Francisco. "Pero la música no es tanto un tronco cerebral como un pensamiento de orden superior".

Cuando trates de encender la pasión de alguien, pon canciones de amor alegres. Se ha demostrado que escuchar música positiva cuando interactúas con esa persona a quien le has echado el ojo ayudará a que te vea de una manera más positiva. Pero ése es sólo el principio: los humanos son propensos a interpretar inconscientemente las letras de las canciones como si estuvieran dirigidas específicamente a ellos. ¿Por qué? "Estamos programados evolutivamente para responder a señales particulares de la voz humana y a percibirlas como si expresaran emociones particulares", le dijo a ABC News la música y Dra. Sandra Garrido de la Western Sydney University. "Y cuando esas mismas características se presentan en la música, respondemos a ellas de igual manera, como si hubiera una persona frente de nosotros haciéndolas". Así que, si te estás preparando para dar el paso con la chica de tus sueños, puedes lucir tu camisa menos manchada y tu colonia más confiable, pero si la música de fondo es la quejumbrosa "She Hates Me" de Puddle of Mudd, estás librando una batalla cuesta arriba.

De hecho, dejamos que las canciones hablen por nosotros cuando no somos capaces de hacerlo, ¿no es cierto? Citamos letras significativas en nuestras cartas de amor y tarjetas de aniversario, nos dedicamos canciones en las bodas y oh, claro que sí, creamos listas de reproducción románticas (ver recuadro página 78). Es muy revelador que esto suela pasar más en las etapas tempranas de una relación, cuando todavía estamos inseguros de nosotros mismos e intentamos establecer una confianza mutua. "Una canción especial puede proporcionarnos quizá la única herramienta que tenemos para comunicar a nuestra pareja lo que sentimos", me dijo Carpentier. "Las letras de las canciones pueden representar para nosotros palabras que no podemos imaginar, pero que plasman nuestros sentimientos, o palabras que, al decirlas, podríamos sentirnos demasiado tontos, o demasiado incómodos, o con demasiado miedo".

La memoria es otro posible punto focal para el aprovechamiento romántico: compartir una familiaridad con una pieza musical en particular puede ser extremadamente importante para el compromiso emocional entre las parejas. Una vez que asocias una canción con una experiencia emocional específica —digamos, lo que fuera que estuviera sonando de fondo durante el primer Miércoles de Pastelitos Desnudos al que asistieron tu pareja y tú—, esa asociación probablemente se mantendrá con la canción cada vez que la escuches. Volver a poner las canciones que enmarcaron tus mejores momentos puede ayudar a fortalecer esa memoria emocional y generarte microdosis de pasión a lo largo de una relación que ha durado mucho.

Referencia cinematográfica científicamente válida: en la película clásica *Casablanca*, Humphrey Bogart, el dueño del club nocturno, le ha ordenado a su pianista, Sam, que nunca vuelva a tocar la canción "As Time Goes By", porque le trae recuerdos llenos de emociones de un momento maravilloso que pasó con una mujer que terminó por dejarlo —y cuando ella reaparece y pide la canción, ésta los empuja de vuelta a los brazos del otro.

THIS MAGIC MOMENT

La clásica pregunta de la primera cita: "Y bueno, ¿qué música te gusta?" puede sonar como un tema de conversación desechable,

algo para seguir charlando cuando ya agotaste todas las formas de hablar del clima o evitar la política. De hecho, las preferencias musicales pueden ser bastante reveladoras. "Yo creo que la música comunica cosas que son muy personales, que son muy directas, que son inmediatas y que no necesariamente tienen que ser verbales", dice Tod Machover, compositor, profesor e inventor en el Media Lab del MIT. Cuando utilizamos la música para que hable por nosotros, contamos lo que puede ser una historia muy interesante.

De hecho, podría ser una de las mejores preguntas de compatibilidad que podría preguntarse en una cita. La música es parte esencial de nuestra identidad y es tan fundamental para nuestra idea de quiénes somos que puede cambiar el rumbo de una relación. Un sondeo reciente de audiencias, realizado por la vendedora de *tickets* TickPick, sugiere que una pareja tiene solamente un 2 % de probabilidades

59 % de la gente que participó en un estudio dijo encontrar más atractiva a una posible pareja si esa persona está escuchando música que les gusta.

de éxito —¡2 %!— si sus gustos musicales están en oposición. Puedes ser un poquito *country* si ellos son un poquito *rock & roll*, pero si *odian* tu música *country*, cariño, tendrás que bailar un *two-step* de camino a la puerta.

¿Por qué las parejas sobreviven teniendo diferentes religiones y orígenes étnicos, pero no distintas preferencias musicales? Porque la música que elegimos telegrafía información importante sobre nuestro sistema de valores. Diana Boer, conductora de un revelador estudio sobre preferencias musicales en las relaciones, lo resume de esta forma: "A las personas que rechazan los valores conservadores y que aprueban la apertura para cambiar de valores les gusta escuchar rock y punk; a las personas que se guían por valores de autosuperación y apertura les suele gustar la música popular, como el pop internacional y el hip-hop; y a las personas que priorizan los valores de autotrascendencia les gusta escuchar jazz o clásica. Estas asociaciones parecen mantenerse en las culturas occidentales y no occidentales".

Gravitamos hacia ciertos individuos no porque disfruten de la misma música que nosotros, sino porque su música favorita es un indicador de la clase de individuos que son. (En el Capítulo 9: Conviértete, abordaremos lo que esto significa para las personas). Considera el fenómeno de "nuestra canción", la melodía insignia de una pareja que enciende un intercambio de miradas cada vez que suena. Para el 60 % de las parejas serias que tienen una "nuestra canción" es en realidad un emblema de compatibilidad significativo, porque es un recordatorio de aquel momento al inicio de su relación cuando se dieron cuenta por primera vez de que compartían valores semejantes.

Probablemente no sea una sorpresa que las parejas que tienen una "nuestra canción" muestran niveles más altos de intimidad que aquellas que no. Normalmente, las parejas que disfrutan la música juntos experimentan una mejor comunicación, una conexión emocional y una satisfacción general de pareja; pasan más tiempo con sus seres queridos; se abrazan más. El vínculo inicial de la música compartida

—y el continuo refuerzo de ese vínculo a través de los recuerdos musicales compartidos— parece facilitar el enamoramiento y seguir enamorados. Sin mencionar *hacer el amor*. Lo que nos lleva a...

LET'S GET IT ON

No es un secreto que un poco de música en el dormitorio puede ayudar a establecer el ambiente. Pero ése es sólo el inicio: las canciones adecuadas de hecho pueden ayudar con prácticamente cada parte del antiguo y místico ritual de hacer cochinadas.

Comencemos con el estrés: pocas cosas pueden meter el freno a una noche potencialmente candente como una tensión

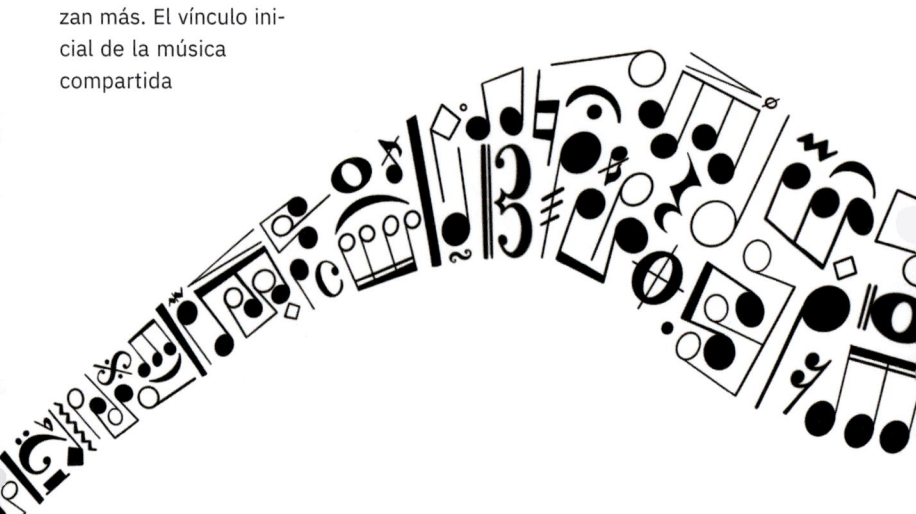

mal manejada. Pero como sabemos por el Capítulo 1: Relájate, la música puede ser un profundo mitigador del estrés, de bajo costo y sólo moderadamente adictivo. La música lenta, de alrededor de 60 ppm (como "Sign of the Times" de Harry Styles o "Tenderly" de Etta James), puede estimular las ondas cerebrales alfa que inducen sentimientos o relajación, tanto en ti como en tu pareja.

Si el estrés no es el problema y quieres asegurarte de que nadie esté demasiado cansado para la rumba, un poco de música alegre en el rango de 80 a 100 ppm, como "Beast of Burden" de los Rolling Stones o "Crazy in Love" de Beyoncé, llevará a todos los cerebros en la habitación a elevar su nivel de actividad; el poder que tiene el estado de alerta beta para evitar que tu mente divague puede aliviar la ansiedad sexual, el miedo por el desempeño, los pensamientos negativos sobre la imagen corporal, o cualquier otra cosa que sea potencialmente distractora.

La música de cualquier tipo es un buen calentamiento neurológico para hacer porquerías. Tu cerebro realmente no discrimina entre el sexo y otras experiencias placenteras, como disfrutar de una deliciosa comida o sobresalir en tu examen de conducir; todo eso enciende rutas similares y proporciona las mismas recompensas químicas. Y eso significa que escuchar música que te gusta antes del sexo es análogo al escarceo para tu cerebro. Una buena lista de reproducción (ver recuadro página 78) puede incrementar el subidón químico natural de tu cuerpo, aumentando la excitación en las "zonas de placer" del cerebro incluso antes de que tus calcetines toquen el suelo.

CUATRO PREGUNTAS PARA

STEVE AOKI

Deejay de fama mundial, productor, superestrella de la EDM y entusiasta de la salud mental, Steve Aoki es una fuerza de la naturaleza *bona fide*.
A Steve lo animan pasiones paralelas: producir, el diseño de moda, los NFT y su Fundación Aoki para la ciencia del cerebro.

¿Cómo utilizas la música a lo largo de tu día?

La música definitivamente tiene un papel funcional para mí. No diría que soy un oyente pasivo... La uso como una herramienta, en cierta forma es una herramienta emocional... Me acercó a mí mismo. Fue mi manta de seguridad. Fue mi comunidad. Fue algo así como mi propósito de vida cuando era niño, por eso aprendí a tocar instrumentos, por eso me vestía como lo hacía, por eso elegía a mis amigos como los elegía, y también dirigió mi camino en la vida, mi futura carrera. Todas esas decisiones las tomé porque la música me tocó emocionalmente de una forma que nada más podría. Es muy parecido a ese sentimiento de amor cuando se apodera de ti.

Cuando pienso en mis actividades cotidianas, cuando medito, escucho un tipo de música de alta frecuencia muy particular para alcanzar el estado óptimo de meditación. Sea o no un efecto placebo, es lo que hago. Intento pensar más científicamente sobre mi proceso, por qué escojo hacer las cosas que hago. Intento ser tan eficiente como sea posible con la administración y la inversión de mi tiempo y las cosas que hago. Cuando me ejercito, escucho cierta música que me lleva hasta ese punto de energía donde puedo realmente tener la máxima eficacia en mi actividad. Cuando hago otras actividades, por ejemplo si estoy en la cocina, escucho otro tipo de música. La música tiene diferentes propósitos por razones distintas. Y cuando estoy en el estudio, también tengo una manera totalmente diferente de procesar la música.

¿Sientes la diferencia cuando no estás "utilizando" música?

Sí, la siento, porque a veces me siento desnudo cuando no lo hago. Yo diría que me siento más vulnerable, pero en realidad me siento más vulnerable con la música porque es ahí donde quieres estar en esos momentos. Quieres ser más libre y abierto, así que tal vez soy más cerrado sin música, la música al menos abre otro portal...

Tus presentaciones han sido descritas como experiencias religiosas. ¿Es así como tú lo ves?

Lo más grandioso de la música es que se traduce en todos los mundos, todas las industrias, todas las religiones, culturas, en todo. Es Dios, literalmente es omnipotente. Literalmente puede vivir en todas partes y en donde sea, al mismo tiempo.

¿La música que escuchas es similar a lo que tocas o te sales completamente del género?

Escucho muchos géneros, por supuesto, porque es más funcional, ¿sabes? Cuando medito no escucho los éxitos que toco en los festivales. Elimino todas las percusiones. Quiero flotar. Quiero levitar. Y para alcanzar esa clase de estado mental, necesitas tener música que te lleve a ese lugar.

¿Qué tiene la música sexy que la hace funcionar?

Toda la música puede estimular las rutas neurales asociadas con el placer, pero el dormitorio puede ser un lugar complicado. Según Daniel Müllensiefen, un psicólogo de la música que analizó dos mil canciones que los usuarios de Spotify aseguraban usar en la alcoba, no es la letra lo que vuelve sexy a una canción: se trata de voces discretas con melodías circulares y repetitivas. "Cualquier cosa que distraiga o que demande atención, o que tenga elementos inesperados, no es tan buena para el romance", le dijo Müllensiefen a The Independent. Su análisis descubrió que las listas de reproducción de la gente suelen contener muchos temas clásicos, incluyendo canciones de Marvin Gaye y Barry White, la banda sonora de Dirty Dancing y el Bolero de Maurice Ravel, un ballet orquestal de 1928 de 17 minutos con una melodía repetitiva que ha ayudado, durante generaciones, a los amantes a encontrar el ritmo.

"Una de las cosas que suceden cuando las personas escuchan música juntas a volumen alto es que sus neuronas se disparan en sincronía con el otro", dice Daniel Levitin en una entrevista con Sonos sobre su estudio de los hábitos musicales de 30 mil oyentes. "Y por razones que no entendemos del todo, esto libera oxitocina". ¿Acaso provoca sorpresa que las parejas que escuchan música juntas a volumen alto tengan 67 % más sexo (según encontró el estudio) que aquellas que no?

Cuando se trata del sexo en sí, los superpoderes de la música son legendarios. Escuchar música puede aumentar la frecuencia cardiaca y la respiración, disminuir las inhibiciones y el estrés, e incrementar la excitación emocional y la libido. La música ayuda incluso a encubrir sonidos poco atractivos. Y no me hagan hablar del ritmo: la música rítmica estimula el **cerebelo**, la parte del cerebro asociada con el control motor y el movimiento, que es lo que nos hace querer bailar, contonearnos o tocar nuestras melodías favoritas en una guitarra imaginaria. Un sondeo que estudió detenidamente las listas de reproducción hechas por estudiantes universitarios para tener sexo encontró que las canciones tendían a caer alrededor de uno de dos grupos, o en 80 ppm o en 130 ppm... tiempos que corresponden con, mmm, el ritmo de las caderas de la gente cuando se lo toma con calma o cuando disfruta de un rapidín.

Ahora, después de todo esto, si la música efectivamente aumenta el placer durante el sexo sigue siendo una pregunta abierta. En una entrevista para *Men's Health*, la neuropsiquiatra Louann Brizendine declara: "El subidón de dopamina de la experiencia sexual supera ampliamente cualquier cosa

"Don't ya hear me talking, baby? Love me now or I'll go crazy".

MARY J. BLIGE "Sweet Thing"

que venga de la música: es como un tsunami frente a una pequeña olita". Por supuesto, se necesita más investigación... mucha, mucha más investigación.

BREAKING UP IS HARD TO DO

Todas las cosas buenas terminan, y para muchos de nosotros enamorarse conduce con demasiada frecuencia a desenamorarse. (Escuchar "Don't Stop Believin'" de Journey en el camino hacia el clímax a veces puede ser un factor). Es natural sentirse solo después de una ruptura: la evolución premia la compañía que promete bebés, y cuando esa compañía desaparece, el grifo del bienestar se cierra. Te sientes terriblemente mal en parte porque no recibes tus recompensas; en efecto, se te está negando el alto nivel de dopamina al que te habías acostumbrado y te ves obligado a dejarla de golpe. Hasta podrías verte tentado a considerar una desaconsejable relación de rebote sólo para que esos deliciosos neurotransmisores vuelvan a fluir.

Cómo hacer una *playlist* para el **momento sexy**

"La variedad es importante en cualquier lista de reproducción, para evitar caer en una monotonía emocional", dice Carpentier. "Siento que la fórmula es una buena lista de reproducción que se vuelve un poco más intensa en su amplitud —armonías e instrumentación— y un poco más rápida en el tempo a medida que avanza". Otros consejos:

Comienza con música que a los dos les guste.

Si quieres construir vínculos sociales más estrechos, elige música que celebre sus gustos en común.

Grave y lento es la combinación ganadora.

Cuando las personas se sienten desinhibidas, su voz generalmente desciende a un rango de tonos más bajo; la música con ese tono grave puede influir en el estado de ánimo en esa dirección.

Incluye canciones donde el vocalista intente sonar seductor.

Los primates son literales; estudios han mostrado que somos más propensos a ser estimulados románticamente por una canción cuando la voz del artista tiene un tono amoroso.

Agrega melodías de los primeros tiempos de tu relación.

La nostalgia nos hace sentirnos protegidos, lo que elimina inhibiciones, y las asociaciones románticas específicas de una canción pueden poner la mesa para la dicha en el dormitorio.

Comienza tierno, luego métele ritmo.

El romance es el entremés; el sexo, el plato principal. ¿Y el postre? Unas fresas cubiertas de chocolate funcionan bien.

Pero no tienes que hacerlo: existe una metadona para eso.

Un estudio reciente comprobó lo que los fans del *blues* han sabido siempre: la música puede ayudar a aquellos que luchan contra la tristeza a sentirse más conectados con la gente, incluso cuando esas otras personas no se encuentran en la habitación. Los investigadores mostraron que cuando varios individuos con diversos estados de ánimo escucharon música de su elección por 20 minutos, les elevó el ánimo y redujo el sentimiento de soledad; los investigadores elaboraron la hipótesis de que pasar tiempo con una buena canción era como estar en compañía de un amigo empático.

Ah, pero ¿qué canciones escoger? Eso importa, desde luego. Cuando se trata de canciones que nos ayuden a superar una ruptura, la selección puede dividirse esencialmente en dos categorías: canciones que te permitan desahogarte, llorando, y canciones que te recuerden que estás mejor sin esa persona idiota. Muchos instintivamente buscaríamos algo triste y pertinente, como "Un-Break My Heart" de Toni Braxton. Resulta que ése no es un mal punto de partida.

Para superar el corazón roto, lo mejor es acercarte a álbumes que sean lo que los psicólogos llaman "congruentes con el estado de ánimo". Las canciones que combinan con tu ánimo *te llegan*; dicen lo que tú estás sintiendo, y la ciencia asegura que te hacen sentir comprendido a un nivel profundo, que es, con toda probabilidad, lo que necesitas en ese momento. Ésta puede ser la razón por la que ciertas canciones o álbumes que tocan la fibra correcta se conviertan en gigantes culturales. Como explica Mick Fleetwood al hablar sobre el superéxito "Dreams" de Fleetwood Mac, del 27 veces álbum de platino *Rumours*: "Realmente era sólo un diario de nuestros sentimientos. Pero 'Dreams' conectó con muchas de las emociones de la gente que se identificaba especialmente con cierto tipo de sentimiento. Ése es el poder de lo que estamos hablando".

En vez de apresurarte a encontrar una canción que te haga sentir más feliz, hallar una que te entienda es un mejor primer paso en el proceso de sanación, según los expertos. "Empatar el sonido con el ánimo puede proporcionar una salida para que las personas en una ruptura vuelvan a atribuir sus sentimientos a la canción, mientras dejan

Una razón menos de qué lamentarse para los fans del *blues*: ellos promediaron 16 minutos de resistencia en la cama, la más larga entre todos los géneros sondeados en un estudio.

que la letra los distraiga", me dijo Carpentier. "Entonces pueden cambiar a una música un poco más alegre para comenzar a levantarse el ánimo, lo que puede proporcionar cierta protección para cuando estén listos y quieran enfrentar la separación".

Algo fascinante que los investigadores han descubierto es que las canciones tristes no ponen a la gente más triste: la ponen más *nostálgica*. Y eso es algo bueno en el contexto de una ruptura porque, mientras puedas evitar canciones que te recuerden a *esta* ruptura en particular, la nostalgia puede ser una manera productiva de empezar a encontrar tu camino de vuelta. "Construye tu sentido de identidad y escucha música que tenga un significado personal y que haya estado contigo durante largo tiempo, que defina quién eres", aconsejaba el profesor Bill Thompson de la Universidad Macquarie en *ABC Everyday*. En general se trata de alejarse de la rumiadura y los pensamientos obsesivos, lo cual puede ser un punto de partida necesario pero no sano a largo plazo, y acercarse a la reflexión y el replanteamiento. "Rumiar pensamientos obsesivos es algo en lo que la gente puede caer fácilmente. Es un consuelo, porque estás acostumbrado a caminar en terreno conocido, pero no es una estrategia efectiva para seguir adelante", dice Thompson.

Una separación es un viaje, pero el paso con que lo realices depende de ti. "Cada persona tiene sus estrategias de afrontamiento preferidas, a las que recurre por etapas conforme avanza hacia la sanación", dice Carpentier. "Aquellos que primero necesitan espacio para escapar de sus sentimientos negativos y respirar antes de comenzar a enfrentar su dolor y seguir adelante, pueden escuchar música que no tenga nada que ver con el romance para empezar a reparar su estado de ánimo y obtener ese respiro tan necesario. Para aquellos que son del tipo que enfrenta al toro por los cuernos desde el inicio, escuchar canciones de ruptura que tienen una vibra de empoderamiento puede ayudarlos a recuperar la esperanza mientras les permite procesar lo sucedido". ■

PARA LLEVAR

Shakespeare llamó a la música "el alimento del amor" en Noche de Reyes, y no hay ningún aspecto del amor, del primer beso al último adiós, que la música no pueda mejorar o ayudarte a transitar. La música favorece la intimidad, fortalece los vínculos a largo plazo, dice las cosas que nosotros no podemos, nos hace sentir seguros y comprendidos, y cuando nuestro corazón se rompe en el camino, hasta nos ayuda a salir adelante.

PARA HACER QUE YA-SABES-QUIÉN SE ENAMORE Sonoriza tus encuentros con canciones animadas, positivas, familiares, que digan las cosas que aún no estás del todo listo para decir. No sabotees tu *playlist* romántica con una canción sobre estar solo; eso es tan desaconsejable como poner durante un vuelo una película sobre un accidente aéreo (como hicieron en *Airplane*).

PARA MANTENER ESTRECHA UNA RELACIÓN Tú y tu pareja escuchen juntos sus canciones favoritas a volumen alto, cantando cuando sea oportuno y pongan cualquier canción que tenga un significado especial en marcación rápida de forma permanente. La dopamina, la oxitocina y la nostalgia —que serán nuevamente liberadas cuando la canción vuelva a sonar— fortalecerán su vínculo.

PARA MEJORAR EL SEXO Escuchen música que esté en 80 ppm (para hacer el amor despacio; p. ej. "I Just Want to Make Love to You" de Muddy Waters) o en 130 ppm (para follar; p. ej. "Next Lifetime" de Erykah Badu), y súbanle a los bajos. Las canciones con melodías repetitivas y en bucle son las mejores para que encuentres tu ritmo —en todo sentido— sin que te distraigan de tu juego.

PARA RECUPERARSE DE UNA RUPTURA Comienza con canciones tristes pero familiares, que te permitan poner tu desaliento en perspectiva, a la vez que te den algo de tiempo para pensar un poco en el asunto. Cuando empieces a sentirte cursi, cambia poco a poco a canciones más animadas para salir de la tristeza y reorientarte a un futuro más promisorio.

REVERBERATION MIXTAPE

SIDE A

CUÍDATE

AND YOU
WHEN THE
TOLD THAT
WHAT YOU
YOU CAN
OLD.

BILLY JOEL
"Vienna"

KNOW THAT TRUTH IS YOU CAN GET WANT OR JUST GET

ESTÁS MURIENDO. Incluso mientras lees este párrafo tu cabello se está volviendo ligeramente gris y más escaso; tu piel se está adelgazando y arrugando. Tarde o temprano, las alguna vez lejanas probabilidades de cáncer, ataque cardiaco o derrame cerebral comenzaron a volverse en tu contra. Tus órganos comenzarán a fallar, tu mente empezará a jugarte trucos malvados. Aun tus huesos —destinados a sobrevivirte— se volverán cada vez más quebradizos, hasta que un modesto tropezón en la cocina, al buscar un bocadillo nocturno, pueda dejarte enyesado.

Qué fastidio es envejecer, como dice Mick Jagger… y qué manera tan agradable de comenzar un capítulo. Pero el hecho es que, mucho antes de que nuestro cuerpo nos traicione, por lo general nosotros traicionamos a nuestro cuerpo. Bebemos demasiado, fumamos demasiado, tomamos demasiadas píldoras y nos atiborramos hasta reventar con la comida equivocada. Pasamos nuestros días en trabajos estresantes y sedentarios y nuestras noches en relaciones tóxicas. Absorbemos venenos de nuestro entorno como pesticidas, microplásticos, metales pesados y el viejo esmog como si no hubiera un mañana. Y entonces, un día, ya no lo hay.

Es difícil mantenerse sano, y es fácil dar por sentada tu salud; hasta que algo sale mal. Para la mayoría de nosotros, la salud no es algo que trabajemos, es algo que chequeamos. Comemos y hacemos lo que nos gusta, luego esperamos pasivamente en la camilla del consultorio a que el médico regrese con nuestros resultados. ¿Pero qué más se supone que debemos hacer? Después de todo, no es que puedas aliviar tu propio dolor, hacer descender tu propia presión arterial, incrementar tu felicidad, reducir tu estrés o evitar el deterioro mental y físico con la pura fuerza de voluntad.

¿O... sí?

Considera por un momento la asombrosa fábrica de químicos que es tu cerebro y sus sistemas conectados. Por allá, produces **endorfinas** que bloquean el dolor. Por acá, dulce, dulce dopamina, la porción del placer; adrenalina, el mayor estimulante; serotonina para regular tu estado de ánimo; acetilcolina para mejorar tu memoria; gammaglobulina para reforzar tu sistema inmunitario; y así podemos seguir. Y todo es fabricado justo aquí, en tu piso superior.

Ten en mente que estas drogas no son sustitutos suaves de marca propia de la cocaína, la cafeína, la nicotina, etc., del mundo real... son exactamente lo contrario.

La cocaína, por ejemplo, no te da por sí misma un subidón: engaña a tu cerebro para que suelte una carga de dopamina, y *eso* es lo que te produce el subidón. Tú siempre estás, hasta cierto punto, drogándote con tu propia provisión.

Tu cerebro es una fábrica de bienestar totalmente automatizada, el truco es aprender cómo manejarla. Si tan sólo pudieras encontrar maneras de impulsar de forma fiable tu maquinaria biológica para que produzca las sustancias que necesitas para los efectos que deseas, podrías ser tu propio *dealer*, por así decirlo, y mejorar tu salud física y mental a través de un amplio rango de condiciones. Afortunadamente, ya conocemos bastante sobre qué tipo de estímulos del mundo real pueden convencer a tu cerebro para que produzca las dosis que necesitas.

Y ninguno de ellos es más promisorio que la música.

YOU'VE GOT THE MUSIC IN YOU

Le pedí a la Dra. Joy Allen, presidenta del Departamento de Musicoterapia del Berklee College of Music, actual directora y fundadora del Instituto para la Música y la Salud de Berklee y uno de los personajes más importantes en el floreciente movimiento de la **musicoterapia**, que me diera una minuciosa definición de lo que es la terapia musical. "La musicoterapia es una profesión de la salud bien establecida y una modalidad de tratamiento complementario", me dijo. "Los musicoterapeutas utilizan música, y la relación que se desarrolla entre el cliente y el terapeuta a través de la música, para promover la curación y mejorar la calidad de vida. Al emplear música para tratar la salud, los musicoterapeutas esencialmente reconocen los aspectos multidimensionales de la persona, así como la necesidad de herramientas multidimensionales para acceder, explorar, recrear o crear nuevas maneras de ser y estar".

"Después de una exhaustiva evaluación de las fortalezas y los desafíos, los musicoterapeutas diseñan planes de tratamiento que incorporan experiencias basadas en la música para obtener los resultados deseados en la salud", continuó. "Los terapeutas musicales trabajan en entornos médicos, educativos y comunitarios de primer nivel para mejorar los resultados de la salud en una amplia variedad de condiciones médicas y de desarrollo, incluyendo experiencias diseñadas para fomentar avances en el desarrollo de bebés prematuros; promover la resolución de conflictos, el sentido de control y la regulación emocional; reducir la percepción de dolor; incrementar la orientación en la realidad; reforzar la comunicación; mejorar las habilidades motoras; favorecer la expresión personal; disminuir el estrés; y más".

"La relación entre música, salud y bienestar general es inmensamente compleja", asegura la Dra. Allen. "Los musicoterapeutas son expertos en promover la colaboración entre líderes en múltiples disciplinas para desarrollar e implementar las más innovadoras herramientas, programas, investigaciones y prácticas relacionadas con la música y con las experiencias basadas en música, del *wellness* al tratamiento de las enfermedades. Esto incluye incubar y acelerar programas y tecnologías resolutivos enfocados en el impacto, la efectividad, la sustentabilidad y la replicación dentro del entorno de la música y la salud".

La musicoterapia es hoy una práctica muy extendida y en crecimiento, pero ha estado presente, de una forma u otra, desde hace siglos. En la Biblia, el joven David tiene el encargo de tocar la lira (la maltratada guitarra acústica para las fogatas en el mundo antiguo) para calmar al siempre agitado rey Saúl. Los antiguos griegos usaban la música para tratar condiciones que iban de la depresión a la resaca, y Platón mismo llamaba a la música "la medicina del alma". Pero la moderna musicoterapia profesional realmente empezó a despegar después de la Segunda Guerra Mundial, cuando se descubrió que un poco de diversión musical ayudaba al tratamiento de los soldados heridos y en convalecencia. Desde hace mucho tiempo se sabía que la música levanta la moral de la tropa, y cuando comenzó a liberar las emociones, a crear conexión y a reanimar a los individuos apesadumbrados, quedó claro que la música podía tener toda clase de poderes curativos más allá de su valor como entretenimiento.

Y los tiene. En las décadas posteriores, la ciencia descubrió montañas de evidencia que señala que las intervenciones musicales pueden mejorar nuestra salud durante todo nuestro viaje, desde la cuna hasta la tumba. Hoy, con más de 9 mil musicoterapeutas profesionalmente acreditados en el mundo y una fuerte evidencia científica respaldándola, la terapia musical apenas comienza a extenderse en la consciencia popular y está lista para tomar su lugar junto al ejercicio y la nutrición en el efecto a gran escala en la salud humana.

La promesa de esta terapia reside en la capacidad de la música para influir en casi todos los sistemas del cuerpo. Tu fabulosa lista de reproducción activa tu corteza auditiva, pero también actúa en las áreas relacionadas con las emociones, las recompensas, la cognición, el movimiento y el dolor. "Estas regiones cerebrales han estado implicadas en un amplio rango de disfuncionalidades de los órganos y desórdenes de los sistemas nerviosos", señala la Dra. Helen Lavretsky, profesora residente en el Departamento de Psiquiatría de la UCLA. El hecho de que la música impacte en las mismas regiones que son responsables de los desórdenes, dice Lavretsky, proporcionó la premisa teórica inicial para comenzar a investigar el potencial de la intervención musical para mejorar la salud y el bienestar.

DATO CURIOSO

Dos de cada tres personas dijeron que acortarían o se saltarían por completo su sesión de ejercicio si no podían encontrar sus auriculares.

Entonces, ¿a qué enfermedades y condiciones específicas se dirigen las intervenciones musicales? Resulta que a casi todas. En la unidad neonatal de los hospitales, la musicoterapia ayuda a los bebés prematuros a relajarse, estabiliza su frecuencia cardiaca y su respiración, mejora su saturación de oxígeno y su nutrición, y los envía más pronto a casa. Para pacientes en el final de su vida, la musicoterapia promueve la **plasticidad cerebral** continua, ayuda a los pacientes de Parkinson a moverse, a los que padecen demencia a recordar y a los que sufren de trastorno de estrés postraumático a olvidar, y previene el deterioro cognitivo. Y en medio, ayuda a la gente de cualquier edad a vencer las adicciones y la depresión, alivia el dolor crónico, mejora la salud mental, y mucho más.

El poder curativo de la música comienza con su capacidad para relajarte y reducir tu estrés. Cuando se les pone música tranquila a los niños que van a recibir una inyección intravenosa, éstos sienten significativamente menos dolor, y quienes se las administran manifiestan que la aguja es más fácil de insertar. Si la música no hiciera otra cosa que calmar a los pacientes sería una herramienta muy valiosa para la comunidad médica. Pero ése es sólo el precalentamiento.

Al aprovechar la extraordinaria receptividad del cerebro ante el sonido, las intervenciones musicales utilizan el ritmo como un estímulo (*input*) estratégico para modificar mecánicamente lo que el cerebro genera (*output*). La música con ritmos predecibles —es decir, las canciones— puede potenciar la capacidad natural del cerebro para "recablearse" a sí mismo (fortaleciendo conexiones existentes y construyendo otras nuevas) de una forma dirigida y positiva.

Un ejemplo: la Dra. Joanne Loewy, directora fundadora del Centro Louis Armstrong para la Música y la Medicina en el Mount Sinai Health System, ha elaborado múltiples estudios que evalúan la capacidad de la musicoterapia para mejorar la salud de infantes prematuros. En un estudio, los investigadores realizaron sesiones de terapia que incluían tanto a los niños como a sus padres, típicamente ansiosos, en las que musicoterapeutas entrenados interpretaban música suave específicamente sincronizada con los signos vitales de cada infante prematuro. La terapia lograba resultados notables, mejorando la respiración y el ritmo cardiaco de los bebés prematuros. Pero también mitigaba la ansiedad en los preocupados padres y fortalecía el vínculo padres-hijo. La Dra. Loewy me aseguró que aún hay más, mucho más. "Ahora estamos estudiando la terapia musical con neonatos [bebés recién nacidos] que tienen síndrome de abstinencia; nacieron dependientes de narcóticos", me dijo. "La musicoterapia los tranquiliza, mejora su sueño y ayuda a las madres y padres a sentirse conectados y preparados".

Incluso los infantes con problemas de desarrollo pueden recibir de la música beneficios significativos para su salud. Los bebés que participan en sesiones de juego centradas en la música —en comparación con las sesiones de juego no musicales con camiones de juguete y muñecas— son más hábiles para reconocer y responder a los patrones de sonidos. Nueve meses después, esos niños ya tienen una superioridad cognitiva medible sobre sus pares, particularmente en la percepción de patrones, lo cual es importante para el desarrollo del lenguaje.

"Sabemos que las personas que tocan música o que aprenden a tocar música cuando son más jóvenes son más resilientes para recuperarse de las dificultades que enfrentan cuando son mayores", dice Susan Magsamen, directora ejecutiva de Arts + Mind Lab, Centro para la Neuroestética Aplicada, de la Escuela de Medicina de la Universidad Johns Hopkins, y codirectora de NeuroArts Blueprint del Instituto Aspen. "Hay un valor protector en la música, seas 'bueno para eso' o no, y sin importar si la creas o la recibes".

Tomemos un minuto para explorar este "valor protector" de la música con un breve preámbulo de cómo la música mejora nuestro esfuerzo activo más común para mejorar nuestra propia salud: nuestra rutina diaria de ejercicio.

LET'S GET PHYSICAL

"Cuando me ejercito, escucho cierta música", dice Steve Aoki. "Ella me lleva hasta ese punto de energía donde puedo realmente alcanzar la máxima eficiencia en mi actividad". Necesitamos energía, resistencia y concentración cuando nos ejercitamos porque ejercitarse duele. Cuando llevas media hora de tu carrera matutina o estás terminando tu primera serie de sentadillas de sumo y comienzas a sentir el ardor, es porque tu cuerpo está trabajando horas extra. La energía para tu ejercicio viene de un compuesto llamado trifosfato de adenosina, o TFA. Cuando tus músculos se contraen y "queman" el TFA, tus pulmones jadean para obtener oxígeno y producir más. El oxígeno reacciona con el ácido láctico, un subproducto de la actividad muscular, y crea dióxido de carbono y agua. Tu temperatura aumenta; comienzas a sudar; la dopamina y las endorfinas se disparan.

El director de esta sudorosa sinfonía es tu corazón, y el tempo de tus latidos tiene consecuencias directas sobre estos cambios corporales. Ésa es la razón por la que los entrenadores personales y los fanáticos del *gym* siempre están alegando sobre tu "frecuencia cardiaca óptima". La investigación sugiere que ciertas actividades se realizan mejor —y que los atletas consiguen resultados óptimos— a frecuencias cardiacas específicas. Una carrera de 5 kilómetros, por ejemplo, se corre mejor a alrededor de 80 % de tu frecuencia cardiaca máxima. Para una sesión moderada de levantamiento de pesas, lo ideal es que tu corazón lata a no más de 50 o 60 % de tu máximo.

Éste es un plan de eficiencia: la gente que presta especial atención a su objetivo de frecuencia cardiaca obtiene los mejores beneficios del ejercicio. Pierden más peso, ganan músculo más rápido, y generalmente alcanzan sus metas de acondicionamiento físico más pronto. Y aquí es donde la música entra en juego, porque, como recordarás del Capítulo 2: Concéntrate, *sí* tienes control sobre tus latidos; sabemos que su frecuencia sube o baja según el tipo de música que estés escuchando, si ésta es lo suficientemente rítmica y fuerte.

Por lo tanto, la clave para optimizar la eficiencia de tu rutina de ejercicio es encontrar tu frecuencia cardiaca objetivo para un ejercicio en particular y escuchar música que corresponda con ese tempo. He aquí cómo sacar las cuentas. (Esto es sólo para propósitos de entrenamiento; siempre consulta con tu médico antes de empezar o cambiar cualquier régimen de ejercicio).

- Para calcular tu frecuencia cardiaca máxima, réstale tu edad a 220. Para una persona de 45 años, por ejemplo, su frecuencia cardiaca máxima sería de 220 − 45 = 175.

- Cada ejercicio tiene su porcentaje objetivo que puedes encontrar fácilmente en Google. Para nuestro ejemplo de 5 kilómetros, tu frecuencia cardiaca objetivo es 80 % de tu frecuencia cardiaca máxima. Así, la frecuencia cardiaca objetivo de nuestra persona de 45 años sería 0.80 × 175 = 140.

- Finalmente, para mantener esa frecuencia cardiaca objetivo (en este caso, 140), deberás escuchar música que también tenga un tempo de 140 ppm, como "Spiderweb's" o "Womanizer" de Britney Spears (ejemplos escogidos para nuestra hipotética persona de 45 años... en línea hay aplicaciones que pueden ayudarte a encontrar el tempo de cualquier canción que te active).

La música hace más eficiente el ejercicio: los ciclistas que escuchan música consumen 7 % menos oxígeno que sus contrapartes que pedalean en silencio.

Podría parecer extraordinario que tu cuerpo literalmente establezca su ritmo a partir del tempo de la música que estés escuchando, pero eso es exactamente lo que sucede. En un asombroso estudio, científicos del Reino Unido pusieron a estudiantes universitarios a pedalear en bicicleta estática tres veces, escuchando cada vez la misma canción. Pero, sin que los participantes lo supieran, la canción fue reproducida una vez a velocidad normal, otra vez un 10 % más rápido y otra un 10 % más lento. El resultado: con la del tempo más lento, los ciclistas presentaron una frecuencia cardiaca más baja y pedalearon menos kilómetros; cuando los ciclistas escucharon la versión ligeramente acelerada, literalmente se esforzaron más y pedalearon más lejos.

Los efectos de la música sobre tu rutina de ejercicio no se limitan al ritmo de tu corazón. La lista de reproducción adecuada también evita las distracciones y aumenta tu entusiasmo; la gente que escucha música durante su entrenamiento se ejercita durante más tiempo, un promedio de 15 minutos. La música estimulante con bajos intensos hace que el cuerpo libere analgésicos naturales, ayudando a las personas a superar la fatiga y el dolor. Y para ejercicios de resistencia, como las carreras de distancia, la música ha mostrado que reduce el "esfuerzo percibido" en 12 %. La música favorece incluso, de algún modo, la eficiencia mecánica: los ciclistas que escuchan música mientras pedalean utilizan 7 % menos oxígeno que aquellos que pedalean en silencio.

En otras palabras, si te tomas el tiempo para optimizar tus listas de reproducción para tus rutinas de ejercicio, te ejercitarás más duro, te dolerá menos, resultará más fácil y obtendrás mejores resultados.

AJUSTA LA MÚSICA PARA TU RUTINA

Hacer coincidir el tempo de las canciones con la frecuencia cardiaca objetivo puede ayudar a optimizar tu entrenamiento para establecer una máxima sincronía cerebro-corazón. Éstas son algunas ideas...

	EDAD	FCO*	EJEMPLO DE CANCIONES CON ESE PPM†
ESTIRAMIENTO	25	117 BPM	"Love You Like a Love Song", Selena Gomez and the Scene
	35	102 BPM	"Work It", Missy Elliott
	45	92 BPM	"No Scrubs", TLC
	55+	87 BPM	"Blowin' in the Wind", Bob Dylan
LEVANTAR PESAS	25	129 BPM	"State of Grace", Taylor Swift
	35	116 BPM	"Smooth", Santana
	45	108 BPM	"Just a Girl", No Doubt
	55+	102 BPM	"Solsbury Hill", Peter Gabriel
ENTRENAMIENTO COMBINADO	25	144 BPM	"Locked Out of Heaven", Bruno Mars
	35	122 BPM	"One More Time", Daft Punk
	45	120 BPM	"Orange Crush", R.E.M.
	55+	117 BPM	"Hot Blooded", Foreigner
BICICLETA	25	140 BPM	"7 Rings", Ariana Grande
	35	137 BPM	"Use Somebody", Kings of Leon
	45	133 BPM	"Tour de France", Kraftwerk
	55+	111 BPM	"Rapper's Delight", Sugar Hill Gang
CORRER	25	147 BPM	"Physical", Dua Lipa
	35	142 BPM	"Mr Jones", Counting Crows
	45	136 BPM	"Roxanne", The Police
	55+	123 BPM	"Celebration", Kool & the Gang

*Frecuencia cardiaca objetivo   †Pulsaciones por minuto

JANE'S ADDICTION

Para verdaderamente aprovechar el potencial de la musicoterapia, no hace falta ver más allá del oscuro mundo de las adicciones químicas. El sistema de recompensas de nuestro cerebro tiene un defecto fundamental: nunca sabemos, por regla general, cuándo ya hemos tenido suficiente. Comer, ejercitarse, donar para la caridad, tener sexo alocado, todo eso nos proporciona un montón de neurotransmisores que causan felicidad por un trabajo bien hecho. Pero ciertas drogas, incluyendo el alcohol, esencialmente secuestran el sistema límbico para disparar la liberación de hasta diez veces la dosis de dopamina que tu cerebro normalmente liberaría. Conoces la sensación de estar ebrio o drogado, y *definitivamente* deberías dejar las llaves del coche en la entrada, ahí junto a los Funyuns. Ésa es una explosión de placer demasiado grande, y después de que la sustancia desaparezca, tu cerebro puede batallar para recuperar su balance químico normal, dejándote con un deseo —no, una *necesidad*— de repetir la experiencia, al principio para sentir nuevamente el placer, y después, con el tiempo, tan sólo para recuperar la normalidad.

No todos los que consumen drogas duras se vuelven adictos; sólo alrededor del 30 % de quienes prueban la heroína, por ejemplo, quedan enganchados. Pero cerca de 30 millones de adultos en Estados Unidos manifiestan haber sufrido de algún trastorno por consumo de drogas durante su vida, según los Institutos Nacionales de Salud. Y la gran mayoría de ellos nunca recibió ningún tipo de tratamiento.

Por desgracia, no existe una lista de reproducción mágica para curar la adicción a las drogas. Pero uno de los grandes retos del tratamiento contra el abuso de sustancias es conseguir que la gente siga los programas, y ahí es donde la musicoterapia puede ayudar. Un estudio de 2009 publicado en *Drug and Alcohol Review* desubrió que, a lo largo de una prueba de siete semanas, las personas que participaron en la terapia musical estuvieron más comprometidas con su programa de tratamiento que aquellas que no. Los ejercicios de música grupal, según el informe, hicieron a los participantes sentirse menos aislados y les ayudaron a conectar con los demás; la terapia en sí misma redujo el estrés, ayudó a los pacientes a relajarse y aumentó la motivación.

La musicoterapia también puede ayudar a los drogadictos a calmar la ansiedad, lo que no es cosa menor. Un estudio de 2013 mostró que 85 % de las mujeres con trastornos de abuso de sustancias y un historial de ansiedad vio disminuir sus síntomas justo después de una sesión grupal de terapia musical. Los autores sugirieron que la intervención musical dirigida, incluyendo ejercicios de improvisación vocal y con percusiones, "permitió una liberación de tensión física que condujo a una agitación psicomotora reducida", mientras que cantar canciones "parece haber fomentado una importante liberación emocional, o catarsis, que pavimentó el camino para tener una sensación más grande de tranquilidad interior".

En otras palabras, la musicoterapia ayudó a los pacientes ansiosos a simplemente *dejarse llevar*.

Esta maravillosa terapia complementaria no se limita a los trastornos por sustancias.

Otras "adicciones conductuales" —como las adicciones a comer, a apostar, al sexo— pueden beneficiarse de estrategias de tratamiento similares (donde la musicoterapia se combina con un programa de tratamiento general), y la razón de que funcionen puede tener algo que ver con la manera en que el cerebro se organiza alrededor de los hábitos. Cuando los científicos compararon las imágenes por resonancia magnética de los cerebros de adictos a la cocaína y de adictos a apostar, quedaron sorprendidos al encontrar un elemento en común: ambas mostraban una tibia actividad en un centro de recompensas llamado el estriado ventral y en las áreas de la corteza prefrontal relacionadas con el control de los impulsos. Conocido como "síndrome de deficiencia de recompensa", este fenómeno implica que las personas propensas a sufrir de adicciones tienen un sistema de recompensa cerebral hipoactivo y, por lo tanto, deben esforzarse más —inhalar más, apostar más— para obtener una dosis regular de dopamina.

A pesar de la similitud neurológica con la dependencia química, los trastornos comportamentales como éstos se consideran afecciones cognitivas que se tratan mejor con terapia conductual. Y ahí es donde entra en juego la música. La ludopatía, por ejemplo, a menudo concurre con el estrés, y la musicoterapia alivia el estrés, provocando que la presión sanguínea y la frecuencia cardiaca disminuyan, lo que con

el tiempo podría hacer que los apostadores se sientan menos agobiados e impulsivos. La musicoterapia también puede funcionar como un lubricante social que aumenta el valor de otros tipos de terapia. Como señalaron los autores de un estudio sobre terapia musical y ludopatía, "la música tendió a estimular y profundizar la discusión en algunas sesiones donde ésta parecía trivial o problemática". Es decir, la música ayudó a la gente a salir de su caparazón; y eso, potencialmente, puede catalizar progresos.

WHEN I'M 64

He aquí un dato curioso que encontré mientras realizaba la investigación para este libro: ¿sabías que tu cerebro se encoge a medida que envejeces, tanto como de 10 a 15 %? Espero poder olvidar *ese* dato en algunos años.

Es nuestro **lóbulo frontal**, el área responsable de la lógica, el aprendizaje y la coordinación de la acción reflexiva, el que sufre la mayor disminución. Incluso si somos lo suficientemente afortunados para evitar uno de los pequeños terribles desenlaces de la vida como las enfermedades de **Alzheimer** o de Parkinson, muchos padeceremos de un deterioro cognitivo, si vivimos lo suficiente, a medida que nuestras neuronas dejen de comunicarse con la misma eficacia, el tiempo de reacción se vuelva más lento y las tareas seriales sean cada vez más difíciles.

No todo, sin embargo, es cuesta abajo a partir de aquí: algunas funciones cognitivas de hecho mejoran con la edad. La **inteligencia emocional**, por ejemplo, llega a su máximo en tus cincuenta, mientras que el conocimiento semántico —también conocido como tu vocabulario— lo hace en tus setenta. Y tu almacén mental de datos y cultura general, que los psicólogos llaman "conocimiento cristalizado", pero que muchos niños nombran "*dadsplaining*", continúa creciendo hasta bien entrados tus años dorados. Como anécdota personal, puedo contarte que durante años jugué a Scrabble con mi bisabuela Marguerite, hasta que llegó a su decadencia final, y nunca pude ganarle. Imagina tener cien palabras como "qi" y "xu" y "jo" a tu disposición... y sí, ella podía usarlas todas en una oración.

No obstante, el deterioro cognitivo es real y puede atacar despacio e insidiosamente, provocando otros problemas. Por ejemplo, un mecanismo de afrontamiento, del que probablemente no eres consciente, es que tu sistema auditivo normalmente produce una especie de onda estacionaria que amortigua el ruido de fondo, así es como puedes tener una conversación en medio de una escandalosa fiesta o en la mesa de cualquier restaurante en Nueva York. Pero tu capacidad para producir esta

"Escuchar música interfiere con la forma en que tu cerebro percibe el dolor, reduciendo a la vez la ansiedad y la tensión muscular mientras libera endorfinas".

DRA. JOY ALLEN *sobre cómo la terapia musical puede aliviar el dolor físico*

CUATRO PREGUNTAS PARA

QUESTLOVE

Este actor, baterista, estrella de TV, ganador del Oscar, seis veces ganador del Grammy y cofundador de The Roots, es una fuerza de la naturaleza. Director musical de *The Tonight Show Starring Jimmy Fallon* (donde The Roots es la banda en vivo), Questlove también encuentra tiempo para otras actividades externas... como ser el *deejay* en la última fiesta de Obama en la Casa Blanca en 2017.

¿Cómo crees que una canción pueda hacernos sentir sobre la historia y la cultura?

Este es un excelente ejemplo: si has estado en Estados Unidos en los últimos siete años, especialmente durante la segunda mitad de la era de Obama, tal vez hayas visto actos racistas flagrantes contra las personas de color. Sí, claro, los ha habido a lo largo de la historia, pero se intensificaron de una manera que podríamos decir que comenzó con Trayvon Martin; fue en ese momento cuando el mundo comenzó realmente a prestar atención.

Entonces me di cuenta de que había muchos artistas que estaban preparándose para resurgir o llegar a una posición importante en términos de "Voy a escribir 'el Himno'". También veía a otros que se preparaban así, como si dijeran "Voy a escribir el nuevo 'Lift Every Voice and Sing'".

Y lo que es extraño es que lo que termina sucediendo es que la persona que da en el clavo y lo consigue nunca tuvo la intención de hacerlo, de capturar el Zeitgeist, de hacer eso que parecía imposible.

Así, en el caso de Kendrick Lamar, "To Pimp a Butterfly", él acabó creando lo que considero que verdaderamente es el himno del Black Lives Matter, una canción llamada "Alright".

No es que lo estuviera calculando, "Voy a hacer un himno". Pero creo que, a fin de cuentas, es el momento el que escoge al himno y no el himno el que escoge al momento. Y creo que eso es lo mejor que puede pasar. Y he sido culpable de eso, todas las veces que un cineasta nos ha pedido crear una canción para incluirla en los créditos finales, lo primero que empiezas a pensar es en tu discurso de aceptación en la entrega de los premios.

¿Tienes una conexión distinta con una canción al escribir, al tocar o al mezclar?

Me parece que en realidad me da más placer mezclar música como deejay. Creo que al poner música hay una magia ahí que es tan fuerte como la persona que escribió la canción.

Nunca he llorado escribiendo una canción. Quiero decir, sí se me ha erizado la piel al crear un álbum. Pero diré que ha habido algunas veces —me parece que cuatro o cinco— en que puse un disco y vi la respuesta de la audiencia y eso me hizo llorar como si yo hubiera escrito la canción.

¿Cómo crees que tu creatividad impacta en tu música a diferencia de los otros proyectos que produces?

Al principio, mi meta era ser el mejor baterista. Y entonces un día superé eso y dije: quiero ser el mejor líder de una banda. También quiero que mi banda sea genial. Y una vez que conjuramos esa magia, quise saber si esa magia podía extenderse a otras áreas sin mi banda. Entonces fue como, quiero ser un gran productor, pero luego fue mucho más que eso. Yo era un organizador… Siempre hago esa cosa de pivotar cada diez años.

Entonces comencé a estudiar la creatividad y ahora tengo que poner ese conocimiento en práctica de una forma a la que no estoy acostumbrado, ahora que tengo 50. Pasé los primeros 50 años de mi vida jugando en la parte poco profunda de la piscina con cosas que conozco. Conozco los discos, conozco la comida. Me gusta pensar que soy gracioso, conozco la comedia. Pero desconocía la dirección.

¿Cómo construiste tus habilidades creativas en otras industrias creativas?

La única cosa que me dijo mi productor cuando empecé mi película fue: "Bueno, esto es lo que quiero que hagas. No estás dirigiendo una película. Éste es un concierto de *deejay*, ¿qué es lo que vas a hacer?".

Y entonces me dio 40 horas de grabaciones de concierto. Y me dijo: "Busca 30 momentos que te ericen la piel, que verdaderamente sacudan tu centro de genialidad. Y ésos son tus registros". Así que pasé cinco meses en bucle, escarbando y, ya sabes, me di cuenta de que todo esto, incluso la manera en que lo editamos, la forma en que lo cortamos, eso me reflejaba literalmente como *deejay*.

Lo que digo es que creo que estoy en el negocio de la creatividad. Supongo que mi meta en la vida es alentar a otros creativos que no están exactamente casados. Soy como la versión poliamorosa de la creatividad.

"There may be teardrops to shed, So while there's moonlight and music and love and romance, Let's face the music and dance".

TONY BENNETT "Let's Face the Music and Dance"

onda se degrada con el tiempo, volviendo cada vez más difícil separar la conversación que estás teniendo del ruido de fondo. "Conforme se va haciendo más difícil con la edad entender un discurso en un ambiente ruidoso, las personas pueden dejar de socializar, pues es demasiado frustrante", me dijo Laurel Trainor. "El aislamiento social es un problema serio en la población de edad avanzada". Heather Read hace eco de este sentimiento, y agrega: "Esta incapacidad para suprimir información sensorial irrelevante probablemente explique parte del deterioro de la cognición social, la atención y la memoria evidentes en la demencia".

A las personas mayores marginadas de esta manera, que por lo demás son funcionales, las actividades musicales como cantar en un coro pueden ayudarlas a regresar al protector redil social. Pero a veces, el deterioro cognitivo puede ser tan pronunciado que comenzamos a perder a la persona en sí. Éste es el mundo de la enfermedad de Alzheimer, una afección terrible donde la plasticidad cerebral en fuga provoca enredos impenetrables, produciendo individuos cada vez más aislados y con frecuencia asustados que ya no reconocen a los seres queridos, quienes intentan desesperadamente hacer contacto con ellos.

Y aquí es donde la poderosa conexión de la música con la memoria puede realizar un acto de verdadera magia.

YOU MUST REMEMBER THIS

Hace pocos años tuve la fortuna de ver una presentación de Tony Bennett y Lady Gaga; estuvieron espectaculares. La pandemia trajo un cruel final para la milagrosa gira de-la-tercera-edad de Bennett, y cuando se anunció, a principios de 2021, que la leyenda de 94 años sufría de la enfermedad de Alzheimer, el final de su notable carrera se volvió una certeza.

Sólo que... no lo fue. No del todo aún.

Cuando Bennet fue entrevistado en *60 Minutos* a finales de 2021, apenas unos meses después del anuncio, ya mostraba un deterioro notable. Casi todo el rato se sentó inmóvil, con la mirada distante, mientras que su esposa y cuidadora, Susan Crow, era quien hablaba. Cuando se le dirigía una pregunta lo bastante sencilla, Bennet podía articular una respuesta sumamente breve, pero eso era todo.

Entonces, en la habitación contigua, su colaborador musical de mucho tiempo comenzó a tocar el piano. Fue como si un interruptor se activara en la cabeza de Bennett; se dirigió a grandes pasos junto al piano y comenzó a cantar sus clásicos, uno tras otro. El entrevistador, Anderson Cooper, dice que Bennett cantó durante una hora recordándolas todas. Tony se presentó en dos espectáculos más, totalmente agotados, en el Radio City Music Hall, con una actuación brillante, recordando a su coestrella, Lady Gaga, por su nombre, e interactuando con el público. Parecía feliz y relajado, 100 % en su elemento. Después, literalmente no recordaba haberse presentado en absoluto.

La neuróloga de Tony, la Dra. Gayatri Devi, explicó: "Es su memoria musical y su capacidad de ser un cantante. Es una parte innata y ya integrada de su cerebro. Así que, aunque no sepa qué día es, o dónde queda su apartamento, aún puede cantar el repertorio completo del cancionero americano y conmover a la gente".

Por razones que los científicos siguen explorando, el alzhéimer a menudo provoca que las funciones cognitivas de una persona se deterioren, pero no afecta (al menos al principio) a su capacidad para reconocer la música. La teoría más aceptada sugiere que eso se debe a que la música involucra tantas partes del cerebro que los recuerdos musicales se codifican varias veces, y esto se ve reforzado por la repetición y la asociación, como las incontables presentaciones de Bennet a lo largo de las décadas. Incluso cuando las copias de la música almacenadas en la **memoria episódica** (eventos pasados) del cerebro se deterioran, la misma música guardada en la **memoria procedimental** (cómo hacer cosas) de una persona puede permanecer relativamente fuerte, y así sucesivamente.

Y porque la música goza de este estatus único de protección en nuestra mente, puede

¿Cómo puede ayudar la danza con el alzhéimer?

La música estimula el sistema motor. Ésa es la razón por la que cuando nuestra playlist *suena a todo volumen no podemos evitar menear los hombros, girar o sacudir el cuerpo. Y esta compleja ruta cerebral también puede ayudar a los pacientes con alzhéimer. Un examen de 349 pacientes con alzhéimer encontró que la terapia de baile era eficaz para mantener la calidad de vida de una persona a medida que la enfermedad progresaba. Sorprendentemente, podría incluso ser un factor para prevenir el alzhéimer por completo. Un estudio que se realizó durante 21 años, publicado en el* New England Journal of Medicine, *mostró que las actividades físicas como nadar o montar en bicicleta, si bien son buenas para la salud en general, en esencia no hacían nada para prevenir el alzhéimer. Pero bailar sí: de hecho, los bailarines frecuentes reducen su riesgo de alzhéimer ¡en un increíble 76 %!*

ser una poderosa herramienta terapéutica. "Programas personalizados de música pueden activar el cerebro, especialmente para pacientes que están perdiendo el contacto con su entorno", dijo el experto en alzhéimer Norman Foster. En 2019, Foster y otros investigadores utilizaron resonancias magnéticas funcionales para observar la actividad del cerebro de pacientes con demencia; cuando éstos escuchaban las melodías que alguna vez les fueron familiares, sus cerebros se iluminaban como árboles de Navidad. "Ésta es evidencia objetiva de imágenes del cerebro que muestra que la música personalmente significativa es una ruta alternativa para comunicarse con pacientes que tienen alzhéimer", dijo Foster.

La demencia provoca cambios dramáticos en el cerebro; para los que la padecen, el

Exponer ratones a un zumbido de 40 Hz en un estudio sobre alzhéimer ayudó a eliminar las placas en el cerebro y mejoró la memoria de los ratones.

mundo que alguna vez conocieron puede empezar a verse y sentirse extraño. Es una experiencia enormemente desorientadora que puede causar confusión, depresión y ansiedad. La música puede ser un punto de anclaje familiar que los despierta al valor del mundo y los mantiene participando en él, lo que hace que los pacientes con demencia sean candidatos óptimos para la musicoterapia. "La intervención musical reduce la depresión asociada y mejora la función cognitiva y la calidad de vida en la gente con demencia", dice Heather Read. Canción por canción, hoy la musicoterapia está rompiendo barreras y mejorando la vida de los pacientes mayores.

Para levantar el ánimo de un paciente con alzhéimer, por ejemplo, los musicoterapeutas podrían emplear el **"principio de ISO"**. Primero, toman una canción que corresponda con el ánimo actual de la persona, luego construyen una lista de reproducción que progrese hacia un estado emocional más deseable. (Quizá recuerdes este modelo de dos pasos de nuestro consejo para superar una ruptura en el Capítulo 3: Ama). "Si alguien se siente triste o tiene poca energía y queremos hacerlo sentir más feliz, comienzas con música que valide sus sentimientos", le dijo Sarah Folsom, una musicoterapeuta, a *TMC Innovation*, el blog del Texas Medical Center. "Es tu música preferida —cualquier cosa que escuches cuando estás triste— y entonces lentamente haces que la lista de reproducción se mueva hacia canciones que son más alegres para ti".

La conexión musical con la memoria también puede ser aprovechada para ayudar a quienes sufren demencia a recordar cosas que de otro modo olvidarían, muy a la manera en que enseñamos a los niños el abecé de las cosas, codificándolo en canciones. "Varios estudios han demostrado que la música puede usarse efectivamente como una herramienta mnemotécnica... en particular [para] pacientes con alzhéimer, quienes han mostrado que aprenden y retienen mejor la información cuando ésta es cantada en lugar de hablada", dice la Dra. Laura Ferreri, profesora asociada de psicología cognitiva en la Universidad Lumière Lyon 2.

Cuando nos hacemos viejos, mientras que nuestro cerebro se encoge y nuestros recuerdos se difuminan, nuestra banda sonora permanece. Incluso en la maraña del alzhéimer, la música que hemos absorbido y amado se queda con nosotros hasta el día de nuestra muerte.

CONCLUSIÓN

La creciente evidencia de que la música puede tener un papel clave en el cuidado de la salud como una terapia complementaria universal, sencilla y de bajo costo, está transformando los resultados de los pacientes, e impulsando grandes cambios.

Conversé con Susan Magsamen, codirectora de NeuroArts Blueprint, una iniciativa del Instituto Aspen, sobre este esfuerzo global de trabajar con investigadores, artistas, diseñadores de políticas y financiadores de todo el mundo para impulsar la ciencia de las artes y elevar el campo utilizando la música y el sonido como intervenciones viables para la salud y el bienestar. "Hay investigaciones convincentes alrededor de las artes que muestran que la gente que tiene más experiencias como asistir a conciertos vive más, después de considerar varias variables, y que se enferma menos", dice Magsamen.

"En el futuro, veremos a las artes volverse parte del cuidado de nuestra salud".

Otros están explorando cómo puede usarse la tecnología para ayudar a amplificar los poderes curativos de la música. El doctor en medicina Adam Gazzaley es cofundador de los Akili Interactive Labs, creadores del primer videojuego aprobado por la FDA (Food and Drug Administration) como tratamiento para una afección médica (TDAH), y patrocinador de muchas otras iniciativas que exploran maneras para mejorar el desempeño humano a través de la tecnología. "Lo que yo hago es observar experiencias del mundo real donde existe evidencia de que pueden mejorar la cognición", me contó, "y entonces averiguo cómo pueden proporcionarse a través de la tecnología para que sean más accesibles, más expansibles, y convertirlas en medicina".

Desde los comienzos de la civilización humana, la música ha sido fundamental para ayudarnos a sanar. Disminuye nuestro estrés, nos proporciona placer y nos conecta socialmente, los factores para establecer un punto de partida saludable. El ritmo de nuestras canciones puede configurar nuestros latidos y ondas cerebrales para lograr los resultados que estamos buscando, desde grandiosas rutinas de ejercicio hasta la reducción de la ansiedad y la depresión. Y sus profundas conexiones con la memoria ayudan a anclarnos en nuestro pasado, manteniéndonos sólidamente conectados con nuestra historia e identidad, incluso cuando nuestra cognición empieza a fallar.

En conclusión: la música es una herramienta extraordinariamente poderosa y promisoria para el cuidado de la salud, y a la que apenas estamos aprendiendo a aprovechar. ■

PARA LLEVAR

El mundo es un lugar estresante, y puede resultar difícil permanecer saludable. Pero la música puede ayudar: puede levantarte el ánimo, mantenerte motivado, mejorar tus rutinas de ejercicio e impulsarte a salir de las profundidades de la depresión o la adicción. Aun si has estado dando por sentado a tu cuerpo a la manera habitual del siglo XXI (insuficiente ejercicio e hidratación, demasiado beber, fumar y comer bollos) la música puede ayudarte a darle la vuelta al guion y reemplazar tus malos hábitos con hábitos buenos. Y la musicoterapia está en plena explosión con aplicaciones específicas, respaldadas por la ciencia, para una amplia gama de estados de enfermedad, desde la salud neonatal hasta la demencia al final de la vida. Éstas son algunas formas en las que puedes aprovechar la música para fortalecer tu salud.

PARA HACER MÁS EFICIENTES TUS RUTINAS DE EJERCICIO

Cualquier música puede proporcionarte la mezcla correcta de inspiración y distracción para mejorar tu entrenamiento, si suena lo suficientemente fuerte para eclipsar el ruido de fondo (o a través de auriculares). Pero si pones música que coincida con tu frecuencia cardiaca objetivo para una actividad en específico, te ejercitarás con más fuerza, construirás masa muscular más rápido, sentirás menos dolor y fatiga y alcanzarás tus metas de acondicionamiento físico más rápidamente. Y quizá también te diviertas más.

PARA COMUNICARSE CON QUIENES SUFREN DEMENCIA

Trata de encontrar música que les sea familiar como un medio para establecer una conexión que aún tenga sentido para ellos, jaqueando su memoria procedimental para que sigan participando.

PARA DESARROLLAR MEJORES HÁBITOS

Prueba la terapia musical de grupo en coordinación con un programa profesional adecuado (por ejemplo, un programa de abuso de sustancias). Esto hará más probable que te apegues al programa durante el tiempo suficiente para conseguir resultados.

CONÉCTATE

SWEET CAROLINE NEVER SEEMED SO

NEIL DIAMOND
"Sweet Caroline"

*SO GOOD!
SO GOOD!
SO GOOD!

GOOD TIMES

GOOD

FUE ITALIA —la hermosa, llena de sol, eterna, te-beso-en-ambas-mejillas Italia— la que cargó con la peor parte en la primera ola de la epidemia de COVID-19. Para marzo de 2020, el virus llevaba semanas infiltrándose en el norte del país; conforme se extendía hacia el sur y el número de cadáveres crecía, el gobierno instituyó, con renuencia, un confinamiento sin precedentes en todo el país. Los vuelos se suspendieron, los eventos deportivos se cancelaron, las escuelas y las iglesias se cerraron. Y por primera vez desde que se tiene memoria, a la gente de Italia se le prohibió salir de sus hogares.

Sesenta millones de italianos gregarios se inquietaron y se enfurecieron en el interior de sus casas y apartamentos, y las legendarias ciudades del país se volvieron pintorescos pueblos fantasmas, donde las interminables sirenas resonaban por las vacías calles de adoquín. Para esta nación dependiente del turismo, que valora la familia y la sociedad por encima de todo, la pandemia fue el peor de los mundos posibles.

Pero entonces, algo increíble ocurrió... La gente comenzó a cantar.

En una ciudad tras otra, noche tras noche, los italianos salieron a sus balcones a unirse a sus vecinos en un coro de canciones. En unas ocasiones era el himno nacional de Italia. En otras, una diva de la ópera cantaba una aria desde su ventana, o las *nonne* del vecindario agarraban sus ollas y sartenes y golpeaban a un ritmo desde su balcón. La música se extendió más rápido que el virus; pronto gente de naciones tan lejanas como España o Suecia se unió al coro. Ver videos en YouTube de la resistencia musical italiana se convirtió en una obsesión en todo el mundo.

Estas presentaciones improvisadas hicieron mucho más que simplemente romper la monotonía de la cuarentena. Brindaron apoyo moral a los trabajadores de primera línea, conmocionados por la situación. Revigorizaron el orgullo nacional de Italia. Y ayudaron a los ciudadanos confinados a restablecer sus comunidades locales cuando los vecinos —incluso los inquilinos de un mismo edificio que nunca se habían conocido en persona— compartieron el escenario para ser un faro de esperanza en las horas más oscuras de la nación.

¡He aquí el poder de la música!

Los humanos tenemos una necesidad de conectarnos que es tan real como la sed o el hambre. Nos definimos, y no en pequeña medida, por nuestras relaciones: nuestros amigos y familiares, nuestros compañeros de escuela y de trabajo, nuestros amantes y vecinos, nuestros maestros y terapeutas.

"Una de las teorías es que la música comenzó no sólo como la forma de unir a la gente, sino como un modo de unir a la gente para matarse unos a otros. Entonces fue una forma de unir a la gente en la batalla para identificarte totalmente con tu tribu, con tu grupo".

TOD MACHOVER *sobre la música y tu pandilla*

La actual civilización global se ha convertido en una compleja red de interdependencia, donde la comida que proviene de cualquier parte del mundo aparece mágicamente en nuestras tiendas y la basura desaparece mágicamente de nuestras aceras. Esta interdependencia ya está programada en nosotros; generalmente damos por hecho que se puede confiar en la gente que está a nuestro alrededor para que nos provea continuamente de recursos y apoyo, un fenómeno que los psicólogos llaman la **teoría de la línea de base social**.

Y una de las mejores maneras de construir y fortalecer estas conexiones fundamentales, como los humanos lo han sabido literalmente desde siempre, es a través de la música.

THE SONG REMAINS THE SAME

La música ha estado con nosotros desde algún momento previo a los albores de la civilización. Cuando examinamos ciudades antiguas, siempre hallamos evidencia de la música, incluidas algunas de las primeras reliquias humanas jamás encontradas: tambores de piel de cocodrilo y flautas talladas en huesos de osos cavernarios que datan de hace 50 mil años, por ejemplo. "No existe ninguna cultura conocida, ahora o en cualquier momento del pasado, que carezca [de música]", dice Daniel Levitin en *El cerebro musical*.

CUATRO PREGUNTAS PARA

YOUSSOU N'DOUR

Uno de los músicos más influyentes del mundo en nuestro tiempo, Youssou es considerado "realeza senegalesa" gracias a su innovador talento musical y a su voz única que ha sido descrita como "plata líquida".

Esta entrevista ha sido traducida del francés.

¿Por qué es importante la música?

Creo que, primero, la música para mí es familia. Yo nací en una familia de griots por el lado de mi mamá, y la música siempre me devuelve a mi historia. Cuando empecé a tocar música era muy joven, tenía 13 años, y veía a mi abuela cantar. Esa relación cercana con mi abuela me dio la oportunidad de llevar la música al siguiente nivel.

¿Piensas en cómo la música afectará a tu audiencia mientras la escribes?

Sí, creo que, en cuanto a la melodía, a veces siento que la relación entre un cantante y su público se trata de la melodía y el sonido de la voz.

Espero, en la siguiente fase de la escritura, encontrar una melodía que suene lo suficientemente interesante por sí misma. Entonces las palabras prepararán a la audiencia y la llevarán hacia la melodía, lo cual puede ser un poco extraño, pero conectará bien con la letra.

Cuando estoy escribiendo, primero es una melodía, es algo que me sucede a mí. En ocasiones la inspiración me llega en la ducha, pero la mayoría de las veces pasa en la noche, cuando estoy solo.

Usualmente intento capturarla en el momento, y si no puedo, lo hago más tarde, lo que significa que es una buena idea. Una buena idea no necesita grabarse en el momento, porque si es buena se queda en tu cabeza, regresa a ti.

La parte más difícil es decidir el tema de lo que quiero decir. Es mucho más difícil encontrar las palabras de lo que quiero decir.

¿Crees que la música pueda trascender el lenguaje?

Para mí, antes que nada, la música es un primer lenguaje. Es un lenguaje que todos entienden sin que sea traducido. Si no entiendes la música como un lenguaje universal, entonces no puedes entender a alguien de otra cultura. Antes de que las palabras aparecieran, fue la voz y la emoción que la acompaña, y eso puede tocar a alguien que no comprende tu lenguaje.

La música puede amplificar las emociones y unir a la gente... como cuando escucho una hermosa melodía, como algo de Bob Marley, o "Biko" de Peter Gabriel. Al principio no entiendo las palabras, pero al igual que mucha gente, reemplazo las palabras con algo que conozco, porque he sido tocado por la melodía de la canción y la emoción creada por la canción, así que las palabras son secundarias.

¿Qué rol tiene la música en tu vida diaria?

Una vez que me volví un apasionado, fue como una fuerza impulsora. Cuando alguien habla, siempre me siento inspirado, como si fuera una canción. Cuando oigo hablar a la gente o escucho las oraciones musulmanas por la mañana, todo se traduce en música. Así que todo mi entorno y todo a mi alrededor es música.

Cuando eres así de apasionado, entonces todo lo que oyes es música. Cuando escucho música en la radio o en otros lugares, tomo nota de todo lo que me influye durante el día, y entonces, por la noche, trato de encontrar la respuesta a través de la música para tranquilizarme.

Para mí, todo lo que escucho es música. A veces, cuando la gente me habla, viajo en mi mente porque suena como música; después regreso y continúo la conversación. Yo no escucho la música como el resto de la gente normal, porque todo lo que oigo es música. Si no hay música a mi alrededor, no me siento libre.

Pero la música no era sólo un acompañante: al parecer ayudó a crear la civilización misma.

Hacer música es un ejercicio esencialmente colaborativo, en el que algunas personas escriben o componen la música, otras la interpretan, y otras más escuchan o bailan. (Con algo de solapado, por supuesto). "Lo que estás haciendo en realidad es interactuar con el resto de la banda", dice Nick Mason, baterista de Pink Floyd. "Lo interesante es que no importa si son 200 personas en un *pub* o 200 mil... lo que mejor funciona es tocar uno para el otro". La música en vivo —el único tipo hasta hace relativamente poco— es una experiencia compartida que saca a la gente de su rutina diaria y la sumerge en un espacio temporal compartido que vive fuera de la realidad normal. Otros tipos de arte, como las obras de teatro, pueden hacer eso también. Pero la música va más allá: produce cambios químicos específicos en el cerebro que promueven activamente la interacción social y la conectividad.

DATO CURIOSO

Seis de cada diez estadounidenses dicen que un día sin música es peor que un día sin interacción humana.

Se ha descubierto que la música fortalece los vínculos sociales de cuatro formas específicas, según el Greater Good Science Center de la Universidad de California, Berkeley:

- Aumenta el contacto, la coordinación y la cooperación con otros.

- Genera un aumento de oxitocina tanto a los intérpretes como a la audiencia, produciendo químicamente sentimientos "prosociales" de confianza y positividad.

- Activa la empatía cuando tratamos de entender la intención de los compositores y los intérpretes, y lo que nos están comunicando.

- Incrementa la cohesión cultural por medio de comunicar una sensación de pertenencia y compromiso hacia el grupo.

En conjunto, los dones de la música potencian nuestra capacidad para construir relaciones con las demás personas.

La liberación de oxitocina es interesante. Este antiguo neuropéptido encontrado en todos los mamíferos, la oxitocina, es responsable de ese subidón tan especial que sientes cuando abrazas a un cachorrito, o a tu hijo recién nacido. Tiene un papel crucial en el proceso de alumbramiento y en la lactancia, se libera después del sexo (ayuda a convencer a ambos de pasar la noche juntos) y hace que los padres en general presten más atención a su descendencia. Los hombres que reciben una atomización nasal de oxitocina son más propensos a jugar con niños, y las mujeres embarazadas, con elevados niveles de oxitocina durante su primer trimestre, suelen sentirse más cerca de su bebé después de su nacimiento.

Proporcionar recompensas químicas por ser buenos padres ayuda a asegurar que los infantes reciban el apoyo cariñoso que necesitan. Incluso algo tan sencillo como cantarles a tus niños puede generar una conectividad fundamental. "Los infantes no son muy buenos para regular su estado, y los cuidadores utilizan el canto para ayudarlos a hacerlo, calmándolos cuando están alterados o cansados, y atrayendo su atención cuando están listos para jugar y aprender", dice Laurel Trainor, profesora de la Universidad McMaster. "Esta interacción social temprana es verdaderamente importante para que los niños se sientan seguros, y el apego a un cuidador es vital para su desarrollo físico, socioemocional y cognitivo".

La capacidad de la música para producir esa recompensa de oxitocina puede explicar su poderoso y omnipresente rol a lo largo de la historia humana. Como lo expresa Alan Harvey, autor de un estudio reciente sobre el papel de la oxitocina en la musicalidad humana, "la música estimula las interacciones afiliativas en la infancia y la adultez... La música y su compañera evolutiva, la danza, también promueven la sincronía y la interacción social, contribuyendo a la identidad cultural y fomentan la formación de redes de cooperación".

La música promueve cambios en el cerebro que fomentan que los individuos sean más receptivos a conectarse (hasta aquí vamos bien). Pero en un entorno grupal, la música lleva la magia de la conectividad a otro nivel, proporcionando algo que se llama **flujo social**.

El estado de flujo —como se explicó con más detalle en el Capítulo 2: Concéntrate— es lo que sucede cuando estás *"in the groove"*, tan profundamente inmerso en una actividad que todas las demás distracciones te son indiferentes. Pero mientras que el estado de flujo es un fenómeno intensamente personal, el flujo social es lo que sucede cuando muchas personas experimentan ese flujo simultáneamente.

El flujo social es común entre los músicos: algunos investigadores analizaron a cantantes de jazz mientras interpretaban música previamente compuesta y mientras improvisaban, y descubrieron que ambas actividades reducen el estrés y aumentan significativamente el flujo social, esa sensación de estar completamente inmerso en una actividad con otros. "Los músicos de jazz con frecuencia manifiestan sentimientos asociados con experiencias de flujo, como una intensa unidad con su producto musical y la fusión de cada uno de los músicos para crear una entidad cohesionada cuando tocan juntos", escribió el equipo de investigadores, liderado por Jason R. Keeler.

La improvisación es un ejemplo del flujo social, en la que los músicos entrenados pueden salirse de la lista de reproducción y crear música en vivo no ensayada, donde cada músico emprende su propio viaje que de alguna manera se suma a una experiencia auditiva coherente. "Para mí la improvisación es como un lenguaje", dice el legendario virtuoso del jazz Branford Marsalis. "Te sometes a un riguroso entrenamiento, y entonces, cuando el entrenamiento ha terminado... es como una conversación que entablas con tus amigos. El mito de la improvisación es la suposición errónea de que puedes tocar cualquier cosa, pero lo que tocas tiene que estar relacionado con las personas con las que estás tocando, lo que significa que debes tener una paleta enorme de sonidos si vas a tocar con una orquesta o de repente participas con Sting o con Dizzy Gillespie".

El flujo social también puede experimentarlo la audiencia. Cuando el público está cautivado e inmerso en la música de un concierto o un musical de Broadway, se puede hablar de un flujo social. El aplauso al final de una canción cautivadora es la manifestación de una audiencia complacida, e indica que el grupo ha "salido del trance" y está de vuelta a la realidad, agradeciendo a los músicos por haberlo llevado lejos.

Para entender cómo el flujo social generado por la música puede conectar con la gente, analizaremos más de cerca la sorprendente relación de la música con el lenguaje.

BIRD IS THE WORD

En 1781, el filósofo suizo Jean-Jacques Rousseau, en su ensayo póstumo "Sobre el origen de las lenguas", propuso una teoría prometedora: que el primer lenguaje de la raza humana fue el canto, y desde entonces grandes músicos han imaginado que el hombre pudo haber aprendido ese canto de las aves.

Rousseau podría haber dado en el clavo. Las similitudes entre la forma en que los humanos hablan y las aves cantan han sido evidentes por siglos; el mismo Darwin declaró que el trinar de las aves es "la analogía más cercana al lenguaje". La investigación moderna ha descubierto que los cerebros

de las aves y de los humanos comparten algunas semejanzas significativas cuando cantan, lo que ha llevado a algunos a proponer la hipótesis de que en realidad no se trata de ninguna coincidencia.

Algunos lingüistas argumentan que el lenguaje humano pudo haber comenzado hace unos 100 mil años cuando las personas imitaron las llamadas vocales de las aves. Según esta teoría, los humanos mejoraron gradualmente esas llamadas y convirtieron el lenguaje en algo infinitamente más complejo, pero nuestro lenguaje conserva algunas cualidades expresivas —es decir, su carácter rítmico y cantarín, llamado "prosodia"— copiadas de las aves. Asimismo, a medida que el lenguaje se desarrollaba, ese otro gran sistema de comunicación humana —la música— pudo haberse desarrollado a la par.

Cuando un reyezuelo macho le canta a su compañera hembra, el cerebro del pájaro macho se sincronizará con la hembra en cuanto ella comience a cantar, permitiendo a ambas aves esencialmente cantar como una sola, el dueto perfecto. Investigadores del Instituto Max Planck de Ornitología, que han grabado a casi 650 parejas de pájaros, explican el fenómeno de la siguiente manera: "La llamada del pájaro compañero provoca un cambio en la actividad neuronal del pájaro que comenzó a cantar. Esto, a su vez, modifica su propio canto. El resultado es una precisa sincronización de la actividad cerebral de ambas aves". Esto podría ser lo más cercano a la telepatía que la ciencia ha encontrado.

También ocurre con los humanos. Cuando un coro canta, los latidos de cada uno de los cantantes se sincronizan, porque sólo pueden respirar en los intervalos que hay en la letra y, cuando su respiración se sincroniza, se generan microcambios en el ritmo cardiaco. El canto coral produce una serie de efectos positivos para cada uno de los miembros, incluido el "subidón

del cantante", de placer por la dopamina y de satisfacción por la serotonina. Reduce el cortisol que produce el estrés, baja la presión sanguínea y mejora la función del sistema inmunitario. Y hace que los cantantes que comparten esta experiencia se sientan más cercanos uno del otro, a la vez que aumenta el placer y se reduce el estrés de la audiencia. Todos ganan.

@DJ_XFADR

LIVE

Cantar juntos evolucionó junto con el lenguaje como un canal de comunicación distintivamente humano, y hoy sigue siendo tan poderoso como siempre.

Curiosamente, quizá nuestro gran cerebro evolucionó no para ocuparse del sudoku y los formularios de impuestos, sino para ayudarnos a gestionar redes sociales cada vez más presentes. Se ha estimado que 60 % de las conversaciones humanas se dedican a hablar sobre relaciones personales y chismorreo interpersonal. Y cuanta más gente haya en tu red, más tiempo deberás pasar en ella si quieres que tus relaciones permanezcan estables. Este requisito de "cuidado social" impone un límite funcional a la cantidad de personas que pueden pertenecer a tu tribu o clan o casa de Hogwarts. Pero hay una escapatoria: un cerebro más grande puede ayudarte a manejar grupos sociales más complejos.

No necesitas unirte al Coro del Tabernáculo Mormón para experimentar estos efectos. Después de todo, en nuestra vida, cuando cantamos, solemos hacerlo juntos: canciones para la fogata o para beber, himnos en la iglesia, etcétera. Cuando nos entregamos a este antiguo hábito nos sentimos conectados y afines, lo que incrementa nuestro compromiso con nuestro grupo —imagínate cantando la canción de tu *alma mater* con tus compañeros de clase, o a la multitud entonando el himno nacional antes de un evento deportivo. "Sea en una fiesta, en una boda, en un mitin político o en el ejército, compartir la música contribuye a sentirse solidarios con los camaradas", dice Laurel Trainor.

¿Por qué los niños son mejores que los adultos para aprender música?

"Porque no les tienen tanto miedo a los errores", dice la Dra. Joy Allen. Los niños no se reprimen por el miedo de parecer tontos; también tienen más tiempo libre, menos distracciones y menos nociones preconcebidas. En la adultez, tu corteza prefrontal está mucho más conectada, y es posible que estés "aferrado a tus costumbres" y te resistas a la inmersión completa que se requiere para que florezca el talento musical de primer nivel. El niño que se sienta a tu lado en el mismo curso podría ser más capaz de tener una mente abierta y de integrarse a la experiencia del flujo, y podría retener mejor la información.

Una fascinante investigación, realizada en 1992, mostró que los primates con mayores ratios de **neocórtex** en relación con el total del cerebro (llamémosle ratio N/C) eran capaces de manejar grupos sociales más grandes, a lo largo de un rango predecible. Los ermitaños, como los monos tamarinos, tienen una ratio N/C pequeña, y pueden tolerar grupos sociales de sólo unos cinco individuos. El cerebro humano, en el otro extremo, cuenta con aproximadamente 75 % neocórtex, y, de acuerdo con esta teoría, debería ser capaz de manejar unas 150 personas en una "tribu" estable. Esto se conoce como el *número de Dunbar*, y aunque es únicamente un promedio general, se ha encontrado que, a grandes rasgos, corresponde con un rango de fenómenos sociales humanos, que va desde el tamaño de las antiguas tropas romanas hasta el número de individuos que hay en las redes de los celulares de la gente.

En suma, ratios N/C más elevados permiten una cantidad más alta de conexiones sociales, lo que conlleva a una ventaja de supervivencia: hay mayor fuerza en los grupos grandes. Pero para administrar estas decenas y decenas de relaciones, incluyendo fomentar un entendimiento compartido de las motivaciones, las necesidades y la confiabilidad de los otros, los humanos necesitaban nuevas herramientas. Una de esas herramientas es el lenguaje, un desarrollo fundamental para ayudar a que el entendimiento unipersonal fuera mucho más eficiente. Pero otra es la música, la cual unió a la gente en experiencias compartidas constructoras de confianza que tuvieron un rol para nada pequeño en promover la conectividad y el éxito de los humanos, y gradualmente estabilizó grupos cada vez más grandes (piensa en un concierto de Ariana Grande con 50 mil fans cantando al unísono) que impulsaron la civilización.

"La música podría servir como un verdadero pegamento que nos ayude a conectarnos con los demás", dice Laura Ferreri. "Cuando somos niños, sirve para comunicarnos de una manera prelingüística, y también cuando somos adultos, como una auténtica herramienta de vinculación social".

WHY CAN'T WE BE FRIENDS?

Interpretar música con otros contribuye a mejorar tu capacidad para comprender y predecir el estado mental de otras personas: una habilidad social llamada *teoría de la mente*. Ésta es la base de la empatía, la cual es vital para crear conexiones significativas con otros humanos, y la música funcionar como un poderoso catalizador.

De hecho, a veces la música es todo lo que necesitas para propiciar la vinculación. Un artículo publicado en *Frontiers in Psychology* encontró que simplemente "coordinando tus acciones con un completo extraño a través de la participación en un juego musical" es lo único que hace falta para alcanzar un nivel de empatía a algo similar a "amigo cercano". Pero ¿por qué? ¿Por qué dos extraños que

"Sittin' here restin' my bones

And this loneliness won't leave me alone".

OTIS REDDING "(Sittin' On) the Dock of the Bay"

Los niños permanecen calmados el doble de tiempo cuando escuchan una canción —incluso una que no conocen— comparado con cuando escuchan hablar.

participaron al azar en un juego musical habrían de acercarse emocionalmente? Porque coordinar la acción física requiere de un sutil razonamiento en tiempo real sobre lo que la otra persona está haciendo y tal vez hará a continuación, reduciendo lo que los autores del estudio llamaron "la distancia psicológica percibida entre individuos".

Los humanos son excelentes para coordinar su comportamiento físico, imagina un triple play en el béisbol o a niños jugando a saltar la cuerda. La investigación de Daniel Levitin muestra que, increíblemente, dos personas pueden sincronizar sus dedos golpeando sobre una mesa mucho más rápido de lo que cualquiera de ellos puede hacerlo con un metrónomo. Parece contraintuitivo —el metrónomo es infalible. Pero con dos humanos, cada uno influye en el ritmo del otro; encuentran un punto medio más rápidamente de que lo que un humano puede acompasarse con un metrónomo.

Interpretar música o cantar juntos nos obliga a mirar fuera de nosotros. El canto grupal sale mejor cuando los cantantes pueden predecir cómo es más probable que sus colegas cantantes se comporten, y este proceso de concentrarse en los demás nos hace inmediatamente más empáticos y solidarios con el grupo del cual formamos parte.

¿Por qué todos dejamos lo que estamos haciendo, nos ponemos la mano sobre el corazón y cantamos el himno nacional antes de los eventos deportivos, por ejemplo? Porque como cultura hemos decidido utilizar el canto como un mecanismo para la conectividad, uniendo a la multitud en un rápido ritual compartido para recordar lo que nos une antes de entrar en esa batalla ficticia. Como testimonio adicional del poder de la música para generar cambios, un estudio de los participantes del torneo de fútbol Eurocopa 2016 de la UEFA descubrió que los equipos que cantaban su himno nacional con más pasión recibían menos goles y tenían más probabilidades de ganar sus partidos en la fase eliminatoria.

¡Música para la victoria!

STEP TO
THE BEAT

Si te resulta fácil seguir con el pie el ritmo de una buena canción, no eres el único; el comportamiento musical está estrechamente conectado con el comportamiento motor. De hecho, una teoría conocida como **experiencia compartida de movimiento afectivo** propone que las señales musicales auditivas son entendidas por nuestra mente ávida de patrones no como abstracciones aleatorias, sino como "una serie de actos motores intencionales y expresivos que reclutan redes neuronales similares tanto en el agente como en el oyente".

Según esta teoría, es la sincronización de esas redes neuronales con las de otras personas (digamos, en un concierto) lo que produce la vinculación social: esa sensación de que tú y los demás miembros del público son amigos y pueden confiar unos en otros, y de que tú y la banda también son uno mismo, creando juntos esta compleja experiencia. Es una ilusión poderosa.

Cada vez hay más evidencia de que la música pudo haber evolucionado no sólo como una herramienta general de

Cuatro de cada cinco papás dicen que escuchar música con sus hijos pequeños los hizo más felices. Para el otro, el elefante se columpió demasiadas veces sobre la tela de una araña.

¿Por qué la música es tan importante para los adolescentes?

Cuando te diriges a la horrible placa de Petri que es el instituto, en la frontera entre la infancia y la adultez y tratando de descubrir quién eres y quién quieres ser, la música te permite explorar sin dolor temas de adultos, y las preferencias musicales ofrecen un atajo de bajo riesgo para la identidad. "Los catorce son una especie de edad mágica para el desarrollo del gusto musical", dijo Daniel Levitin a The New York Times. "Apenas estamos alcanzando un punto en nuestro desarrollo cognitivo cuando estamos adoptando nuestros propios gustos. Y el gusto musical se vuelve un distintivo de identidad".

Oh, What a Lonely Boy

¿Y qué pasa con el otro lado de la conexión: la soledad? La soledad es un desastre para la salud personal cuyo precio en el físico ha sido estimado como el equivalente a fumar quince cigarrillos al día. En 1972, el aventurero y científico francés Michel Siffre exploró este concepto encerrándose en una cueva

de Texas por seis meses. Al cabo de un par de meses, según explicó después, difícilmente podía hilar pensamientos y había perdido la capacidad de registrar el paso del tiempo; cuando llegó a los cinco meses estaba tan desesperado por tener compañía que trató, infructuosamente, de hacerse amigo de un ratón.

El aislamiento puede literalmente hacerte más pequeño, encogiendo tu corteza prefrontal (que te ayuda a pensar), tus amígdalas (que te ayudan a sentir) y tu hipocampo (volviendo más difícil regular el cortisol, la hormona del estrés).

La gente encarcelada en confinamiento solitario por largo tiempo rutinariamente presenta confusión, cambios en la personalidad y episodios de ansiedad y depresión. Y los efectos se acumulan: la investigación ha mostrado que los bebés que no reciben "consuelo de contacto" (p. ej. caricias amorosas) en sus primeros seis meses de vida son más propensos a crecer con problemas sociales y conductuales. La gente solitaria sufre de índices más altos de infecciones, deterioro cognitivo, procesos inflamatorios y enfermedades cardiovasculares, y tienen 50 % más probabilidades de morir prematuramente.

comunicación, sino más específicamente para facilitar la convivencia grupal a largo plazo, y no hay poca evidencia de que sirve para el mismo propósito hoy en día. Se ha demostrado, por ejemplo, que realizar actividades musicales en grupo con niños los vuelve más cooperativos de forma general. Para los más grandes, asistir a un solo concierto aumenta tu sentimiento de conexión en 25 %, además de mejorar tu autoestima y estimulación mental y de proporcionar otros beneficios positivos. Asistir a un espectáculo cada dos semanas, como propuso el autor de un estudio, podría alargar diez años tu vida.

El baile lleva esto un paso más allá. "El movimiento sincronizado es un poderoso agente de vinculación social", dice Laurel Trainor. "Estudios en adultos muestran que cuando la gente se mueve en mutua sincronía (bailando o con otros movimientos), al terminar se agradan más, confían más unos

en otros y, si se les pone a practicar un juego en el que pueden escoger entre cooperar o competir, es más probable que escojan cooperar". Se ha demostrado que coordinar el movimiento a través de la música incrementa nuestro sentido de comunidad y nuestro comportamiento prosocial.

WE ARE FAMILY

En mi propia familia extendida, la música es el pegamento que mantiene unidas a múltiples generaciones. Nuestros eventos familiares tienen una banda sonora, una ecléctica mezcla de los grandes éxitos de la música de los últimos cincuenta años: algunos clásicos del soul de los sesenta para los abuelos, una saludable ración de

CUATRO PREGUNTAS PARA

LAURIE ANDERSON

Laurie Anderson es una famosa artista de performance de vanguardia cuyo genio abarca los mundos del arte y la música. Esta pionera de la música electrónica inventa nuevos instrumentos musicales y desde hace mucho tiempo es conocida por traspasar las fronteras artísticas.

¿Crees que la música puede tocarte emocionalmente más que otras formas de expresión artísticas?

Nunca he sido alguien interesada en hacer comparaciones; ¿es mejor con tus ojos o con tus oídos?, o si tuvieras que escoger entre perder la vista o la audición, ¿cuál sería? Yo no pongo las cosas en jerarquía, jamás. Creo que otros sentidos que no tienen una forma de arte conectada a ellos —el tacto, por ejemplo— pueden ser más poderosos que la música, dependiendo de la música. Yo no diría que la música es una categoría gigante. Tengo que decir que me encanta toda la música con una excepción, que son los musicales. No necesariamente veo el valor de poner diferentes formas artísticas en un tipo de jerarquía. Como ¿qué es mejor? ¿Y qué es lo mejor de lo mejor? Sé que somos una cultura a la que le gusta encontrar "los diez mejores" de todo. No me interesa eso particularmente.

Otro sentido que no tiene una forma de arte conectada es el olfato, que también puede ser increíblemente emocional.

Las personas tienen diferentes puntos de referencia respecto de la nota do, y si la escuchan en una ópera podría no tocarlos de la misma forma que si la escuchan en una canción pop. Entonces, es muy complicado.

¿Cómo me toca la música en este momento? Estoy trabajando en una pieza orquestal. Y estoy intentando trabajar con la resonancia de ciertas palabras contra ciertas notas. Es una bitácora del vuelo de Amelia Earhart alrededor del mundo. Trato de encontrar lo que me toca de una cierta palabra, como "circunferencia", y cómo puedes poner eso en un mundo musical sin que suene ridículo; cómo hacer que suene musical, cómo hacer que siga resonando y que no simplemente esté allí como una cosa muerta con una definición, sino que viva en una pieza de música. Entonces, depende de qué tipo de música estás hablando.

Cuando la música te toca, me parece que la mitad corresponde a tu propia voluntad de ser tocado. Y tu propio punto de resonancia, donde te gustaría estar. Puedes ponerle a alguien una canción realmente triste y tal vez diga: "Oye, eso es muy animado". Según su ánimo, una persona puede sentir "Eso es algo muy alegre", y otra estará en el suelo, sollozando. Como oyentes, somos colaboradores.

Justo ahora sólo escucho a Philip Glass. ¿Por qué? Porque voy a ser *deejay* en una fiesta de patinaje sobre hielo, y es su fiesta de cumpleaños número 85. Y puedo decirte que absolutamente cualquier cosa que Philip Glass ha escrito puede ser patinada [risas]. Cualquier cosa. Hace piruetas, gira, se desliza.

Entonces, ¿cómo se relaciona la gente con esa música? Los estoy llevando hacia esta forma de expresarse con esa música, en términos de la secuencia que estoy creando, y algo de eso consiste en que sólo tienes que ser como un jugador de hockey y hacer el *swing* de péndulo. Otras veces tienes que hacer un giro. La música entra en tu cuerpo de una manera distinta que otras formas de arte. Por ejemplo, muy raramente veo gente bailando frente a su pintura favorita.

No creo que haya nada que no sea una historia. Tu rostro en este preciso momento es una historia para mí, tus expresiones lo son, el que ustedes dos estén vistiendo algo rosa, eso es una historia. Yo tengo requisitos distintos para lo que es una historia.

Siento que soy más como una pintora de paisajes, que veo esto y aquello. Cuando me piden que haga un tipo de secuencia narrativa o de causa y efecto, tiendo a volver a las impresiones sensoriales más que a la acción. Soy una creyente del karma; creo que las acciones tienen reacciones. En este momento mi colaborador es una supercomputadora de IA, y estamos escribiendo muchas cosas juntos.

R&B de los setenta y melodías clásicas que mi esposa y yo les enseñamos a nuestros hijos, canciones de rock y baladas revividas por el *Guitar Hero*, un puñado de cantantes modernos como Adele y Diana Krall, y más. Esa estimulación constante de la memoria hace surgir las historias, sumergiendo a todos en la nostalgia. Es la música de fondo de nuestra vida familiar.

No escuchamos ninguna queja de los niños: nuestras canciones ya son también suyas, aunque sus canciones no son nuestras. Y ahora sé que esa repetición, Día de Acción de Gracias tras Día de Acción de Gracias, cumpleaños tras cumpleaños, graduación tras graduación, fortalece estas rutas de la memoria hasta el punto en que esas canciones clásicas ahora significan familia de la misma manera en que "Jingle Bells" significa Navidad. De verdad espero que nuestros hijos asocien esas canciones con mi esposa y conmigo durante mucho tiempo después de que nos hayamos ido; y ésa es toda la inmortalidad que necesito.

La sorprendente capacidad de la música para fomentar los vínculos sociales como los de nuestra familia puede muy bien explicar por qué esta forma de arte ha sido tan omnipresente a lo largo de la historia. El psicólogo Bronwyn Tarr llega tan lejos como a sugerir que la capacidad de la música para unir extraños "puede haber desempeñado un papel importante en la evolución de la socialización humana".

En otras palabras, no somos musicales porque somos sociales, sino que somos sociales porque somos musicales. La música floreció hace miles de años porque nos enseñó a trabajar juntos, porque nos proporcionó un refuerzo químico para la empatía y el compañerismo. Fortaleció las conexiones sociales entre extraños justo cuando nuestra supervivencia dependía de crear redes sociales más amplias. Y desde entonces ha sido una parte central de nuestra cultura compartida.

Please don't stop the please don't stop the music. ■

PARA LLEVAR

"La música es una parte fundamental de nuestra evolución; probablemente ya cantábamos antes de hablar con oraciones guiadas sintácticamente", escribe un profesor de Georgetown, el Dr. Jay Schulkin, en un artículo para Frontiers in Neuroscience. Nacimos para conectarnos con otros, y nuestras conexiones sociales nos proporcionan una variedad de beneficios, entre ellos: reducen la ansiedad y la depresión, nos ayudan a regular nuestras emociones, elevan nuestra autoestima y fomentan la empatía, y hasta mejoran nuestro sistema inmunitario. Ya sea escuchando música compartida en un concierto, cantando juntos en un coro o un bar, o tocando en un grupo, el poder natural de la música para conectar a la gente y facilitar la comunicación ofrece un sinfín de oportunidades para unificar grupos.

PARA UNIR TU TRIBU Escuchen juntos música en vivo. La experiencia rítmica compartida construye empatía y sienta unas bases fuertes para la confianza y la cooperación a largo plazo.

PARA VOLVERTE UNA PERSONA MAS EMPÁTICA Considera el canto coral, que sincroniza tus actividades con los cerebros de los demás y te lleva a concentrarte en sus acciones y emociones, además de que proporciona recompensas químicas y beneficios para la salud.

PARA GENERAR CERCANÍA CON EXTRAÑOS Encuentra una forma de hacer música juntos. La dinámica de integración de la empresa tendrá mejores posibilidades de éxito si involucra música: ejecutar un dueto de karaoke o escribir juntos una canción activa la cooperación rítmica y literalmente pone en sincronía a los participantes.

REVERBERATION

ESCÁPATE

SOME PEOPLE THE PHYSICAL DEFINE

AND I'VE BEEN THERE BEFORE

ALICIA KEYS
"If I Ain't Got You"

THINK THAT THINGS WHAT'S WITHIN

¿CONOCES UNA CANCIÓN HORRIBLEMENTE CURSI DE 1976 llamada "Afternoon Delight" de la Starland Vocal Band? Cuando salió esa canción, yo tenía 10 años y estaba de vacaciones con mi familia extendida en Topock, Arizona, un diminuto pueblo en la frontera con California. Eran los años setenta y la paternidad responsable aún estaba en su infancia: a mis primos y a mí nos dejaban solos prácticamente todo el día mientras los adultos bebían tequila *sunrise* o hacían intercambio de parejas o cualquier otra cosa que hicieran los adultos. Y nuestra pequeña y no supervisada pandilla de primos hacía todo tipo de cosas peligrosas, como aplastar insectos con nuestros pies descalzos y saltar al río Colorado desde un columpio hecho de cuerda. En particular, pasábamos mucho tiempo en el único edificio público de la ciudad: una combinación de restaurante, oficina de correos, bar y salón de billar.

No tengo idea de por qué le agarramos un gusto especial a esa canción, ciertamente no teníamos ni idea de lo que hablaba *en realidad*. Pero nos quedábamos allí durante horas y horas, metiendo bolas a las buchacas y escuchando esa única canción una y otra y otra vez en la rocola, como los dichosos jóvenes idiotas que éramos. La repetición la grabó a fuego en mi cerebro, y durante toda mi vida, década tras década, esa canción nunca ha fallado en llevarme de vuelta allí. Si tienes 30, quizá conozcas esta canción del memorable fragmento de armonización en cuatro partes en la oficina de Ron Burgundy en *Anchorman*; si tienes 40, quizá recuerdes la cursi e inapropiada canción que cantan tío y sobrina en *Arrested Development*. Para mí, siempre que escucho esa canción, tengo 10 años y estoy jugando al billar en un bar con mis primos, audaz, imprudente y sin preocupaciones.

"¿Sabes que dicen que puedes oler algo y te lleva de vuelta a ese momento?", dice Mover. "A mí me pasa lo mismo: puedo escuchar cosas particulares y eso me lleva de regreso a mi infancia. No sé si pueda decirte por qué escucho música todo el tiempo, pero sí puedo decirte que es un lugar increíblemente cómodo para estar, tener siempre música sonando, sin importar qué tipo de música sea".

Quizá no tengas muchos recuerdos claros de tu infancia; yo ciertamente no. Pero te apuesto que recuerdas las canciones, desde los más grandes *hits* del Top 40 hasta los *jingles* más tontos de los anuncios. Calcificados por las interminables repeticiones, las melodías, las letras, incluso los trinos del piano y las particularidades de la voz probablemente son tan vívidos hoy como cuando los experimentaste por primera vez. Por

"Well, I took a walk around the world to ease my troubled mind

I left my body lying somewhere in the sands of time

But I watched the world float to the dark side of the moon".

3 DOORS DOWN "Kryptonite"

supuesto, las canciones que *a ti* te llevan de regreso, y cómo te hacen sentir, son únicamente tuyas. Pero la extraordinaria capacidad de la música de revivir nuestro pasado nos pertenece a todos.

Y el pasado sólo es una ruta de escape disponible; la música puede llevarte a cualquier parte. La experiencia inmersiva de la música inunda tu cerebro y ahoga todos los estímulos que compiten, incluyendo tu sentido del paso del tiempo, las reglas no escritas del decoro, los grilletes de la responsabilidad. Cuando estás inmerso en tu música, estás en un tanque de aislamiento de bajos palpitantes, emotivas guitarras y hermosas, inteligentes y evocadoras letras. Donde sea que te encuentres, la música que te gusta puede transportarte a otro lugar. Y es tan fácil como subir el volumen.

En este capítulo exploraremos por qué la música que nos es familiar nos devuelve en el tiempo, cómo ayuda a las personas a escapar (solas o en tándem con sustancias psicoactivas) y cómo puede ayudarte incluso a olvidar, lo que puede resultar especialmente importante para ciertas personas vulnerables que necesitan desesperadamente ese superpoder.

TAKE ME BACK

Va un ejercicio muy rápido, si me permites: sólo di el alfabeto en tu cabeza, de principio a fin. No sigas leyendo; no hagas trampa. Yo espero. Cuando estés listo, continúa leyendo.

Te invité a decirlo. Pero ¿lo cantaste?

Como ya tu maestra de kínder lo sabía muy bien, la música tiene una capacidad casi mágica para hacer que los nuevos recuerdos se fijen; piensa en *Schoolhouse Rock*. Pero funciona a cualquier edad, o si no sólo mira cómo el improbable musical *Hamilton* barrió con la nación, haciendo que la historia estadounidense fuera extrañamente memorable a través de letras de rap. Cada vez que aprendemos algo nuevo, ya sea el abecedario o cálculo diferencial, nuevas cadenas sinápticas se forman entre grupos de neuronas en nuestro cerebro. Pero estas cadenas iniciales

UN DÍA EN LA VIDA MUSICAL DE TU CEREBRO

No tienes que poner música en cada momento del día, pero tampoco hace daño. Éstas son algunas de las muchas formas en que la música puede utilizarse estratégicamente para mejorar cada capítulo de tu día.

2 EL EJERCICIO

Una buena sesión de sudor combate el estrés, la ansiedad y la depresión, pero la música te da ese empujón extra; la ciencia dice que puede aumentar tu resistencia en 15 %. Así que pon algo animado en tus oídos y ve por ese kilómetro extra.

1 DESPERTAR

No es fácil salir de tu coma previo al café. Podrías suponer que la única forma es una alarma agresiva, pero mejor elige música y tu energía se elevará gradualmente hasta igualar a la de la canción, reduciendo el amodorramiento y aumentando el estado de alerta para el día por venir.

6 EL ALMUERZO

A todos les sirve un descanso cerebral de mediodía. Algo con un ritmo suave, como música folk alegre, puede moderar la actividad cerebral y refrescar tu mente antes de volver a la refriega.

7 RUMBO A CASA

Para llegar a casa relajado, incluso si saliste estresado del trabajo, no intentes hacerlo de golpe. Comienza con música acelerada que te acompañe como estás, entonces bájala gradualmente a algo más tranquilo. Entrarás a tu garaje listo para la noche.

8 LA CENA

Una comida nutritiva alimentará tu cuerpo, pero agregar la música adecuada al menú alimentará también los lazos familiares. La música conocida puede evocar sentimientos de nostalgia, elevando la oxitocina y acercando un poco más a la familia.

3 EL ESPECTÁCULO DE LA DUCHA

El dulce pecado de cantar en la ducha a todo volumen "Wake Me Up Before You Go-Go" puede acarrearte una visita de la Policía del Ruido, pero la ducha es un lugar óptimo para la creatividad. Estar solo con tus pensamientos —y las ondas cerebrales alfa que inducen las melodías activas— puede generar momentos "¡eureka!" muy productivos.

4 RUMBO AL TRABAJO

El estrés puede hacer que aferres con fuerza el volante, pero esto puede contrarrestarse con una buena dosis de la vieja dopamina. Escuchar música que disfrutas puede incrementar los niveles de dopamina hasta en 9 %, ayudándote a dejar la ira del conductor en el espejo retrovisor.

5 EN EL TRABAJO

Las playlists correctas pueden ayudarte a mantener un desempeño de nivel máximo, ya sea que estés concentrado en una tarea, calmándote los nervios antes de una presentación o extrayendo la creatividad de tu equipo.

10 SUEÑO, GLORIOSO SUEÑO

Las canciones de cuna no son sólo para bebés: incluso los adultos pueden beneficiarse de escuchar sonidos reconfortantes antes de ir a la cama. La música ayuda a regular el cortisol y a favorecer un sueño dichoso. Acompaña los últimos 45 minutos de tu día con melodías relajantes para terminarlo de la mejor manera.

9 EL JUEGO SEXY

Una lista de reproducción de canciones que te hagan sentir bien contigo mismo puede llevarte directo del romance a la atracción principal. Las canciones de amor conocidas pueden atizar el ánimo, luego un rítmico R&B llevará ese ánimo a su conclusión lógica.

¿Por qué soñamos despiertos?

Nuestro cerebro alberga algo llamado red neuronal por defecto, un práctico sistema que ayuda a reflexionar sobre las experiencias internas y a desarrollar un sentido de sí mismo. La red neuronal por defecto enlaza tu corteza frontal de alta cognición con tu sistema límbico de reacción visceral, así como a muchas otras áreas relacionadas con la experiencia sensorial. Entre sus muchos trabajos se encuentra ayudarnos a mirar atrás y reflexionar sobre nuestra vida, a convertir nuestras experiencias en autoconsciencia y un sentido de identidad. La función de soñar despiertos tiene un propósito; un análisis de los errores pasados podría prevenir que vuelvan a suceder en el futuro. Puedes pensar en ello como en una máquina de creatividad: la investigación muestra que la gente cuya red neuronal por defecto es más activa es más propensa a tener ideas brillantes.

son débiles, fácilmente sobrescritas por la siguiente experiencia brillante.

Entonces, ¿cómo haces que el nuevo conocimiento se fije? El método de la fuerza bruta es la repetición, como cuando practicas un discurso, o repites el nombre de una persona cuando la conoces, o utilizas tarjetas para memorizar las tablas de multiplicar.

Pero la música tiene un truco para llevarte allí más rápido. Una canción involucra múltiples partes de tu cerebro: la onda sonora entrante ilumina tu corteza auditiva, el ritmo estimula tu centro motor, la letra implica al centro del lenguaje y el contenido emocional prepara el sistema límbico, dándole al recuerdo una huella más profunda dentro de tu cabeza.

Ahora, cuando puedes combinar los dos —la amplia participación del cerebro a través de la música y el poder de profundizar los surcos que tiene la repetición— puedes fortalecer esa cadena sináptica inicial para crear un recuerdo que sea físicamente casi irrompible. Los *jingles* de la publicidad son un ejemplo perfecto: esas cancioncillas cortas y fáciles que has escuchado 10 billones de veces. Estoy razonablemente seguro de que, en la niebla final de mi lecho de muerte, lo último que recordaré y que cantaré a mis nietos reunidos es cómo los cereales Lucky Charms glaseados son mágicamente deliciosos. "Trataba de convertir las tablas de multiplicar en canciones, porque son realmente difíciles de recordar y no deberían serlo", dice Peter Gabriel. "Yo pienso que es otra forma de pegamento que podría ayudar a la información a fijarse en la memoria, poniéndola en la música. Aún no creo que eso se haya hecho correctamente".

La capacidad de una canción de transportarnos a otro lugar o tiempo no se limita a la experiencia de escuchar la canción. Aquí es donde entra la **memoria asociativa**: tu capacidad para unir ideas relacionadas y almacenarlas juntas. Las emociones asociadas, por ejemplo, pueden indicarle al cerebro que vale la pena conservar un recuerdo aparentemente sin importancia, y cuando más tarde traigas ese recuerdo a la memoria es probable que las emociones también se repitan, porque ahora son parte de la experiencia. La canción favorita de tu padre puede ser sólo un interés pasajero para ti. Pero después de que él fallezca, esa canción podría hacerte llorar cada vez que la escuches, porque para ti esa emoción ahora está asociada al recuerdo: ha cambiado la canción para ti. Dice Citizen Cope: "La gente tiene una conexión emocional no sólo con la música, sino con aquella época de su vida. Me parece que nos estamos conectando más con las experiencias que tuvimos —en esos tiempos, con esas personas— que con las canciones mismas".

Los mecanismos neurológicos detrás de la memoria asociativa son complicados, pero sabemos que la capacidad de un cerebro joven para construir recuerdos complejos y episódicos combinando un quién, un qué y un dónde sufre una aceleración en su desarrollo entre los 8 y los 10 años de edad, que para mí coincidió con aquel momento de "Afternoon Delight". "La nostalgia es la emoción por antonomasia de la memoria", dice el Dr. Petr Janata, neurocientífico cognitivista y profesor de psicología en la Universidad de California en Davis. "A lo largo de nuestra vida pasamos a menudo por periodos concentrados en que escuchamos ciertas canciones, artistas, géneros, etc., con frecuencia en contextos sociales, y así la música termina siendo parte del tejido de experiencias que caracteriza esos periodos de la vida".

La música familiar es un consuelo en tiempos difíciles. Los servicios de *streaming* registraron un enorme incremento en las *playlists* con temas nostálgicos, creadas en la primera semana de abril de 2020.

CUATRO PREGUNTAS PARA

NICK MASON

Nick es un maestro de la batería y el latido constante del legendario Pink Floyd. Ha sido una fuerza impulsora desde la creación de la banda y es ampliamente reconocido como uno de los más importantes bateristas de su generación.

¿Utilizas la música para hacer mejor las cosas?

La utilizo con más moderación de lo que creo que lo hacen otras personas. Si hay algo que me enfurece es la gente que pone música cuando está comiendo, lo cual suena un poco cascarrabias, en realidad. Pero me parece que devalúa la música a eso de lo que siempre solíamos quejarnos: la música en los restaurantes y las tiendas y demás.

Supongo que de lo que realmente se trata es que la música me gusta cuando la estás escuchando como se debe, porque es demasiado fácil que de hecho interfiera con el discurso. Si estás charlando con alguien y tienes música sonando de fondo, a veces es verdaderamente irritante porque estás pensando: ¿qué es?

Para lo que la música es realmente buena es para la monotonía de conducir. Oír música cuando conduces es benéfico, y de verdad puede acortar increíblemente los trayectos. Si se trata de un coche apasionante, poner música representa una distracción. Y es probable que el ruido del motor o de los neumáticos interfiera con ella.

He estado en embotellamientos y he visto por el espejo a algunas personas, siempre era algún tipo en realidad, golpeando el volante con baquetas de batería, pero realmente podía verlas y pensaba: voy a dar la vuelta.

¿Tus gustos musicales han cambiado con el paso de los años?

Absolutamente no, sigo escuchando exactamente las mismas cosas que escuchaba hace unos 50 años. Creo que es inevitable que te quedes clavado con la música que realmente te influyó cuando eras joven. Sabes, personas como John Peele fueron extraordinarias, él se movía con la música y el tiempo. Yo sigo clavado con Jimi Hendrix y Eric y Joni Mitchell y toda esa gente que conocí en un periodo. Me gusta mucho el jazz, particularmente me encanta Miles Davis. Mis selecciones para una isla desierta siempre incluirían a Jack Johnson, los momentos de la escuela del *groove* de Miles Davis, eso me encanta. Lo que no hago es escuchar mucha música nueva o muy muy reciente. A menos que haya alguien que te diga: "Realmente deberías escuchar esto", y entonces tú, "Bueno, pongamos a Toto" o lo que sea.

Dark Side of the Moon y su inusual sonido e instrumentación desencadenaron una aventura emocional inusual. ¿Ése era el plan?

No, creo que no fue premeditado. El concepto inicial era que el tema de *Dark Side* se tratara de diferentes áreas que sentíamos que nos molestaban, ya fuera la mortalidad o los viajes, o lo que fuera. Y me parece que la manera para efectivamente ensamblar la cosa llegó tarde, y ciertamente cosas como las voces. Quiero decir, en realidad la instrumentación en *Dark Side* no es particularmente interesante. Hay algunos efectos sonoros, pero posiblemente son más interesantes las voces y lo que dicen. Pero no creo que originalmente hayamos planeado el concepto de ponerlo todo junto. Creo que probablemente trabajamos formas de unir algunas de las canciones, y entonces pareció obvio que en realidad lo que deberíamos hacer era un solo paisaje sonoro.

Yo no conduzco con *Dark Side*. No parece correcto. ¿Tú sí?

Sí, quiero decir que de muchas maneras es una especie de experiencia para auriculares. Pero de cualquier forma, el problema es que es muy difícil hablar de tu propia música, porque si yo escucho *Dark Side* no pienso: "Dios, qué brillante soy". Pienso: "De verdad tendríamos que haber puesto 'On the Run' en algún otro lado, tendría que haber venido después porque funcionaría mejor en vivo. De hecho, si esa pequeña secuencia se moviera un poco más lejos, más profundo en el disco"… es muy difícil escuchar tu propia música sin pensar críticamente.

La pegajosidad de la música en tu cerebro ayuda a convertirla en un poderoso generador de significado. Tenemos una canción específica para cuando un presidente entra a la habitación, cuando los graduados se forman para recibir sus diplomas y cuando la novia camina por el pasillo, para asignar a estos individuos mortales el lugar que les corresponde en una ceremonia atemporal con un legado multigeneracional. Las canciones de tu pasado tienen esa misma cualidad eterna. No son reliquias congeladas —están vivas—; hunden sus garras en todo tu cerebro y te llevan a vivir la experiencia completa una vez más. "Los himnos y las rimas de la guardería tienen una especie de significado emocional profundo porque provienen de la infancia, y todo mundo recuerda su infancia", dice el cantante y compositor de rocanrol Adam Masterson. "Una de las mejores cosas de cuando me convertí en papá fue cuando volví a escuchar otra vez esas canciones de mi infancia —por más cursi que pueda parecer—, tenían este eco de algo precioso, especial, importante".

Tú no tocas tu *música*: tu *música* te toca a ti. Y mientras estás en medio de eso, simplemente no te encuentras aquí y ahora: estás en otro lado.

TAKE ME AWAY

¿Cómo pasa esto? La experiencia de escuchar una canción que conoces y amas inunda tanto tu cerebro que atenúa otros estímulos. Al ser criaturas muy dependientes de la información sensorial, esto tiene el efecto de sacarnos temporalmente del flujo de nuestra vida. La frase para eso es perfecta: dejas "fuera de sintonía" al mundo a tu alrededor. No importa si estás solo en la carretera cantando a todo pulmón un clásico como "Bohemian Rhapsody" o rodeado de extraños en un concierto, en trance y agitando dichosos las luces de sus teléfonos al unísono. Olvidas tus cuentas por pagar y tus asuntos pendientes, la hora que es y en qué ciudad te encuentras, los amores de tu vida y los desafíos de tu día.

I WANT A NEW DRUG

La música y las drogas han sido amigos íntimos desde hace largo, largo tiempo. Los American Addiction Centers hicieron un sondeo entre mil asistentes a conciertos y destacaron que un 57 % de los encuestados admitió haber consumido drogas o alcohol en los recintos. El alcohol fue el intoxicante más común de la tabla, y las audiencias de EDM/rave fueron las más intoxicadas, con

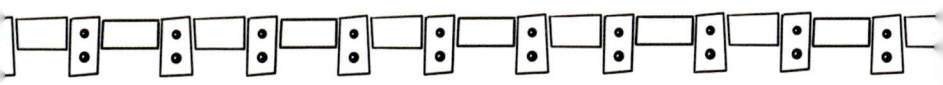

Estás feliz de simplemente *estar*, en este momento, perdido en esta canción.

Escaparse puede ser difícil en un mundo de distracciones. Algunos tratamos de aclararnos la cabeza con meditación o ejercicio, o tomándonos un largo fin de semana de vez en cuando, aunque hasta el hecho de planear cómo disfrutar del tiempo libre puede ser en sí mismo estresante. Pero nada, nada como la música para escaparnos de la habitación. "Cuando una escena musical nos atrae con su tejido rítmico creado por la interacción de los instrumentos, proporciona un rico patio de juegos para los sistemas de atención y expectativas de nuestro cerebro", dice Janata. En otras palabras, ocupa toda tu cabeza: la distracción perfecta.

dos tercios que manifestaron estar ebrias o drogadas, con alguna combinación de alcohol, marihuana, éxtasis, alucinógenos y cocaína, en el evento en cuestión. Su explicación número uno (77 % de los que consumieron) fue: para "incrementar el placer".

Sí, soy consciente de que no hay un solo dato sorpresivo en el párrafo anterior. Pero considera esto: un concierto es sólo un tipo de experiencia estética que la gente disfruta; existen muchos más. Y sin embargo, la gente por lo general no se emborracha antes de ir al cine, ni toma alucinógenos para ver una exposición de arte, ni se droga para incrementar el placer de un buen libro. ¿Cuál es la diferencia con la experiencia del concierto? ¿Las drogas y el alcohol tienen una relación especial con la música?

WHISKEY RIVER

¿El alcohol mejora la música? Sí, sin duda. Primero, el alcohol desdibuja tu percepción y afecta tu juicio, por lo que tiendes a ser menos crítico. Segundo, el alcohol reduce tus inhibiciones, y esto te permite hacer conexiones emocionales que ordinariamente no harías, lo que hace que las canciones se sientan más profundas, o más personales. Tercero, el alcohol libera químicos que vuelven más lento tu pensamiento, incrementan tu placer y te relajan, poniéndote en un modo receptivo en el que puedes prestar más atención a la canción.

DATO CURIOSO

Cuatro de cada 10 éxitos de Hot Country de la revista *Billboard* de los últimos cinco años aluden a la bebida... mucho más que cualquier otro género musical.

Sea que estés bebiendo específicamente para mejorar tu experiencia musical o no, la música te hace beber más. Sí, la música y el alcohol están absolutamente confabulados: algunos estudios han demostrado que la música en un bar tiene un efecto directo sobre la cantidad y la velocidad a la que bebes, donde una música acelerada y a volumen muy alto te lleva a incrementar el consumo. Una teoría es que la música animada y a volumen fuerte en general eleva la excitación del cerebro, incitando el deseo de alcohol y la actividad de beber. Otra teoría: la música fuerte dificulta la conversación, provocando que los asistentes a un bar hablen menos y beban más. (Éste puede ser un círculo vicioso: el uso de alcohol bloquea parcialmente los receptores auditivos en el mismo rango que el habla humana, lo cual es una razón de que una habitación llena de borrachos se vaya volviendo más y más ruidosa).

Pero hay una tercera teoría de por qué la música te hace beber más: la presencia de la música en realidad altera tu percepción del olor y el gusto. En un estudio, un profesor sirvió a sus estudiantes una bebida mezclada con vodka y les hizo escuchar música, las noticias o estar en completo silencio. Las bebidas fueron percibidas como más dulces cuando los estudiantes escucharon música. Y la música también hizo más difícil detectar cuánto alcohol había en cada mezcla, un efecto que lleva a la gente a beber más de lo habitual.

EVERYBODY MUST GET STONED

Asimismo, la marihuana es ampliamente conocida por mejorar la experiencia musical, pues otorga a los oyentes un sentimiento casi místico de estar "en la música". Como el alcohol, la marihuana libera dopamina, aumentando tu placer, y tanto la música como la marihuana estimulan los centros emocionales de tu cerebro, lo que potencialmente añade una capa extra de significado a las letras.

Pero quizá lo más importante es que la marihuana difumina tu percepción del transcurso normal del tiempo. En su libro *Tu cerebro y la música*, Daniel Levitin explica que el ingrediente activo de la marihuana, el THC, no sólo activa los centros del placer, sino que también altera la **memoria a corto plazo**, y esta combinación explica por qué las canciones adquieren una nueva profundidad cuando las escuchas drogado. "La interrupción de la memoria a corto plazo empuja al oyente al momento de la música conforme se va desarrollando", escribe Levitin. "Incapaz de tener presente en forma clara lo que acaba de ser tocado, o de pensar en lo que podría venir a continuación, la gente colocada con hierba suele escuchar la música de nota en nota".

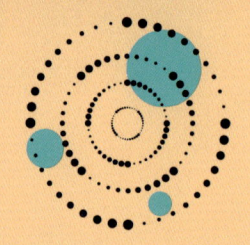

¿Por qué hay tantas canciones sobre beber?

Porque los compositores de canciones saben que te encantarán. Y la razón por la que te encantarán consiste en que hay una peculiar relación de sinergia entre la música y el alcohol, donde cada uno induce el consumo del otro. La música alta y con ritmo rápido te hace beber más, por ejemplo, y también con mayor velocidad. Lo que resulta interesante, sin embargo, es que las canciones con ritmo rápido y en volumen alto que hablan de beber pueden multiplicar el efecto (piensa en "Shots" de LMFAO, o en "One Bourbon, One Scotch, One Beer" de George Thorogood y los Destroyers vibrando en tu pecho en un club o en un pub). En un estudio publicado en el American Journal on Addictions, los investigadores pidieron a los participantes escuchar canciones de estilos similares, algunas con letras sobre el alcohol y otras no. "Los clientes que fueron expuestos a música con referencias textuales al alcohol gastaron significativamente más en bebidas alcohólicas en comparación con los clientes del grupo de control", concluye sobriamente el estudio.

Así que, si estás tratando de dejar de beber, tal vez debieras evitar las melodías que te recuerden el licor. ¿Y el género que menciona más el alcohol? Pues sí, es el country. Has acertado de pura casualidad.

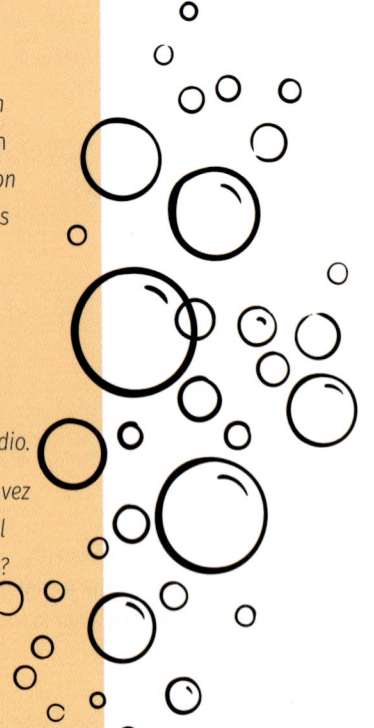

"Me sentí como si hubiera ido al cielo porque fue muy intenso. La música me llevó a un lugar que nunca jamás había experimentado".

SHEILA E. *sobre un espectáculo musical que le causó un despertar religioso*

LUCY IN THE SKY WITH DIAMONDS

Las drogas psicodélicas, donde la experiencia es tan claramente una travesía lejos de la realidad que literalmente la llamamos un "viaje", también pueden elevar el escapismo de la música. Durante un estudio en 2015, los investigadores pidieron a los participantes escuchar música mientras tenían un viaje de LSD, y aquellos que tomaron la droga aseguraron que los psicodélicos realzaron las emociones evocadas por la música. Y la música mejora a su vez el viaje de ácido: escuchar música durante el viaje aumenta la cantidad de información que se mueve entre el parahipocampo y la corteza visual, causando, según parece, alucinaciones más intensas.

Si notas que tus manos se derriten, que no reconoces tu rostro en el espejo o cualquier otro signo de que tu viaje de ácido está comenzando a ser un mal viaje, necesitas romper el ciclo de estar cada vez más y más viajado; y dado de que no hay manera de detener la experiencia de LSD una vez que ha comenzado, deberías apagar la música,

o alejarte del escenario y dirigirte hacia la carpa de atención médica.

Hoy, los beneficios médicos de los psicodélicos se están volviendo más evidentes, y los investigadores están explorando la promesa de dosis cuidadosamente controladas de música y drogas para aumentar el bienestar de la gente en un amplio espectro de desafíos, desde curar la depresión hasta acabar con las adicciones, como explica Joy Allen. "El gobierno estaba estudiando el LSD en los años sesenta en Maryland, y la musicoterapeuta Helen Bonny fue contratada para desarrollar programas musicales que coincidieran con las etapas de los efectos del LSD de principio a fin", recuerda. "Ahora sabemos que esos mismos programas y esa misma música pueden usarse para tener los mismos efectos de estados alterados sin el LSD, y pueden utilizarse terapéuticamente para ayudar a los individuos a procesar traumas y superar adicciones".

El alcohol, la marihuana y el LSD son ejemplos representativos, pero la música tiene una relación simbiótica similar con otras drogas recreativas, y múltiples estudios están en el proceso de evaluar otras drogas

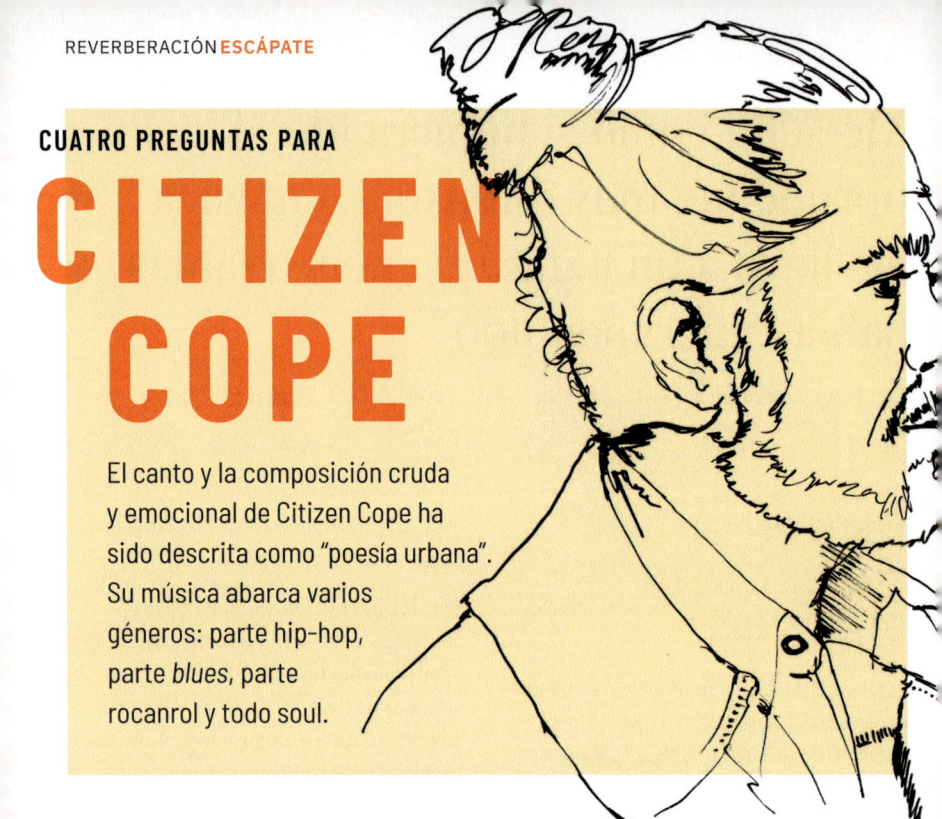

CUATRO PREGUNTAS PARA

CITIZEN COPE

El canto y la composición cruda y emocional de Citizen Cope ha sido descrita como "poesía urbana". Su música abarca varios géneros: parte hip-hop, parte *blues*, parte rocanrol y todo soul.

¿Hay alguna cosa en particular que hagas que se sienta distinta a menos que la acompañes con música?

Solía dormir con música cuando era más joven. Creo que una vez que comencé a hacer discos, escuchar en ese tipo de nivel se volvió diferente. Recientemente pasé por un periodo en el que no escuchaba tanta música, y ahora he vuelto nuevamente a escuchar más. Es realmente asombroso lo profundo y poderoso que es, y lo mucho que puedes aprender de ello.

Pero, honestamente, me parece que cuando empiezas a hacer discos, como productor, el disfrute puede obstruirse al intentar separar una canción o analizarla más como productor que como oyente. Entonces creo que hay una línea delgada de cuando empiezas a hacer discos a cuando empiezas a escuchar discos. Esa inocencia que implica, ese ideal como oyente, es algo que estoy trabajando en este momento.

Cuando escribes una canción, ¿el proceso es más intelectual o emocional?

Pienso que definitivamente es más espiritual para mí. Es como si fuera una especie de reacción. Es como inhalar y exhalar, ya sabes, como algo instintivo. Eso me guio personalmente como compositor. Nunca pensé que sería así. Supongo que fue simplemente... fue algo que respondió algunas preguntas que yo quería que fueran respondidas de forma personal, espiritual. Supongo que ése fue el vehículo que me llevó allí.

A veces me sentía un poco triste o algo así. Algunas de las canciones explicaban de algún modo escenarios en mi vida, tal vez cosas que pasaban que eran malas. Ellas les dieron una razón. Las canciones fueron capaces de sacarme de una depresión, creo, muy al principio, de tiempos difíciles. Sufrí algunas pérdidas en mi familia, entonces simplemente me puse a tocar con esta guitarra y a pesar de saber que yo tenía un buen sentido para escribir, no era particularmente dotado para la música. Pero las canciones salieron.

Me encanta escuchar música y yo sólo comencé a seguir esa musa. Y creo que la música te lleva a estos hermosos lugares.

¿Puedes describir el momento en que te subes al escenario y hay una gran energía en la habitación y los fans corean tu nombre?

No lo sé. No soy el mejor para preguntarles eso, porque yo me he sentido intimidado por la audiencia por mucho tiempo. Yo veo esto como un propósito más alto, sabes. Veo a la música como una manera de alcanzar algo. Fue como un escalón en mi propia iluminación espiritual y personal, y también una expresión y una posibilidad, en oposición a la fama y la fortuna individual y esas cosas. No digo que Michael Jackson y Prince lo vieran sólo desde la fama y la fortuna, pero pienso que hubo una gran oportunidad en la industria cuando esos verdaderos artistas se convirtieron en estas enormes e icónicas estrellas pop...

Simplemente nunca se trató de mi propia causa personal. Se trataba de algo más elevado. Aunque pierdes un poco de vista eso porque tienes que vender discos —lo cual es una verdadera presión mental— y terminas preguntándote: ¿a qué amo sirves?

¿Has salido al escenario estando, digamos, menos que sobrio? ¿Hay alguna diferencia entre salir al escenario y actuar cuando estás sobrio, en oposición a cuando tal vez no estás tan sobrio?

Bueno, ésa es una pregunta profunda, porque tengo problemas con la bebida. Y creo que yo sufría de un miedo escénico tan intenso que antes de la presentación solía beber un poco. Después pasé por periodos donde no bebía durante ella, sino después. Así que no sé si tengo resaca al día siguiente mientras toco en el *show*, o si por el contrario estoy ebrio, y sí, definitivamente hay una vibra muy distinta.

Creo que esto de la música, y de escribir canciones, para mí es sólo una ruta para el crecimiento personal. Al principio pensé que se trataba de la cosa espiritual. Después fue así de, okey, ¿qué puedo alcanzar personalmente con esto? Y es ahí donde se vuelve confuso. Vas de la autonomía a ser valorado, lo cual también es algo extraño. Y a ser reconocido por algo. Pero yo creo que viene de un poder más grande. No conozco el nombre de ese poder mayor o lo que sea, pero hay algo místico en la música, algo que no puedo tocar.

en busca de un potencial terapéutico inexplorado. Quizás algún día, en un futuro no muy lejano, tu doctor podría prescribirte una gota de ácido y una saludable lista de reproducción. "Tomas dos dosis de Jimi Hendrix y llámame si persisten los síntomas".

I WANNA SEE YOU BE BRAVE

En el lado más oscuro del escape de la realidad está el trauma, incluyendo el trastorno por estrés postraumático, o TEPT, que representa un desafío monumental para la profesión de la salud mental. A menudo caracterizado por recuerdos persistentes e indeseados de eventos pasados (sufridos personalmente o atestiguados), el trauma es una afección cuyo ciclo destructivo reactivable puede ser difícil de evitar o contrarrestar, volviendo la recuperación para los que la padecen algo doloroso, prolongado e impredecible. La música, en tanto que herramienta excepcionalmente poderosa para *fortalecer* los recuerdos, podría parecer un candidato poco apto para ayudar a quienes padecen traumas a mantener a raya los recuerdos indeseados. Pero la versatilidad de la música va más allá.

Los efectos a largo plazo de los traumas pueden tener sus raíces en la negligencia infantil, el abuso sexual, un terrible accidente o la violencia doméstica, sólo por nombrar unos cuantos. Puede ser aguda (provocada por un único evento), crónica o incluso indirecta (p. ej. iniciada por ver que una persona amada sufre). Y el trauma puede desencadenarse una y otra vez, incluso por estímulos inocuos.

Cuando ocurre un evento desencadenante, una cantidad de cosas suceden en el cerebro de quien padece el trauma (llamémosla Sally). La actividad se ve suprimida en el regulador de emociones e impulsos de Sally (parte de la corteza prefrontal), haciéndola menos capaz de controlar los sentimientos de miedo y llevándola hacia un estado puramente reactivo. Su centro de control de la memoria (el hipocampo) comienza a mezclar el pasado y el presente, sembrando confusión sobre si el disparador es en sí mismo un evento traumático. Y sus generadores de respuesta al miedo (las amígdalas) podrían entrar en sobremarcha, provocando que ella sienta como si estuviera viviendo de nuevo el evento traumático, en lugar de estar simplemente recordándolo. Una y otra vez.

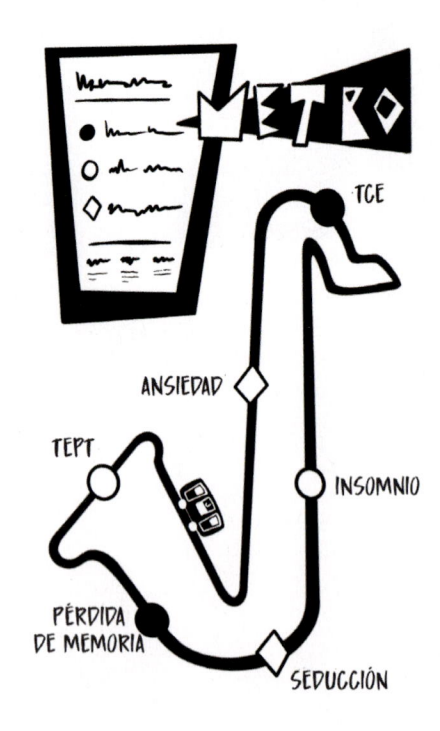

El efecto **umbral**

Los jingles más tontos de la publicidad están grabados a fuego en tu cerebro para siempre. Pero entra corriendo a la casa para buscar las llaves de tu coche y podrás encontrarte parado en un cuarto con las manos en la cintura, tratando de recordar para qué has ido ahí. ¿Por qué la diferencia? Porque estos dos recuerdos no se almacenan de la misma forma en tu cerebro. Ese jingle de hace 30 años está codificado en múltiples regiones: tu corteza motora, tu centro auditivo, tu sistema límbico, tu centro del lenguaje. La ubicación de esas llaves que están fuera de su lugar, por otro lado, es sólo un fenómeno de memoria a corto plazo, y ésa es la razón por la que te vuelves víctima del "efecto umbral". (Aquí entra la música tenebrosa..).

Conoces la sensación: tienes una tarea simple, entras a la habitación, y de pronto olvidas por qué has ido. Lo creas o no, el problema es el umbral de la puerta. Tenemos un instinto natural, sin duda perfeccionado por la evolución, para reevaluar todo cuando entramos a una habitación nueva. ¿Hay nuevas amenazas aquí, como ese gato de mirada sospechosa? ¿Nuevas oportunidades, como un tazón de M&M sobre el piano? Entrar a una habitación cambia tu entorno, y eso requiere al menos de una reevaluación inconsciente, lo cual compite por los recursos limitados de nuestra memoria operativa. Y por eso estás ahí de pie como un idiota, con las llaves todavía colgando, olvidadas en el llavero.

Con todos estos cambios estructurales en el cerebro, quizá no sea ninguna sorpresa que el trauma pueda provocar insomnio y fatiga, aumentar el riesgo de adicciones y llevar a trastornos del estado de ánimo como la ansiedad y la depresión, que son difíciles de revertir y pueden causar un terrible sufrimiento: la gente con TEPT tiene de dos a cinco veces más probabilidades de morir por suicidio.

La musicoterapia no es toda la respuesta a la complejidad del trauma. Pero puede ser una importante y valiosa herramienta en el mejoramiento de los síntomas y el aumento del bienestar del paciente. Como complemento a la terapia tradicional, cognitiva o conductual, la musicoterapia puede ayudar a los pacientes que padecen algún trauma a construir estrategias de afrontamiento que recalibren sus respuestas comportamentales y promuevan una sensación de protección y seguridad.

Pero existen peligros, y la musicoterapia tiene que ir con tiento. "Cuando la usamos con gente con TEPT, es para llevarlas a un lugar donde se sientan seguras y protegidas, y no se sientan amenazadas", dice Joy Allen. "La música puede usarse como un escape, lo cual es ideal para calmarse y desactivar. Pero al mismo tiempo debemos recordar lo que puede disparar; tenemos que ser cuidadosos". Puesto que la música tiene una capacidad tan poderosa para resucitar viejos recuerdos, un musicoterapeuta podría inadvertidamente desencadenar la respuesta negativa que está tratando de prevenir si escoge la música equivocada.

El filósofo alemán Friedrich Nietzsche dijo una vez que un recuerdo del pasado a veces "regresa como un fantasma para perturbar la paz de un momento posterior". Ésa es una muy buena definición del mecanismo detrás del TEPT. En la Primera Guerra Mundial, el padecimiento fue llamado *"shell shock"*, suponiendo (erróneamente) que era un daño al cerebro causado por la proximidad a las explosiones de proyectiles (*shells*) mortales. Para la Segunda Guerra Mundial se había convertido en la "fatiga de la batalla", y al menos habíamos comenzado a entenderla como una afección psicológica independiente. No fue sino hasta 1980 que el padecimiento fue formalmente definido como TEPT, una designación que aún sigue siendo refinada.

El principio de ISO es una técnica por la cual la música coincide con el ánimo del cliente, para luego alterarla poco a poco y provocar el estado de ánimo deseado.

El Departamento de Estados Unidos para los Asuntos de los Veteranos, que tiene un obvio interés en mejorar los resultados de los pacientes de TEPT, una vez comisionó una amplia revisión teórica de los estudios relacionados con el TEPT. La revisión descubrió que la musicoterapia mejoraba el funcionamiento social en cuatro áreas específicas: construcción de comunidad, regulación de las emociones, incremento del placer y reducción de la ansiedad. Como los autores lo expresaron, "la musicoterapia puede ser considerada como una intervención para el aumento de la resiliencia, ya que puede ayudar a los individuos expuestos al trauma a aprovechar su capacidad para recuperar elementos de normalidad en su vida posterior a una gran adversidad".

Un ejemplo rápido de la musicoterapia en acción: seis soldados que sufrían de TEPT fueron invitados a unirse a un grupo terapéutico de percusiones. Los soldados manifestaron un "mayor sentido de apertura, compañía, pertenencia, compartición, cercanía, conexión e intimidad, así como la búsqueda de un acceso no intimidante a recuerdos traumáticos, facilitándoles una salida a la ira y ganando un sentido de autocontrol".

Los recuerdos se degradan naturalmente con el paso del tiempo, y podría parecer intuitivo que el olvido sea simplemente el estado final de ese proceso natural. Pero no es así: resulta que olvidar es un acto definitivo, algo que tu cerebro decide hacer. Existen mecanismos mentales que promueven lo que ahora llamamos "olvido activo", y para condiciones como el TEPT y la adicción a las drogas, en las que la gente intenta dejar algo atrás, éstas se consideran terapias muy promisorias.

PARA LLEVAR

La música es mucho más que una agradable distracción: es toda una experiencia cerebral que te transporta temporalmente fuera del mundo real. Si alguna vez has estado sentado en tu coche, con los ojos cerrados, escuchando el final de una canción antes de salir a hacer un encargo, sabes de lo que estoy hablando. Las canciones están estrechamente conectadas con la memoria —de hecho, son justo el tipo de experiencia llena de patrones que nuestra mente ansía— y pueden persistir obstinadamente en nuestra cabeza, lo queramos o no. La canción correcta puede llevarte a otro lugar o a otro tiempo, puede ayudarte a escapar de la rutina diaria sin los efectos secundarios de las drogas o el alcohol, y hasta puede ayudar a mitigar los efectos perturbadores de recuerdos indeseados, incluidas las experiencias traumáticas.

PARA MEMORIZAR ALGO IMPORTANTE Intenta codificarlo en un *jingle* musical y cantarlo para ti. El cerebro presupone que las canciones son valiosas y las codifica en varias áreas para tener una retención posterior más fiable.

PARA AYUDAR A UN AMIGO A LIDIAR CON UN TRAUMA Sugiérele un musicoterapeuta certificado como complemento para su tratamiento convencional. El enfoque adecuado puede marcar realmente la diferencia.

PARA NEUTRALIZAR DISPARADORES INCONSCIENTES QUE HACEN QUE BEBAS MÁS Busca bares que pongan música más lenta y a un volumen no tan alto, de modo que no aumentes tu velocidad al beber para compensar estos factores ambientales. En casa, deja las canciones sobre beber fuera de tus listas de reproducción; minimiza los estímulos que tu mente inconsciente recibe sobre beber y eso puede reducir tu consumo.

CREA

I'M TRYIN'
SOUL WITH
GONNA
THE REST OF

BOB DYLAN
"Working Man's
Blues"

TO FEED MY THOUGHT

SLEEP OFF THE DAY

ERA EL OTOÑO DE 1762, y el famoso pianista Wolfgang Amadeus Mozart estaba a punto de tocar en una presentación por encargo para el emperador austriaco. Antes de sentarse, Mozart le preguntó al emperador si el compositor de la corte estaba presente, pues iba a interpretar una de sus obras. A petición del emperador, el compositor surgió de entre los bastidores y fue presentado a Mozart, quien sin demora le pidió a este famoso personaje *cambiarle las páginas mientras tocaba*. Podría haber sido un momento muy incómodo, pero Mozart fue fácilmente perdonado.

Después de todo, sólo tenía siete años.

Mozart es probablemente el niño prodigio más famoso de la historia. Acompañado por su familia, recorrió las cortes reales y los salones de concierto de Europa, interpretando a la perfección las piezas de piano más difíciles que le ponían enfrente. Según dicen, él se enseñó solo a tocar el violín, el órgano y el clavecín. Inspiró a Beethoven; escribió una ópera para celebrar la boda del archiduque Ferdinando; fue nombrado caballero por el papa.

¿Los animales responden a la música?

Se ha visto que los perros prestan atención al baile, pero podría ser que simplemente reaccionan ante los giros que hacen los humanos. En general —excepto las aves—, los animales no parecen poner mucha atención en la música... no a la música compuesta por humanos y para humanos, en todo caso. Pero el psicólogo animal (sí, eso existe) Charles Snowdon ha realizado un trabajo pionero creando música con tonos, notas y tempos que se asemejan a los que emplean gatos y monos cuando se comunican, y al parecer los ha inducido a prestar atención. No estamos del todo seguros cómo.

Pero no se trataba sólo de talento: Mozart era una fuerza creativa sin parangón. Fue un prodigioso compositor que creó más de 600 obras maestras —incluyendo 30 sinfonías antes de cumplir 18— en un impresionante rango de estilos. Escribió ofertorios para los monjes benedictinos y sonatas para la reina de Inglaterra; compuso grandes óperas, obras corales, música de cámara, cuartetos y quintetos de cuerdas, y hasta piezas cómicas concebidas específicamente para sonar torpes y hacer reír a la audiencia. Su cerebro parecía operar de forma distinta que el de nosotros, los pobres mortales. Una vez, cuando tenía 14 años, escuchó en la Capilla Sixtina una interpretación del famoso *Miserere*: una compleja pieza coral de cinco partes entrelazadas cuya partitura era un secreto muy bien guardado por el Vaticano. Más tarde ese día, solo en su habitación, el adolescente lo escribió completo de memoria. Fin del secreto.

La mística alrededor de los niños prodigio, el pensamiento mágico, es que este tipo de creatividad es un don otorgado directamente desde el cielo a unos cuantos al nacer. Pero la realidad es más prosaica. En su mayor parte, los prodigios —músicos, artistas, atletas, jugadores de ajedrez— son jóvenes inteligentes, talentosos y decididos que practican mucho. Y eso es todo.

Los prodigios musicales, en particular, han sido ampliamente estudiados, y algunas cosas parecen distinguirlos de quienes simplemente son talentosos:

1) Tienen una motivación externa para comenzar a tocar; a menudo un empujón de los padres.

2) Comparten una propensión por un nivel de práctica muy elevado, comenzando a una edad temprana.

3) Poseen una tendencia superior al promedio a experimentar estados de flujo durante la práctica (para más sobre los estados de flujo, también conocidos como "entrar en la zona", ver el Capítulo 2: Concéntrate).

Puede haber otras cosas en común: un estudio, por ejemplo, encontró que los prodigios del arte, las matemáticas y la música suelen tener una memoria operativa superior. Pero en general, los niños prodigio se hacen, no nacen: son motivados por algo o alguien, practican como demonios y se sumergen profunda y concienzudamente en su trabajo. En un artículo para *Scientific American*, el profesor de psicología David Z. Hambrick declara que la mayoría de los niños prodigio comparten lo que él llama una "rabia por dominar", y por una casi inconcebible cantidad de tiempo y esfuerzo dirigidos a su área de experiencia.

Hombre en una esquina de Nueva York: "¿Cómo se llega a Carnegie Hall?".

Neurólogo sabio: "Practicando".

La creatividad no es un rasgo especial que posean unos cuantos: es tu derecho de nacimiento, como ser humano. No todos los humanos podemos ser genios, como rápidamente te lo recordará una visita a cualquier Departamento de Vehículos Motorizados. Pero todos somos creativos; éste es un rasgo adaptativo que compartimos, y es una parte integral de lo que significa ser humano. Nuestra confortable vida moderna no siempre exige demasiada creatividad, así que para muchos de nosotros es fácil desestimarla como algo que sólo la gente artística posee. Pero es una lástima, porque si puedes acceder a tu creatividad natural, en cualquier campo, tienes una oportunidad de cambiar las reglas, y por ende cambiarlo todo.

QUÉ ES LA CREATIVIDAD

Para comprender cómo puede utilizarse la música para la creatividad, hablé con el Dr. Charles Limb, uno de los más destacados investigadores de la base neural de la creatividad musical, y con el profesor de Stanford y especialista del sueño, Dr. Rafael Pelayo. Ambos me invitaron a pensar en la creatividad no según la estrecha definición actual de "contar historias divertidas", sino en su sentido más amplio: como una técnica para resolver problemas. "La resolución de problemas es parte de ser un animal", afirma Pelayo. "Seas una hormiga o un humano, tienes que ser capaz de resolver problemas en tiempo real". Conforme el mundo cambia, las criaturas con la habilidad de encontrar soluciones novedosas a los nuevos desafíos superan a sus pares, generación tras generación. La creatividad no es una curiosa atracción secundaria; es un mecanismo de supervivencia fundamental.

Limb concuerda, para ponerlo de forma sucinta: "La capacidad de resolver problemas y de innovar es la piedra angular de la supervivencia humana". Nuestro cerebro está programado para buscar patrones; así es como entendemos y organizamos el mundo en verdades que nos ayudan a sobrevivir, tales como "las plantas como ésta pueden ser comidas con seguridad" o "este lago desaparece en invierno, pero reaparece cada primavera". El reconocimiento de patrones nos ayuda a acumular conocimiento que podemos comunicar a los demás; la creatividad es a lo que acudimos cuando el patrón se interrumpe. Cuando el lago *no* reaparece en primavera como se esperaba y

En 2016 Mozart vendió más CD que Beyoncé. (Gracias a una caja de 12 kilos con 250 CD de la que sólo tenía que vender 6,250 copias).

toda la tribu está sedienta y confundida, la creatividad nos capacita para hacer algo al respecto.

¿CÓMO FUNCIONA?

Hablando de forma muy general, resuelves retos creativos en un proceso de dos etapas. Primero revisas cualquier cosa relevante: los patrones que conoces. Entonces tratas de alterar de cualquier manera tu configuración mental, revisando la misma información desde un ángulo distinto en busca de nuevos patrones que te puedan llevar a nuevas respuestas. Los hechos no cambian, es tu perspectiva lo que cambia. Los descubrimientos creativos son trascendentes: brillantes en retrospectiva, pero inesperados en el momento. Una gran cita atribuida (dudosamente) al pionero de los automóviles Henry Ford dice: "Si le hubiera preguntado a la gente lo que quería, me habrían dicho que caballos más veloces".

Ya seas un jugador de baloncesto que es creativo en la cancha, un *deejay* que improvisa en un club o un jefe de *marketing* en busca de un nuevo enfoque para derrotar a la competencia, nos enfrentamos continuamente al desafío de adaptarnos a entornos cambiantes. Eso es lo que ha sido siempre la experiencia humana, y la creatividad es la herramienta confiable que nos cruza al otro lado.

CÓMO ACCEDER A TU CREATIVIDAD

Podría sorprenderte conocer que Paul McCartney no escribió el clásico de los Beatles "Yesterday"; de hecho, la canción se escribió sola. Según su propio relato, el Beatle se despertó una mañana con la melodía en su cabeza, pues le había llegado en un sueño. Estaba tan acabada que la sentía como una canción muy popular y famosa, y él pasó las siguientes semanas tocándola para todos sus conocidos, a quienes les preguntaba si la habían escuchado, antes de sentirse lo suficientemente confiado para reclamarla como propia.

Cuando tu meta es pensar distinto —para crear revolucionarias canciones pop o resolver espinosos problemas de negocios— hay muchas formas de alterar tu mentalidad tradicional, siendo las drogas y el alcohol las favoritas y más comunes. Pero otro mecanismo natural que con frecuencia puede servir a este propósito —el que Paul utilizó inconscientemente— es el sueño.

Resulta que cada noche pasamos por un cambio de mentalidad nada trivial, cuando nuestro cerebro apaga nuestra consciencia y se pone a trabajar en consolidar para nosotros otro día de realidad, colocando otro anillo en el tronco de nuestra vida. Esto parece consistir en repasar los estímulos del día, comparándolos con los patrones existentes, infiriendo nuevos patrones y catalogando lo que parece haber sucedido y por qué es importante. Una investigación reciente de Gina Poe y sus colegas de UCLA sugiere que esto ocurre en dos fases: en el sueño no REM codificamos los recuerdos y las experiencias de la jornada y llegamos a una comprensión general de lo esencial de los eventos del día, y en el sueño REM formamos nuevas e inesperadas conexiones y las consolidamos en nuevas ideas.

La idea de que el sueño ofrece un reservorio natural de inspiración creativa no es nueva, y hace unos 100 años estaba en boga tratar de aprovechar este estado alterado natural para la inspiración creativa. El pintor surrealista Salvador Dalí, el filósofo Jean-Paul Sartre, el taciturno protogótico Edgar Allan Poe y el maniático inventor Thomas Edison fueron sólo algunos de los que propusieron explorar las posibilidades inspiracionales de la "hipnagogia", el estado transicional que conoces como quedarse dormido.

Durante la **hipnagogia** tus ojos están cerrados, estás relajado, la actividad de tus ondas cerebrales está reduciéndose. Tu cuerpo puede sufrir contracciones porque tus controles motores comienzan a apagarse en la noche; tu mente comienza a vagar en direcciones alocadas a medida que transitas del mundo real al mundo del sueño, de percibir a imaginar. Es una de las fases donde los **sueños lúcidos** pueden ocurrir, y Dalí y sus colegas hipnagogiautas intentaron capturar las ricas divagaciones creativas de esta fase saliendo repentinamente de ella, a la mitad, a través de la privación del sueño.

Dalí, el lunático de bigotes que pintaba relojes derretidos y otras perturbadoras

Mónaco tiene menos soldados en su ejército que músicos en su orquesta militar: 82 soldados vs. 85 músicos.

imágenes oníricas antes de que el LSD fuera siquiera sintetizado, se despertaba de la hipnagogia de la siguiente manera: colocaba en el suelo un plato bocabajo junto a una cómoda silla, luego se sentaba sosteniendo o balanceando un pequeño objeto de metal, como una cuchara, por encima del plato. Cuando comenzaba a quedarse dormido, su control motor desaparecía, dejando que la cuchara chocara contra el plato, despertándolo de golpe, tras lo cual él instantáneamente recordaba sus pensamientos e imágenes oníricas, por más extraños que fueran. Edison hacía lo mismo, dormitaba en el sillón de su oficina muchas veces por día y dejaba caer una bola de acero sobre una placa de metal puesta sobre el suelo.

La intervención dirigida del sueño puede ser la droga que necesitas para encender la chispa de tu intuición creativa (es difícil discutir con "El cuervo" y la bombilla eléctrica). Pero la música podría ofrecer una ruta más confiable para la grandeza creativa.

CÓMO AYUDA LA MÚSICA

En estos días es fácil descartar a la música como un mero entretenimiento, un escape ocasional o algo para poner de fondo mientras hacemos algo más. Pero históricamente la música ha tenido una misión mucho más crítica. Parece haber estado presente tanto tiempo como la civilización, y posiblemente sea la precursora del lenguaje mismo. Como sea que hayamos llegado hasta aquí, es fácil darnos cuenta hoy, con los modernos escaneos cerebrales, de que nuestro cerebro sigue tomándose a la música muy, muy en serio.

"La música es mi primer amor, es un lenguaje que no necesita ser traducido", dice la superestrella mundial de la música Youssou N'Dour. "Antes de que las palabras empiecen, la música y el sonido provocan una respuesta emocional, y puedes conmover a alguien que no entiende tu lenguaje".

Cuando oímos música, sus efectos inundan casi todas las partes de nuestro cerebro, incluyendo áreas asociadas con

BRANFORD MARSALIS

Nacido en una familia de músicos multigeneracional que ha dominado Nueva Orleans y su legendaria escena jazzística, Branford se erige como uno de los músicos más queridos de su generación.

¿Qué hay en tu lista de reproducción?

Bueno, no sé. Pongo discos completos en mi *playlist*. No tengo una lista de reproducción con una multitud de canciones que supuestamente le dan a la gente una especie de extraña impresión de la clase de persona que soy. ¿Sabes? Estoy escuchando *Götterdämmerung*. '¿Qué es eso?' Oh, es una ópera de Wagner. 'Bueno, ¿sabes qué más hay en tu *playlist*?' Y yo: eso es todo, ésa es toda la lista de reproducción. Eso es lo que estoy escuchando. '¿Por cuánto tiempo has escuchado eso?' Dos años.

¿Sientes que escribes canciones de forma distinta dependiendo de tu humor?

Yo no escribo letras. Lo mejor de la música instrumental es que representa el máximo test de Rorschach. Quiero decir, lo que la gente quiera que sea, eso es. Pero con letra, es algo muy personal para ellos.

Así que les pido a otras personas que escriban las letras y luego las cambio como sienta que necesito para que tengan sentido para mí.

...Y es muy distinto de ahora, donde la mayoría de los chicos tienen programas de grabación de audio y las únicas canciones que verdaderamente escuchan son las propias. Y ésa es la gran desconexión. No hay conexión con ningún pasado, porque en estos días puedes tener 10 años y escribir tus propias canciones.

Y si escribes las suficientes, podrías tropezar con dos o tres buenas, o con 10 buenas, pero está esa falta de conexión con el pasado. Esa conexión con la continuidad falta más que en años anteriores.

Y yo creo que hay una enorme diferencia entre cómo los jóvenes escuchan música y por qué escuchan música. Es un medio para un fin que ellos buscan, que tiene muy poco que ver con la música. Tiene que ver más con usar la música para lograr una especie de éxito supercargado que imaginan para sí mismos. Y ésa es una forma muy, muy distinta de acercarse a la música.

¿Hallas alguna diferencia en cómo te sientes cuando improvisas y cuando tocas algo ensayado?

No, se parece mucho a los deportes, supongo. Haces una rigurosa cantidad de entrenamiento. Y luego, cuando el entrenamiento acabó, sales y participas en el juego. Cuanto menos hayas entrenado, menos probable será que tengas éxito. Cuanto menos veas las grabaciones, menos analizarás lo que sucede. Sería como ponerme en un campo de fútbol. Sólo me quedaría allí de pie. No tendría idea de qué hacer. Eso no significa que no tenga ninguna habilidad atlética. Es sólo que no sé nada. Y creo que ése es el problema con el mito de la improvisación. Se basa en la suposición errónea de que puedes tocar cualquier cosa, pero lo que estás tocando tiene que estar en relación con las personas con las que estás tocando, lo que significa que debes tener una enorme paleta de sonidos. Si vas a tocar con una orquesta y luego tocas con Sting o con Dizzy Gillespie, debes ser consciente de que no puedes tener un enfoque de "un sonido que le queda a todo".

Entonces, para mí, la improvisación es como el lenguaje. Creo que es la mejor analogía. Hay conversaciones que puedo tener con mis amigos... y eso es la improvisación. Existe una razón de por qué la mayoría de la gente a la que le gusta decir que sabe tocar jazz siempre interpreta canciones que son modales y en clave menor: porque la única escala que conocen funciona en esa configuración.

Y es la misma queja que tengo sobre los músicos contemporáneos de jazz; lo que ves que están haciendo es muy diferente de lo que en realidad están haciendo, porque lo que están haciendo es ensayar. Y entonces suben al escenario y regurgitan las cosas que han estado ensayando, lo cual no es una verdadera improvisación. Tú aprendes todas esas cosas y luego apagas el interruptor y sales allí y dejas que todo te llegue y reaccionas a eso.

¿Tocar música es siempre divertido?

Cuando tomo el instrumento, estoy allí para trabajar. Es sólo... es sólo una rutina. Ya sabes, leo un montón de notas e intento aprender, leo cosas que son exigentes y difíciles. Quiero decir, no hay nada emocionante en ello. Es agotador. Es aburrido, pero es necesario.

el movimiento, el procesamiento emocional, la memoria, el lenguaje, la creatividad y más. El Dr. Limb me contó que una vez sus investigadores escanearon el cerebro de un ciego mientras escuchaba música, y que la corteza visual del hombre se iluminaba como un árbol de Navidad. "¿Existe otra experiencia que provoque una explosión cerebral integral parecida? La única que se me ocurre es el sexo. La música es *importante*".

"La música es tan multidimensional, con diferentes circuitos en el cerebro que llevan registro de los distintos atributos como el **tono**, el ritmo, el volumen, el tempo, el contorno, la tonalidad", dice Daniel Levitin. "Tienes todas estas rutas múltiples que convergen para formar un recuerdo musical, al punto de que, aunque sólo cuentes con unas pocas características, eres capaz de reconocer la canción".

¿Por qué tengo mis mejores ideas creativas en la ducha?

Porque tu mente está relajada, ejecutando una tarea simple y repetitiva que has realizado 10 mil veces en un espacio confinado y seguro. Es literalmente la receta perfecta para usar provechosamente la tendencia natural de tu mente a divagar. "¿Cuándo estás solo con tus pensamientos?", se pregunta Rafael Pelayo. "Cuando estás en la ducha y cuando estás en tu cama, esperando a quedarte dormido".

Para probar conmigo un rápido experimento, él aplaudió este patrón:

> *Clap-clap-clap*
>
> *Clap-clap-clap*
>
> *Clap-clap-clap clap clap*

Sin melodía, letra ni contexto, ese ritmo es inmediatamente reconocible: es el "pararam pararam pararam pam pam" de la obertura de *Guillermo Tell* de Rossini. (Si esta demostración no funcionó contigo, seguramente es por culpa de mi anotación; créeme, en persona sí funciona).

¿Entonces por qué a nuestro cerebro, que puede procesar sólo una diminuta porción de nuestra experiencia total, le importa tanto la música? Recuerda que el cerebro está siempre en busca de patrones, y en las canciones *todo* se trata de patrones. La **escala** de siete notas, las pulsaciones por medida, la interacción entre **melodía** y armonía. La estructura paralela de los versos, la repetición del coro, la forma en que la letra rima. Hasta las canciones más simples presentan múltiples patrones a descodificar, con reglas claras bien establecidas que después se saltan o se rompen. Y todo esto es maná para nuestro cerebro ávido de patrones.

Así que es lógico pensar que podemos aprovechar la música para aumentar la creatividad; y de hecho, sí podemos. Las mismas ondas alfa generadas por tu cerebro cuando te encuentras en un estado relajado, pensativo, de "descanso despierto", son, como era de esperar, las que también están ligadas con la creatividad. Puedes acceder a ellas con el *mindfulness* y la meditación, la biorretroalimentación o la droga o el coctel de tu preferencia. O puedes probar a escuchar música en el rango de 50 a 80 ppm que comentamos en el Capítulo 1: Relájate. Estas ondas alfa han sido específicamente asociadas con los momentos "eso es" o "eureka"; ese famoso destello o intuición tan trascendental que te sientes tentado a anunciarlo en voz alta.

En un nivel, la música puede potenciar la concentración creativa simplemente al ocupar parte de tu mente, manteniendo las distracciones a raya. "Como pintor, animador y artista digital, me encanta tener música mientras trabajo, especialmente durante las sesiones largas de creación", dice Diana Saville, cofundadora y directora de operaciones de la aceleradora de la industria del cerebro BrainMind. "Para esas sesiones suelo recurrir a álbumes que he escuchado cientos de veces: esto me proporciona el confort de la familiaridad y me garantiza no distraerme mucho. La música apropiada se siente como un socio creativo que te ayuda a permanecer en la zona". Su evidencia anecdótica es respaldada por la ciencia: la investigación de la profesora de la Universidad de Miami Teresa Lesiuk (y otros) indica que cuando las personas que se desempeñan en áreas creativas escuchan música, trabajan más rápido y se les ocurren mejores ideas que cuando trabajan en silencio.

La Dra. Heather Berlin, neurocientífica, psicóloga clínica y profesora clínica asociada de psiquiatría en la Icahn School of Medicine at Mount Sinai, tiene una teoría de por qué esto funciona: "La creatividad y la improvisación pueden ser una manera de acceder al inconsciente de una persona. Cuando estás inmerso en esos estados creativos, tienes una menor activación de las partes prefrontales del cerebro que normalmente reprimen a la amígdala y el hipocampo. Entonces, si logras llevar a la persona a esos estados y disminuir la represión puedes acceder más fácilmente a esos pensamientos y emociones más inconscientes o reprimidos".

Otra manera en que las canciones pueden ayudarte a echar a andar el proceso creativo es exponiéndote a música que no te resulte familiar; por ejemplo, música de otra época o de otro género. Retar a tu cerebro a comprender el sonido de una forma nueva —a interpretar nuevos (para ti) patrones— puede abrir la puerta a nuevas conexiones. Otro potencial impulsor es trabajar con música positiva: un estudio sugiere que escuchar música feliz puede crear más pensamiento divergente, un ingrediente fundamental para la creatividad. También el volumen importa. Los niveles moderados de música (y otros ruidos ambientales) han demostrado ser ideales para promover el procesamiento abstracto y llevar a los oyentes a niveles más altos de creatividad.

Pero es bueno recordar que la creatividad es difícil de controlar o influir, incluso para los creativos profesionales. "Ser compositor de canciones es como ser una monja: estás casado con un misterio", le dijo una noche a la audiencia el afamado compositor Leonard Cohen. "Si yo supiera de dónde vienen las buenas canciones, iría allí más seguido".

I JUST WANNA BANG ON THE DRUM ALL DAY

Si no estás satisfecho con encontrar un atajo hacia un logro creativo de vez en cuando, y en lugar de eso quieres subir de nivel y volverte una persona más creativa en general, podrías considerar aprender a tocar un instrumento musical. Sabemos anecdóticamente que la música y las matemáticas tienen una relación; la imperecedera imagen de Einstein y su violín grabaron *eso* en la mente de todos hace algunas generaciones. Pero en años recientes hemos aprendido mucho más sobre cómo la práctica musical puede moldear específicamente el cerebro para volverlo una máquina más fuerte y flexible y más capaz de realizar hazañas creativas.

DATO CURIOSO

El 41% de los estadounidenses utiliza servicios de *streaming* como su método preferido para escuchar música. Es un gran cambio desde 2017, cuando la radio era, *por mucho*, el medio más popular.

Al observar las **imágenes por resonancia magnética funcional** (IRMf), que muestran la actividad y la estructura del cerebro, los investigadores han descubierto que el cerebro de los músicos es físicamente diferente del de los no músicos. De hecho, los anatomistas experimentados pueden mirar las imágenes de IRMf e identificar qué cerebros pertenecen a músicos profesionales. Para ser claros, los músicos no nacieron con estos instrumentos cuidadosamente afinados; más bien, su cerebro musical de grado profesional fue laboriosamente construido y continuamente refinado a través de la incesante práctica. Y la forma en que la práctica cambia la estructura cerebral es por medio del milagro de la **neuroplasticidad.**

La neuroplasticidad describe la capacidad casi mística del cerebro de reconstruirse fundamentalmente a sí mismo con base en los estímulos externos, cada minuto de cada día, a lo largo de tu vida. La estructura física, química y eléctrica de tu cerebro no es fija, está en un constante estado de flujo. Las rutas sinápticas se fortalecen con la repetición, o se degradan con el tiempo hasta progresivamente ser sobrescritas por otras rutas, otros recuerdos, otros hábitos. Se crean nuevas conexiones neurales; se construyen rutas neurales alternas; el equipo de construcción de caminos en tu cabeza nunca se rinde. Para los músicos, las largas horas de práctica fortalecen conexiones sinápticas particulares, construyen hábitos, desarrollan la coordinación mente-mano, etc., y todo esto puede leerse en la estructura de su meticulosamente afinado cerebro, optimizado por la música.

Ésta es una instantánea de lo que ocurre en la mente de un músico profesional. Cuando componen, los músicos fortalecen las redes neurales específicas responsables de procesar las emociones e integrar la

CUATRO PREGUNTAS PARA

SHEILA E.

Sheila E. —también conocida como "la reina de la percusión"— siempre ha seguido el ritmo de su propio tambor. Más allá de su éxito personal, la estrella de la legendaria percusionista, baterista y cantante brilló intensamente gracias a sus famosas colaboraciones con Marvin Gaye, Lionel Ritchie y Prince.

Se compara la euforia del corredor con la euforia del baterista. ¿Puedes explicar la similitud?

Bueno, es muy interesante porque primero fui atleta, yo era corredora. Estaba entrenando para participar en las Olimpiadas en atletismo. Así que la euforia del corredor era la única que conocía. Y esa euforia que obtenía al correr lo era todo.

Después de correr todo se ve increíblemente vibrante, esplendoroso, aunque estés agotada…

Yo tocaba música con mi papá y me encantaba, pero una vez, tocando con él, me di cuenta de que esta euforia era diferente porque se volvía más como una cosa espiritual.

En una presentación en la que toqué con mi papá cuando tenía 15 años, creo que de verdad salí de mi cuerpo. Lo único que recuerdo es que cerré los ojos mientras la banda tocaba, y él me dijo que hiciera un solo. De pronto me estaba viendo a mí misma, veía a la banda y el escenario junto con el público, así como: "¿Cómo es posible que me esté viendo a mí misma tocar?". Sentí como si hubiera ido al cielo porque fue muy intenso. La música me llevó a un lugar que nunca jamás había experimentado, ni siquiera con lo que había hecho en el deporte. Así que esto se convirtió en un momento espiritual y en una experiencia extracorporal.

Y cuando bajamos del escenario, abracé a mi papá y tuve esa sensación de: "Papi, papi, esto es lo que quiero hacer por el resto de mi vida. Quiero ser percusionista". Yo estaba llorando. Y entonces él empezó a llorar. Creo que fui al cielo, y quiero sentirme así todos los días. Sé que Dios me dice que esto es un don. Fue emocional. Fue más grande que la vida.

¿Cómo guía la música tu día?

La música varía a lo largo del día, depende de "Bueno, tengo que activarme", entonces necesito poner algo de salsa, necesito bailar, ya sabes, el Motown de la vieja escuela, o será música clásica más tarde por la noche. Mi música cambia a lo largo del día, dependiendo de cómo me gustaría sentirme, porque la música me pone en un lugar y un ánimo felices, me da energía. Cuando me preparo para ejercitarme, necesito música que me dé el poder de hacer las cosas que no sería capaz de hacer.

Si estoy ejercitándome y de verdad necesito esforzarme y pongo algo de música relajante, eso choca con mi mente. Si mi cuerpo dice "¡Vamos!" y mi mente escucha esa música y dice "Sí... pero quiero acostarme", no es la música adecuada. Así que sí afecta lo que escucho. Para mí es cómo me gustaría sentir ese ánimo, y definitivamente cambia en géneros de música o naturaleza, cosas así.

¿Cuál es tu inspiración infalible para escribir?

No siempre puedo sentarme y decir: "Voy a escribir sobre esto". Podría estar en cualquier lado, podría estar en la ducha. Podría estar conduciendo y escuchar una palabra, o pensar en algo o ver algo en la calle, "Oh, eso es una buena idea para una canción". Quiero decir, simplemente lo gritaré: "¡Hay una nueva canción!".

¿Cómo te ha ayudado la música a criar a tus hijos?

Tendría que volver a cómo mis padres nos criaron. Constantemente teníamos música en casa. Así que, ya sabes, mi papá decía: "Okey, chicos, no toquen mis instrumentos", y entonces él se iba y nosotros tocábamos. Y luego nos regañaban por tocarlos. Y después se dio cuenta de que había algo que podíamos hacer juntos. Me siento tan agradecida de que tengamos música en nuestra familia.

El enfoque de la música era: "Pongamos música y bailemos y entretengamos". Parecía como si eso ocurriera todos los días. Y cuando nos presentábamos ante la familia, éramos el entretenimiento. Ya sabes, éramos los Jackson Five, éramos los Osmond, éramos los Temptations, las Supremes, éramos James Brown.

Así que tengo que volver a ellos, que nos criaron de una manera muy divertida, para tener presente la música todos los días. Es como "nos estamos cepillando los dientes, estamos tomando agua, estamos comiendo y ahora vamos a bailar". Quiero decir, ¿quién hace eso? Es simplemente genial. Tan contagioso que todos nuestros hijos, todos, hacen lo mismo.

¿Poner música clásica me dará un bebé genio?

Nop. Este popular mito (alrededor del cual se creó un gran negocio) se basó en una mala interpretación de un estudio que descubrió que escuchar música clásica ayudaba a los estudiantes universitarios (no a los bebés) a aprender, y que el efecto duraba sólo 15 minutos. Sin embargo, los científicos están muy de acuerdo en que la música —a un volumen bajo; sus oídos son sensibles— es buena para el desarrollo de los bebés, particularmente para construir sus habilidades lingüísticas.

información. Interpretar música, en contraste, es más como una tarea; refuerza las mismas rutas neurales que se activan cuando haces operaciones matemáticas. Esto tiene sentido: estás tocando algo que has ensayado y obedeces estrictamente las reglas. Por el contrario, cuando los artistas improvisan —rompiendo las reglas para crear algo nuevo— la actividad se ralentiza en la corteza prefrontal, donde suceden la planeación y el automonitoreo. Este aflojamiento de las riendas parece dejar espacio para el florecimiento de la creatividad.

Recuerda, el punto no es que los músicos sean especiales: tu cerebro es tan plástico como el de Yo-Yo Ma. De hecho, algunos estudios han encontrado que las ondas cerebrales de la audiencia se sincronizan con las del intérprete durante una presentación, lo cual parece francamente milagroso. Cuanto más disfrutes la interpretación musical, más sincronizadas estarán tus ondas cerebrales, hasta el punto en que esta "coherencia intercerebral" puede predecir el goce del oyente respecto de la interpretación. Si en un concierto sientes como si fueras uno con la banda, es porque en realidad lo eres, y de una forma muy importante.

Desde hace mucho tiempo hemos sabido que el entrenamiento musical es benéfico para el cerebro; los estudios muestran, por ejemplo, que los niños que tocan instrumentos musicales pueden resolver problemas matemáticos complejos mejor que sus compañeros. No importa si logras entrar a Juilliard o no, el entrenamiento es lo que cuenta. Fortalecer tus herramientas de expresión creativa es importante para la salud física, pues genera rutas neurales fuertes que te ayudarán a mantener la salud más adelante en tu vida. La directora ejecutiva

CREA LLUVIAS DE IDEAS **MÁS** PODEROSAS

*Una junta de lluvia de ideas productiva tiene dos partes: una fase inicial, imaginativa, de pensar de manera diferente para **encontrar ideas,** y un proceso de filtrado de estas ideas para construir las opciones más promisorias, la fase de **encontrar soluciones.***

Para que las ondas cerebrales de tu equipo estén donde tú quieres, haz una lista de reproducción de música clásica de dos partes. (La música clásica ha demostrado desafiar al cerebro e inspirar la creatividad, y puesto que lo más probable es que no le sea familiar a tu equipo, no lo distraerá en exceso). Prueba con algunas fugas o música de cámara en la primera mitad, para generar las ondas alfa perfectas para la creatividad; en la segunda mitad, acelera un poco el ritmo con un poco de Vivaldi ("Verano", de Las cuatro estaciones) o algo similar, para que las ocupadas ondas beta o incluso las ultraocupadas ondas gamma comiencen a fluir.

del International Arts + Mind Lab en el Johns Hopkins Pedersen Brain Science Institute, Susan Magsamen, me dijo: "La expresión creativa está en el centro de la experiencia humana. Si no puedes encontrar y compartir tu voz y ver que es celebrada, inevitablemente no te vas a sentir saludable y completo".

Magsamen desarrolló un modelo de investigación llamado Impact Thinking que reúne arte, ciencia, tecnología y salud para estudiar el impacto de las artes en nuestra vida; es uno de los muchos esfuerzos en ciernes alrededor del mundo que promueve la creatividad como un importante ejercicio para ser plenamente humano. "No tienes que ser un pintor que expone sus obras en galerías, pero necesitas descubrir la historia de tu vida: quién eres y cómo quieres vivir", dice Magsamen. "Quizá no seas un poeta publicado, pero puedes crear metáforas que te den comprensión, para aprender más sobre ti mismo a través de la perspectiva y la empatía. Éstas son grandes habilidades, esenciales para ser una persona completa".

Si la creatividad ayudó a los humanos a prosperar en el pasado, no hay razón para pensar que no necesitaremos de este superpoder a medida que nos enfrentemos a una serie de problemas globales aparentemente irresolubles. "Esta capacidad creativa, la habilidad para resolver problemas e innovar, es fundamental, no sólo para entender cómo llegamos a ser lo que somos hoy, sino lo que seremos en el futuro", dice Charles Limb. "De hecho, desde esa perspectiva, podrías alegar que el arte y los artistas y la creatividad son más importantes que cualquier otro tema que puedas imaginar".

Así que, por favor, por el bien de la humanidad, *pick up that banjo*. ◼

PARA LLEVAR

La creatividad es tu derecho de nacimiento: una habilidad naturalmente evolucionada para resolver desafíos al pensar de manera diferente y una parte importante de lo que te hace humano. Al usarse estratégicamente, atendiendo a los patrones de ondas cerebrales que optimizan la creatividad, la música puede ser un medio natural y de bajo costo para liberar el potencial de la resolución creativa de problemas, sin importar cuál sea la situación.

PARA ENCONTRAR UNA SOLUCIÓN DIFÍCIL Escucha música de otra época que no te sea familiar. Si la respuesta que buscas no puedes encontrarla de la manera en que sueles abordar un reto, date tiempo para acceder a un espacio mental donde tu cerebro pueda asociar con libertad, hasta llegar al momento "eureka". Busca un lugar seguro para estar solo con tus pensamientos (la alcoba, por ejemplo) y desarrolla una configuración mental meditativa y exploradora a través de música desconocida. Esto le sugiere un nuevo entorno a tu cerebro, ávido de patrones, montándolo para intentar encontrar una solución novedosa.

PARA INSPIRAR A UN GRUPO A COLABORAR BIEN Haz que todos contribuyan para crear una *playlist* de música alegre y positiva. Se ha demostrado que la música feliz conduce al pensamiento divergente, y el goce mutuo de la música puede sincronizar las ondas cerebrales de la audiencia, lo que puede favorecer la colaboración productiva.

PARA VOLVERTE POCO A POCO UNA PERSONA MÁS CREATIVA Prueba con algo de entrenamiento musical. No tienes que ser joven, ni bueno; gracias a la plasticidad cerebral, nunca es demasiado tarde para crear o reforzar rutas neurales que lleven a un razonamiento crítico más claro y mejoren tu capacidad de pensar diferente.

SIENTE

Choose your mood

Interpretación 2

BUT DON'T TELL MY MY ACHY

BILLY RAY CYRUS
"Achy Breaky Heart"

HEART
BREAKY
HEART

YO NACÍ YA AVANZADOS LOS AÑOS 60, y era todavía un pequeñín cuando las grandes canciones de protesta del movimiento *flower power* estaban en todo su esplendor. No fue sino hasta años más tarde que comprendí el significado más profundo, y la fuerza motriz, de las canciones con las que había crecido. Pero ¿en qué momento de la historia, la música popular hizo más por cambiar el mundo?

Mira el éxito "Ohio" de Crosby, Stills, Nash y Young. Esa canción se centró en los eventos de 1970 en Kent State, cuando la acumulación de las tensiones entre quienes protestaban contra la guerra en Vietnam y las fuerzas del orden explotó, y los soldados de la Guardia Nacional de Ohio, en respuesta a una protesta en un campus, dispararon contra una multitud de estudiantes, hiriendo a nueve y matando a cuatro. Un fotógrafo capturó una impactante e icónica imagen de una manifestante adolescente de rodillas junto a uno de los cuerpos, con la boca abierta por la conmoción y sumida en el desconsuelo. El horror de esa foto inspiraría a Neil Young para escribir la poderosa canción de protesta "Ohio", centrada precisamente en esa imagen. Y el mundo miró y puso atención.

La banda sonora del movimiento de protesta de la guerra de Vietnam es legendaria. Canciones como "What's Going On" de Marvin Gaye, "I-Feel-Like-I'm-Fixing-to-Die Rag" de Country Joe and The Fish, y "War" de Edwin Starr, inspiradas por los sentimientos de desencanto cada vez más en aumento, no eran lamentos: eran llamados a la acción. Lograron meterse en la consciencia de Estados Unidos, cambiaron mentalidades y, en definitiva, ayudaron a poner fin a esa prolongada guerra. Y a lo largo de los años, otras canciones que han abordado otras crisis, desde "Biko" de Peter Gabriel (sobre la muerte de un activista antiapartheid bajo custodia policial) hasta el himno de H.E.R. "I Can't Breathe" (acerca del asesinato de George Floyd), han manifestado sus verdades al poder, inspirando a las nuevas generaciones al involucrar directamente las emociones del oyente.

"Había leído sobre cuestiones de derechos humanos y en realidad no parecían afectar demasiado a mi vida", dice Peter Gabriel. "Y entonces, cuando salí a conocer a la gente, comencé a darme cuenta de que lo que yo hacía tenía un impacto, y que podía hacer que las cosas cambiaran, alentando a todos a pensar y a actuar".

La música es una poderosa fuerza motivacional porque nos hace *sentir*. Una furiosa canción de protesta no sólo nos inspira, sino que nos hace saltar de la silla y salir a las calles. El rugido de la música en una pelea de boxeo o en un partido de fútbol hace que la multitud se levante y grite. Una animada canción para beber en un *pub* ayuda a crear lazos con tus amigos. Una canción de unas vacaciones cariñosamente recordada te trae paz y nostalgia, y posiblemente te induzca a llamar a tu mamá. Un conmovedor himno de amor te hace dar media vuelta con el coche, a mitad del camino, y regresar al aeropuerto a toda velocidad para convencer a la chica de que no suba a ese avión. Okey, eso último puede ser de un episodio de *Friends*, pero entiendes la idea.

Las emociones no son una misteriosa fuerza poética: son respuestas físicas que tienen propósitos reales en tu vida. Piensa en ellas como una suerte de atajo evolutivo diseñado para ser activado rápida e inequívocamente por influencias externas, como un oso que nos ataca o una chica sexy desconocida. Las emociones nos ayudan a cambiar rápidamente entre varios estados útiles —agresión, miedo, valentía, intimidad— que nos ayudan a repeler ataques, sobrevivir y procrear.

Y la capacidad de la música de no sólo expresar las emociones del compositor (ver Capítulo 7: Crea), sino de inducir esas emociones en otros, es precisamente lo que la hace tan poderosa... incluso peligrosa. No te levantas del sofá y te unes a la protesta porque Neil Young está enojado, lo haces porque *tú* estás enojado, porque mágicamente su música te transfirió sus sentimientos.

La música es el lenguaje de la emoción; es una manera de comunicación altamente evolucionada, tan rica como la forma verbal que utilizamos más conscientemente. De los gritos de batalla y las canciones de lucha de los estudiantes a la música de ascensor y las bandas sonoras de las películas, en este capítulo exploraremos qué son los sentimientos y las emociones, cómo la música cataliza las reacciones emocionales, cuán fácilmente las respuestas emocionales pueden ser manipuladas (por los medios, los publicistas, los vendedores y hasta la gente que amamos) y cómo puedes apuntalar tus defensas y dominar tus propias emociones.

Pero antes de comenzar, tenemos que sumergirnos un poco más en el concepto básico detrás de todo esto: ¿por qué la música nos hace sentir?

YOU CAN FEEL IT ALL OVER

La emoción describe un cambio en el sentimiento; la palabra en sí proviene del verbo latino *emovere*, que significa "mover, agitar". Cuando decimos que un emotivo discurso en una boda o una hermosa pieza musical son "conmovedores", a eso es a lo que nos referimos. Una parte de tu mente que solía estar aquí... ahora está en un lugar distinto.

Algunos psicólogos hacen una distinción entre emociones y sentimientos. Las emociones, dicen, son las respuestas automáticas y predeterminadas de tu cuerpo ante disparadores externos o internos. La reacción instintiva que tienes cuando ves un lindo cachorrito, o descubres un mapache en tu garaje, es una danza química que está fuera de tu control. Las emociones son automáticas y breves; vienen con expresiones faciales involuntarias. Los sentimientos,

"I'm on top of the world, 'ey, waiting on this for a while now, paying my dues to the dirt".

IMAGINE DRAGONS "On Top of the World"

por otro lado, son la interpretación de tu cerebro de esa experiencia química que acabas de tener. Llegan un poco después, son subjetivos ("Supongo que me siento más herido que enojado…") y pueden persistir o mutar con el tiempo mientras tu mente siga conmovida.

El neurocientífico Dr. Richie Davidson, profesor de psicología y fundador y director del Centro para Mentes Saludables de

DATO CURIOSO

"Don't Stop Me Now" de Queen fue considerada como la canción más revitalizante por un estudio que analizó la escala, las pulsaciones por minuto y demás factores. Todas las otras canciones *mordieron el polvo.*

la Universidad de Wisconsin-Madison, me dijo que lo más importante de entender es que las respuestas emocionales a los estímulos provienen directamente del sistema límbico, sin ser filtradas por la maquinaria conceptual y lingüística de nuestra corteza frontal. El sistema límbico es una parte antigua, instintiva, reactiva y animal de nuestro cerebro, un sistema alternativo para entender el mundo que precede al desarrollo del lenguaje hablado y escrito. Nos da respuestas viscerales más que opiniones razonadas, y le sacamos provecho directamente todos los días, aunque no siempre seamos conscientes de ello.

Davidson me invitó a considerar el olor como una analogía: un estímulo sensorial que de forma parecida se salta los mecanismos de control y categorización de nuestra corteza frontal. Cuando percibes un olor fuerte, éste va directo al sistema límbico para ser procesado. Instantáneamente entiendes el olor, agradable o desagradable, con profundo detalle. Pero podrías tener problemas para describirlo a los demás.

"Huele un poco a... como que me recuerda a...". Batallarás mientras tu prosencéfalo intenta encontrar analogías lingüísticas y un contexto para esta experiencia única.

La música también involucra directamente el sistema límbico y produce respuestas emocionales que no son mediadas ni filtradas por nuestra reflexiva corteza frontal. Ésa es la razón por la que la música pueda provocarte escalofríos, hacer que te asomen las lágrimas, erizarte la piel o dejarte con el estómago revuelto; éstos son efectos fisiológicos que no tienen nada que ver con la toma de decisiones de tu cerebro. (Al parecer, los escalofríos y la piel erizada, a veces llamados **estremecimiento**, les ocurren solamente a la mitad de las personas, aquellas con fuertes conexiones entre la corteza auditiva y los centros de procesamiento emocional).

De acuerdo con Davidson, la música puede influir en nuestros cuerpos directamente de esta forma, porque se salta el filtrado habitual del cerebro. "La música tiene ese efecto sobre las emociones principalmente porque es no conceptual; afecta a nuestra mente y nuestro cerebro a un nivel que no involucra el lenguaje", me relató. "Nuestros conceptos están formados en gran medida por el lenguaje, y cuando estamos inmersos en nuestra mente conceptual,

en realidad tiene el impacto de desconectarnos de nuestras emociones". En otras palabras, la música puede saltarse los principios organizacionales, como el lenguaje y los conceptos, que normalmente utilizamos para categorizar nuevas experiencias y, en su lugar, permitirnos experimentar directamente las emociones de otros, así como experimentas directamente un olor. Dice Davidson: "Creo que mucha gente se siente atraída por la música porque le proporciona una breve oportunidad de ir más allá de lo conceptual; de ser, si tú quieres, *liberada* de lo conceptual".

Entonces: el impacto emocional inmediato de una canción es generado por tu sistema límbico, que es reactivo e instintivo. En cuanto a cómo te *sientes* al respecto —si te gusta la canción, si la letra es significativa para ti, etc.—, es ahí donde tu cerebro conceptual toma el control. Y lo importante que hay que destacar aquí es que la canción no impone su estructura sobre el cerebro; es el cerebro quien impone su estructura sobre la canción. Lo hace así:

¿Recuerdas los test de Rorschach, en los que un terapeuta muestra una serie de imágenes creadas al azar con manchas de tinta e invita al paciente a decir lo que ve? Al principio se ven como un desordenado remolino de manchas blancas y negras, lo cual no

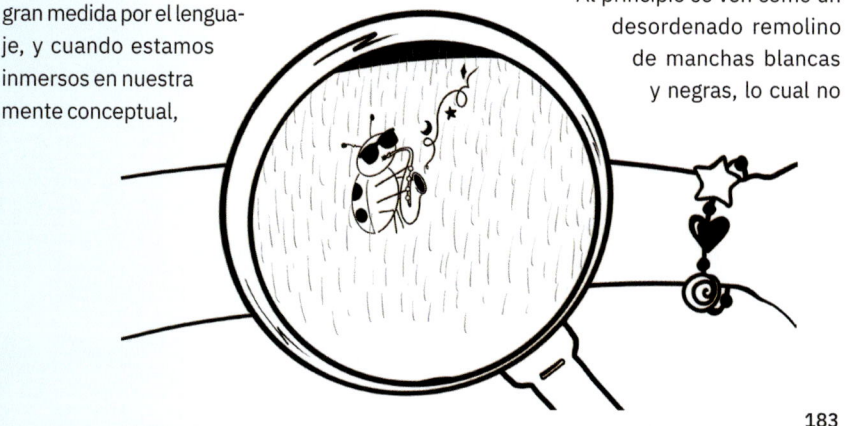

es ninguna sorpresa: en realidad eso es lo que es. Pero gradualmente aparece una imagen: el paciente decide que es una calabaza. O un búfalo. O dos padres enojados gritándose el uno al otro.

Recuerda que tu cerebro siempre está ávido de patrones y significado, y que cuando no encuentra ninguno, lo inventa. Existe un fenómeno muy conocido llamado pareidolia facial, que hace que la gente "vea" caras en objetos inanimados, por ejemplo. Mira a tu alrededor en la habitación y encuentra el enchufe eléctrico más cercano: ¿no parece un poco como dos caritas sorprendidas? Vemos caras donde no las hay porque las caras son muy importantes para los humanos; nuestro práctico cerebro prefiere arriesgarse a malinterpretar que fallar en reconocer una posible amenaza. Y un efecto similar puede explicar cómo la música activa la emoción.

Para empezar, las notas musicales y los acordes no son inherentemente "felices" o "tristes"; son fundamentalmente sonidos neutros organizados en patrones. Muchos músicos argumentan que las **claves** menores están teñidas de tristeza y que las mayores son felices, una idea basada en la impresión de que los sobretonos armónicos de los acordes mayores suenan naturales (= felices), en tanto que los acordes menores, que incluyen tonos que no forman parte de la armonía natural de una nota básica, suenan "apagados" para nosotros, induciéndonos a sentirnos perturbados, desconectados o tristes.

Pero hoy en día está surgiendo evidencia de que esta idea comúnmente aceptada es un fenómeno del mundo occidental motivado no por nada inherente a los sonidos en sí, sino por la historia cultural. Cuando investigadores de la Universidad de Durham tocaron secuencias mayores y menores para la gente de las tribus khow y kalash de Pakistán, las secuencias fallaron en inducir esas reacciones emocionales específicas. En cambio, las tonadas que las tribus consideraban solemnes sonaban francamente joviales a oídos occidentales. Si a ti las progresiones de acordes menores te suenan tristes, puede ser porque los músicos han estado escribiendo canciones tristes usando esos acordes durante mucho tiempo, y eso ha construido una expectativa en ti: tu cerebro está imponiendo algo en la canción que no está allí.

"Mayor y menor, feliz o triste es culturalmente específico para nosotros en Occidente", dice Levitin. "Si escuchas la ópera china y nunca la habías escuchado antes, o la música de los pigmeos de Camerún, podrías sentirte conmovido por ella, pero tendrías dificultades para decir qué emoción está intentando transmitir, porque eso está culturalmente integrado".

Otro ejemplo histórico es la extraña historia del tritono, un inusual paso de tres tonos hacia arriba en la música, que puedes escuchar en las dos primeras sílabas de "Maria" de *West Side Story*, o cuando dicen "Los Simp..." en el tema inicial de *Los Simpson*. En la actualidad, un tritono bien colocado se usa libremente para agregar un toque de extrañeza irresuelta a una canción. Pero en el Renacimiento, los músicos en toda Europa evitaban el tritono como si fuera la plaga; y vaya que algo sabían sobre la plaga. Creían que el tritono evocaba sentimientos de miedo y repulsión; el sonido era considerado tan disonante y feo que hubo quienes sugirieron que invocaba al mismísimo Satanás. Para el siglo XIX, los sentimientos suscitados alrededor del "intervalo del demonio" habían cambiado. El temido intervalo nunca cambió, pero la respuesta cultural sí.

"El poder de la música para sugerir, evocar o inducir emociones particulares está culturalmente determinado", explica Levitin. "Se basa en una vida entera de escuchar música, bandas sonoras. Si realmente nunca hubieras escuchado música y no supieras cuáles son las convenciones culturales, no le encontrarías sentido. Si no sabes nada

sobre arquitectura, y un arquitecto te señala un edificio y dice: 'Mira cómo combinaron el rococó con el modernismo, y también veo elementos de I. M. Pei...', tú vas a decir '¿Qué? Sólo es un edificio horroroso'".

El punto es que no hay nada inherente a las notas que cree las ricas asociaciones emocionales que la música tiene para la mayoría de nosotros. Esto no significa que la música no evoque emociones reales, por supuesto que lo hace. Pero son la cultura y la historia las que establecen la conexión. Incluso al nivel visceral de las respuestas del sistema límbico, nuestra habilidad para darle sentido a la música depende de nuestra experiencia. La música puede apoderarse de tu sistema de respuestas emocionales, pero no es tan sencillo; escuchar canciones alegres no siempre te pone feliz. Para una comprensión más detallada, tenemos que asomarnos a la comunicación musical.

WHILE MY GUITAR GENTLY WEEPS

Cualquiera que haya amado a una mascota o haya criado a un niño sabe que las emociones pueden comunicarse directamente, incluso cuando el discurso hablado es imposible. Mucho antes de aprender a hablar, los bebés pueden percibir y expresar cosas como el amor, el enojo y la confianza; ellos "hablan" la emoción antes de que las palabras sean una opción. "Particularmente en los primeros meses de vida, cuando no hay lenguaje, el lenguaje que se usa es el de las emociones", dice Richie Davidson. "Y de

"Careful what you take for granted 'Cause with me, know you could do damage".

H.E.R. "Damage"

todos los canales sensoriales disponibles, el sonido es probablemente el vehículo más poderoso para comunicar una emoción".

Como mencionamos en el Capítulo 5: Conéctate, algunos creen que la música se desarrolló como un canal alternativo de comunicación que precedió al desarrollo del habla. Les tarareamos a nuestros bebés para decirles que están a salvo, los ponemos a dormir con canciones de cuna y, cuando comenzamos a persuadirlos de entrar en el mundo del lenguaje, les mostramos que las palabras son comunicación, utilizando una voz cantarina: "Los pollitos dicen pío pío pío...". Finalmente esos bebés aprenden a hablar, y el lenguaje verbal se convierte en la forma dominante de comunicación. Pero nuestra capacidad para comunicar emociones con la música jamás desaparece.

De hecho, la música está integrada en nuestro lenguaje hablado. "Los antropólogos dicen que alrededor del 90 % de tu comunicación en realidad no está en las palabras, sino en la música de las palabras", dice Helen Fisher, investigadora del Instituto Kinsey y consejera científica en jefe para Match.com. Ella habló apasionadamente sobre el poder de la *prosodia*, la manera en que enriquecemos nuestro lenguaje hablado con más significados a través de las inflexiones, el ritmo, las pausas y otras microtécnicas. Piensa en cómo dirías la frase "Te quiero" en estos escenarios: a) a tu pareja por primera vez, b) a tu mamá por teléfono, y c) sarcásticamente a un amigo que acaba de insultarte. La prosodia nos permite agregar música al lenguaje verbal, para que podamos transmitir una gran cantidad importante de información emocional que es difícil que las palabras por sí mismas puedan expresar.

Fisher me habló de una teoría (que no es suya) que dice que los animales por lo común comparten tres tipos básicos de comunicación que pueden caracterizarse como el gemido, el ladrido y el gruñido. El gruñido es obvio: es una amenaza o una advertencia. Un gemido es como el sonido que hace un niño; es pasivo, diseñado para neutralizar una amenaza o confundir a un atacante potencial. Y un ladrido es el resto de nuestro parloteo para transferir información (imagina la "conversación" en un concurrido parque para perros). Es un constructo interesante que nos sugiere cómo las palabras pudieron haber evolucionado a partir de las formas preverbales de comunicación, como la música.

Algunas personas, hacia el final de la vida, cuando el habla falla, vuelven a la música para comunicarse. "La música puede sacarnos de una depresión o hacernos llorar; es un remedio, un tónico, un jugo de naranja para el oído", dijo el fallecido gran autor, neurólogo y profesor Oliver Sacks. "Pero para muchos de mis pacientes con problemas neurológicos, la música es todavía más: puede dar acceso, incluso cuando ningún medicamento lo logra, al movimiento, al habla, a la vida. Para ellos, la música no es un lujo, sino una necesidad".

El lenguaje hablado y escrito es el gran diferenciador de la raza humana; ha hecho posible el mundo moderno. Sin embargo, los neurocientíficos señalan que el pensamiento basado en el lenguaje puede limitar nuestra comprensión del mundo, al comparar por reflejo cada nueva experiencia con palabras y conceptos con los que ya estamos familiarizados. Y es ahí donde la música puede tener un papel significativo. "Con frecuencia nos sentimos atraídos por actividades que al menos temporalmente pueden quitarnos los grilletes que el lenguaje puede imponer", dice Davidson. "La música es un medio a través del cual podemos eludir la mente conceptual y activar más directamente las emociones".

Entonces, si la música es el lenguaje de la emoción, ¿cuáles son las reglas de ese lenguaje? Cuando somos niños, nuestro maleable y joven cerebro absorbe más y más música, y comienza a construir un andamio de estructuras neurales que nos ayuda a identificar patrones musicales similares en el futuro. De la misma forma en que aprendemos patrones lingüísticos que son "correctos" o "incorrectos", nuestro cerebro construye una sintaxis musical que es específica de nuestra cultura: un conjunto de reglas implícitas que, cuando se siguen, producen sonidos que simplemente parecen *correctos*. A medida que aprendemos

DATO CURIOSO

"I Will Always Love You", de Whitney Houston, fue la canción de campaña de Saddam Hussein para las elecciones de 2002. ¿Y adivina qué? Ganó.

intuitivamente las reglas, nuestras emociones se implican en esas estructuras.

Esas estructuras, que abarcan una organización pragmática de nuestro conocimiento musical previo, imponen sus reglas sobre la música que escuchamos. Aprendemos a predecir a dónde va una canción: un juego inconsciente de adivinación que contribuye a nuestra satisfacción (cuando adivinamos correctamente, como un coro que se repite) y nuestro entusiasmo (cuando algo nos sorprende, como un puente inusual). "Los compositores hábiles manipulan las emociones en una canción al conocer cuáles son las expectativas de su audiencia, y controlan cuándo esas expectativas se cumplen (o no)", dice la psicóloga clínica Malini Mohana en PsychCentral.com.

Una expectativa reforzada activa nuestro centro de recompensas; una expectativa no cumplida puede, por el contrario, producir una ligera sensación de miedo o peligro y una descarga de adrenalina. La música suave y melodiosa puede corresponderse con una expectativa interna de una noche que llega a su fin, o con una canción de cuna de la infancia; tu cerebro responde modulando las ondas cerebrales para llevarlas a un estado de mayor reposo. La música con notas graves muy marcadas se corresponde con la expectativa de una llamada a la acción; aquí viene la adrenalina y un sentimiento asociado de poder. Y así sucesivamente.

THEY GOT ME HYPNOTIZED

El hecho de que la música pueda alterar tu estado emocional representa una oportunidad para que los compositores de canciones establezcan una conexión. Pero también abre la puerta para que otros manipulen tus emociones a través de la música, con o sin tu conocimiento. La misma música de pocas ppm que nos ayuda a relajarnos también puede volvernos más vulnerables a la sugestión. Por ejemplo, para hacer que sus pacientes se abran, un psiquiatra los hará

¿Por qué la música de espera es tan molesta?

Los primeros ascensores, inventados a principios del siglo XX, eran unas cosas absurdamente escalofriantes. ("Okey, éste es el concepto: te vamos a encerrar en una caja de acero sin picaportes y usaremos un delgado cable para subirte decenas de metros por el interior de un largo hueco vertical, muy por encima de las calles de la ciudad. ¿Quién va primero?"). Y casi desde que han existido los ascensores surgió la "música de ascensor: ligera, alegre, típicamente una bazofia sin letra. ¿Por qué? Porque esa música relajante mantiene el aburrimiento a raya y calma los nervios de los pasajeros de los ascensores que aún no se han hecho pedazos.

El mismo concepto evolucionó en la "música de espera", que suena mientras eres interminablemente transferido entre call centers automatizados: está diseñada para limitar tu ira a un ligero hervor. Según cuenta la historia, el dueño de una fábrica llamado Alfred Levy estaba en una llamada en los años sesenta cuando un alambre expuesto causó que su receptor captara la señal de una emisora de radio. También hizo que se le encendiera la bombilla: Levy presentó una patente para la música de espera, con la creencia de que transmitir música ligera, alegre y sin letra haría que la gente se mantuviera en línea. La música de espera es irritante, pero el silencio es peor: hace que la gente al teléfono se sienta abandonada. Un estudio de 2009 mostró que la música de espera hace que el tiempo parezca más corto. Su llamada es muy importante para nosotros, por favor espere en línea; todos nuestros agentes se encuentran ocupados.

CUATRO PREGUNTAS PARA

HANS ZIMMER

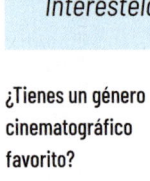

Considerado como uno de los talentos musicales más innovadores del mundo, Hans es un compositor escénico visionario. Ha musicalizado algunas de las películas más exitosas del mundo, incluyendo *El rey león*, *Interestelar* y *El caballero de la noche*.

¿Tienes un género cinematográfico favorito?

Mis géneros favoritos son las películas que nadie quiere ir a ver, es decir, las películas sobre crisis humanas, política, Amnistía Internacional, colonialismo, todos esos temas desagradables. Entonces lo que hago es, desde luego, hacer trampa. Trato de que los directores con los que trabajo tengan un alma humana parecida y un corazón latiendo en su interior. Y disfrazamos nuestro pequeño mensaje. Intentamos agregar sustancia y humanidad a las cosas que podrían haber carecido de eso cuando justo empezamos a trabajar en ellas.

¿Cuáles son las películas que me gustan más? Las que hacen preguntas.

¿Tu música es una respuesta a algunas de esas preguntas?

No, creo que es otra forma de hacer preguntas, otra forma de perturbar al *statu quo*, otra manera de descubrir que quizá lo que ves en la pantalla no es necesariamente la respuesta a todo o lo que la gente está diciendo. Y ciertamente es lo que estás sintiendo ahora.

La música no manipula de una forma en que yo haga sentir a la gente algo que no está percibiendo naturalmente, en lugar de sólo abrir una puerta y decir: "Ten, te estoy dando la oportunidad de sentir algo". Me parece que eso es muy interesante en el mundo moderno, tomarse una pausa, simplemente sentir algo. Creo que hoy en día eso es poco común. Entre mensajear y contestar con el móvil y hacerse una selfi, realmente consiguen sentir algo.

¿Cuán importante es para ti cuando te involucras en musicalizar una película?

Usualmente lo que sucede es que me involucro en esta especie de borrador sin terminar, no el primer borrador. Por ejemplo, con *Interestelar* el director Chris Nolan vino y me dijo: "Si te diera una página, pero no te dijera de qué trata la película, ¿me regalarías un día para escribir lo que se te ocurriera a partir de esa página?". Compuse una pieza muy frágil, porque él había escrito algo hermoso sobre lo que significa ser padre. Vino a escucharla a las 10 de la noche un domingo. Y yo dije: "Bueno, ¿qué te parece?". Y él, "Bueno, lo mejor será que haga la película". Y le pregunté: "¿De qué trata?". Me describió *Interestelar* y toda su épica y su gloria. Y yo dije: "Pero lo único que compuse fue esta frágil piececita". Y él, "Sí, pero yo sé dónde está el corazón". Así que algunas veces se trata sólo del primer borrador o lo que sea; es una conversación constante.

¿Tienes algún ejemplo de un sonido preferido para evocar un momento poderoso?

Se vuelve interesante cuando lo haces al revés. Una de las primeras partituras que hice para Hollywood fue *Paseando a Miss Daisy*, que ostensiblemente es una película conservadora sobre una señora mayor. Y si la escuchas con atención, es una banda sonora electrónica, con un banjo que aparece en ocasiones.

Es bonito que las culturas colisionen, es realmente interesante. Con la música podemos hacerlo todo el tiempo cuando reunimos músicos de muchas tribus distintas del mundo, y no sólo nos quedamos en los confines de la orquesta occidental europea. Lo grandioso de la música cinematográfica es que no hay reglas. Puedes hacer tu pista psicodélica-*country-western-electro*-punk y en realidad nadie te lo va a cuestionar. Podría no gustarles, pero es perfectamente legítimo hacerlo.

Y todos me dijeron que el periodo de atención de la gente es cero. Ya sabes, no hagas nada que dure más de tres minutos o estás muerto. Pero lo raro fue que la música para cine es larga porque cuenta una historia. Y pasa por todos los cambios de humor, etc. Quiero decir, cuando hice *El caballero de la noche* fue una pieza de 22 minutos. Cuando hice *Piratas del Caribe* fue una pieza de 14 minutos.

Son piezas largas y a la gente le encanta que la incluyas en ese mundo, y tiene paciencia. Y, en cierta manera, tenemos que dejar de escuchar a esa gente que nos dice lo que no podemos hacer.

Creo que si pudiéramos hacer el mundo un poco más silencioso y organizarlo un poco, podríamos alcanzar a la gente con un susurro, con un delicioso, bello, íntimo y sentido susurro.

recostarse sobre un cómodo sofá en una tranquila habitación privada para crear un espacio seguro e inconscientemente reducir su miedo. De forma similar, la música relajante puede ponerte en un estado en el que seas más dócil y obediente, quieras serlo o no; un hecho que los grandes negocios, particularmente en la era del *big data*, no han perdido el tiempo en aprender a explotar.

"La música rápida hace que compres más cosas", dice Heather Berlin. "Ellos tratan de sacarte de ti para que no pienses tanto... si entras a un ritmo y te disocias un poquito, puedes tomar decisiones que son más automáticas, sin dar cabida al pensamiento racional o contemplativo".

Para ser claros, esto no es pura teoría; literalmente te está ocurriendo todo el tiempo, justo ahora. Aquí van sólo algunos ejemplos verídicos de esta semana (tu experiencia puede variar):

- Tu vinatería pone música clásica, porque hace que la gente compre vinos más caros que cuando pone música del top 40.

- Las tiendas de comestibles y los restaurantes mantienen el tempo suave y lento, porque hace que te quedes más tiempo y pidas más.

- Los bares ponen música fuerte para inducirte a hablar menos y beber más.

- Los cafés aceleran su música al final de la noche para motivarte inconscientemente a volver a casa.

- Los *call centers* y los ascensores ponen música ligera y sin letra para mantenerte tranquilo. *(Ver recuadro p. 189).*

Los efectos son incluso menos sutiles en la TV y las películas, donde unos profesionales llamados productores tratan conscientemente de elaborar una experiencia emocional que comprenda el público, donde la música no juega un rol menor. "Los medios a los que estamos expuestos a menudo tienen una banda sonora", señala Davidson. "Y es muy probable que esa banda sonora tenga un papel extremadamente importante en el impacto que tienen esos medios. Creo que si en los medios de comunicación

"Creo que el momento escoge el himno y no es el himno quien escoge el momento".

QUESTLOVE *sobre lo que vuelve histórica a una canción*

estuviéramos expuestos a la misma información, pero sin sonido, este mundo sería un lugar muy distinto".

Porque en cualquier actividad en la que te veas involucrado, pública o privada, si hay música de fondo tienes todas las razones para sospechar que estás siendo manipulado.

Finlandia es el país con más bandas de heavy metal per cápita en el mundo. ¡Ahí va, Turcas y Caicos!

El papel de la música como controlador subliminal del ánimo tiene una larga historia. Fue un general de la Primera Guerra Mundial, George O. Squier, quien primero tuvo la idea de que la música de fondo podía utilizarse en los lugares de trabajo para aumentar la productividad. Conforme el día avanza, reflexionó, los trabajadores se van cansando más, pero algunos periodos de música de fondo, cada vez más animada, podría mantenerlos motivados. Para poner su idea en práctica, la compañía de Squier presentó una lista de reproducción, llamada *Stimulus Progression*, que tocaba música cada vez más animada a medida que el día avanzaba. En los años cincuenta y sesenta, esta música de "silba mientras trabajas" se convirtió en la banda sonora de la América capitalista.

La fascinación continuaría por décadas. A principios de los años setenta, los investigadores descubrieron que los anuncios televisivos con música de fondo cuidadosamente escogida hacían que la gente fuera más propensa a calificar más alto el anuncio. En 1986, un equipo de investigadores analizó mil anuncios y descubrió que la música funcionaba como un "dispositivo de memoria auditiva", mejorando la percepción de la marca. Un estudio descubrió que "la música feliz generaba un ánimo más alegre en la gente, pero que la música triste creaba mayores intenciones de compra". Otro descubrió que, en los supermercados y los restaurantes, la gente se quedaba más tiempo y consumía más cuando el tempo de la música se reducía a alrededor de 72 ppm.

En Hollywood, el poder de la música para mover a las audiencias no era algo nuevo; las películas llevaban décadas utilizando bandas sonoras para modular las emociones del público. En 1933, los asistentes a *King Kong* escucharon la primera partitura cinematográfica, de Max Steiner, diseñada específicamente para apoyar a la historia en cada giro. Había un motivo monstruoso para Kong (inquietante, peligroso, masculino), que preparaba el terror para público con la promesa de muerte y destrucción, y un motivo para la heroína Ann (descrito como "lírico y femenino"), la damisela en apuros; más tarde, ambos motivos se amalgamarían en el tema de amor. La película fue un gran éxito, y las bandas sonoras y el cine ya nunca se separarían, desde los oscuros e inolvidables temas de *El padrino* hasta la misteriosa y sonora música de cámara y de celesta de *Harry Potter* que ayudó a las audiencias a sentirse profundamente inmersas en ese mundo de encantamientos.

Después de *King Kong,* sólo faltaron dos años para que la Mejor Banda Sonora fuera añadida como una categoría de los premios de la Academia. Hoy, la persona viva con más nominaciones es un compositor de bandas sonoras, John Williams, con 52, incluyendo películas de autor tan pequeñas y olvidables como *E. T. el extraterrestre, La guerra de las galaxias, Mi pobre angelito, Indiana Jones y los cazadores del arca perdida* y *Harry Potter y la piedra filosofal.*

La música cinematográfica nos ayuda a sumergirnos por completo en la historia, que implica tanto a nuestro sistema límbico que literalmente sentimos lo que los personajes sienten. Es físicamente perturbador cuando ves *Tiburón*

y oyes esas famosas notas de tuba que anuncian la llegada del escualo. Nos sentimos aterrados con los chillantes violines ("¡Iiik, iiik, iiik!") durante la escena de las cuchilladas en *Psicosis*; eufóricos cuando Rocky sube corriendo las escaleras del Museo de Arte de Filadelfia; desesperanzados cuando el barco se hunde en *Titanic*. Las bandas sonoras nos manipulan a su antojo, pero nos regalan la experiencia de nuestra vida.

"La yuxtaposición de la música con una escena puede crear resoluciones ambiguas", dice Levitin. "Me parece que la primera vez que esto se usó en una película comercial fue en *Bonnie y Clyde*, de 1976, cuando Faye Dunaway, Warren Beatty y Michael J. Pollard están disparándole a un montón de gente y es un reguero de sangre. Ésta fue probablemente la película más sangrienta que se hubiera hecho hasta entonces, y le pusieron una especie de música alegre... y lo que eso hace es decirle al espectador que así es como Bonnie y Clyde lo están viendo".

Gracias a la música cuidadosamente empleada, sientes las mismas emociones que sienten esos gánsteres fuera de control. Y a fin de cuentas, *eso* es lo que te perturba.

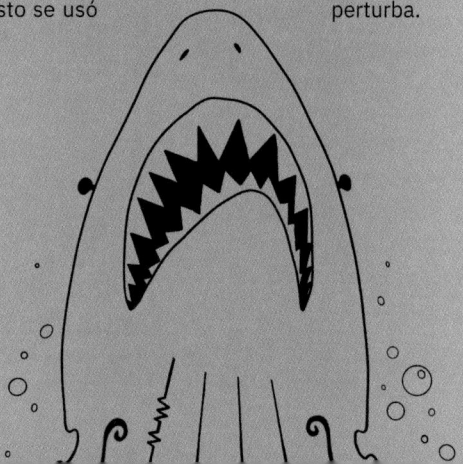

CONCLUSIÓN

La música es el lenguaje de las emociones, con un impacto no verbal que elude nuestra inteligente **corteza cerebral** y se comunica directamente con nuestro antiguo y emocional sistema límbico. Sentimos lo que el compositor o el autor de la canción quieren que sintamos antes de entender lo que nos está tratando de decir. "La música puede impactarnos profundamente, moldeando o cambiando nuestro ánimo si la dejamos, y por lo tanto debemos tener el control de lo que elegimos escuchar y usar la música instrumental para nuestros propósitos, y no a la inversa", advierte Francesca Dillman Carpentier, psicóloga de medios y profesora de la Universidad de Carolina del Norte en Chapel Hill.

La música es tu kriptonita; su capacidad para jugar con tus emociones proporciona una puerta en la trastienda muy conveniente para que los propietarios de tiendas sin escrúpulos y los donjuanes de las aplicaciones de citas penetren en el centro emocional de tu cerebro y te manipulen. Pero puedes ofrecer resistencia. El primer paso, naturalmente, es tomar consciencia: entender cómo y por qué la música se utiliza para influir en las decisiones emocionales, y tal vez considerar usar de vez en cuando tapones para los oídos para cancelar esa influencia.

También puedes hacer un uso más activo de la música para regular tu propio ánimo. Considera trabajar activamente en la banda sonora de tu vida, tejiendo música cuidadosamente escogida en el entramado de tu mundo. Desde unas poderosas canciones en tu despertador para iniciar un importante día de trabajo hasta unas canciones generadoras de sueño reparador cuando vuelves a la cama, tú puedes aprovechar el poder mágico de la música para inducir los estados de ánimo más propicios que perfeccionen tu día y te preparen mejor para resistir las influencias externas. La mejor defensa es un buen ataque. ■

PARA LLEVAR

La música es un potencial punto débil en las defensas de tu normalmente bien protegido cerebro —el conducto de ventilación expuesto en nuestra Estrella de la Muerte, si tú quieres— y se usa todo el tiempo para motivarnos y manipularnos. Puede convertirnos en consumidores ávidos, en trabajadores obedientes, en espectadores estremecidos o en soldados energizados. Pero si tenemos consciencia de cuán fácilmente la música puede influir en nuestras emociones y decisiones, podremos seguir nuestra vida con la cabeza despejada y utilizar el poder que ejerce la música sobre las emociones para cosas buenas.

PARA HACER QUE LA GENTE SE QUEDE En tu fiesta, tu tienda o tu restaurante opta por música en un rango más bien lento, pero no somnífero, de unas 72 ppm (como "When I Was Your Man" de Bruno Mars). Suena trillado, pero la música lenta de verdad lentifica a la gente.

PARA QUE LA GENTE SE VAYA Por el contrario, si quieres motivarlos a que se muevan más rápido para que se vayan a casa, acelera la *playlist* con canciones cuya frecuencia esté al menos en 85 ppm (como "The Longest Time" de Billy Joel).

PARA COMPONER CANCIONES QUE TENGAN UN IMPACTO EMOCIONAL Juega con las expectativas musicales de tu audiencia. Nuestra respuesta emocional a la música se basa en la capacidad del cerebro para predecir a dónde se dirige la melodía; generalmente el placer viene de la mezcla correcta entre sorprender y cumplir expectativas.

PARA QUITARTE EL MAL HUMOR Elabora con cuidado una *playlist* que comience con canciones tristes (reconociendo tu ánimo) pero que poco a poco cambie a algunas alegres y conocidas. Las respuestas emocionales arraigadas en tu cuerpo guiarán a tu mente consciente y te ayudarán a cambiar tu humor.

CONVIÉRTETE

DE DO DO DO THAT'S ALL

THE POLICE
"De Do Do Do,
De Da Da Da"

DE DA DA DA
I WANT TO
SAY TO YOU

PITÁGORAS, EL ENTUSIASTA DE LOS TRIÁNGULOS, pensó mucho en la música. Estudió la lira, un instrumento de cuerdas que era como un arpa de mano, y desarrolló las matemáticas alrededor de cómo cambia el tono según el largo de la cuerda. Al tirar de la cuerda de una lira aplicas energía, haciéndola vibrar con una frecuencia particular que está en función de su longitud; tus oídos experimentan esa vibrante energía como un tono específico, digamos si bemol. Pitágoras creía que todo en el mundo natural estaba regido, de manera similar, por las matemáticas. Cuando observaba el cielo nocturno, no sólo veía estrellas y planetas: veía una elegante ecuación en funcionamiento. Pensaba que cada planeta emitía un sonido distinto al rotar y al girar, como la cuerda de una lira, contribuyendo así con un tono celestial único a la hermosa sinfonía cósmica. Este concepto se llegó a conocer como "la música de las esferas".

Existe otro tipo de teoría de cuerdas que hoy se ha considerado en el mundo de la física teórica. Cuando abrimos las moléculas, encontramos los átomos; dentro de los átomos hallamos protones, neutrones y electrones; y en el interior de los protones y neutrones encontramos cuarks, que parecen ser indivisibles. La teoría de cuerdas supone que, si pudieras hacer *zoom* en un cuark —lo cual no es posible, ni siquiera en teoría, porque son más pequeños que la longitud de onda de la luz visible—, lo que encontrarías no es un grupo más pequeño de partículas, sino una cuerda infinitesimal de energía vibrando. Y es el agrupamiento de estas microvibraciones —estas diminutas cuerdas de lira que se tocan solas— lo que crea la ilusión de la materia sólida. Esta energía es todo lo que hay: la infinita danza de Shiva, en la mitología hindú, que le da sustancia al mundo. Ésta es la música del universo, y tu cuerpo y tu mente también forman parte de ella.

Siento convertirte en una lira.

Suena poético, y tal vez un poco cursi, pero la música está en ti. Está integrada en el tejido de tus átomos, grabada profundamente en las estructuras de tu mente. La música ha pasado decenas de miles de años modificando lentamente tu ADN para construir un cuerpo y un cerebro más receptivos a su influencia. Y a lo largo de ocho capítulos en los que hemos detallado las fortuitas intersecciones de la música y la mente, hemos intentado enseñarte cómo aprovechar la música para dormir, concentrarte, amar, cuidarte, conectarte, escaparte, crear y sentir. Pero la contraportada se acerca rápidamente, y es hora de decidir qué vas a hacer con todo ese conocimiento.

En este capítulo final exploraremos el poder de la música para mejorar no sólo cómo vives sino quién eres. Analizaremos el papel central que tiene la música para expresar tu identidad y tu personalidad, incluyendo elementos de espiritualidad y fe. Te mostraremos cómo la música puede ayudarte a hacer cambios duraderos en tus patrones de

> "We have no past,
> we won't reach back,
> Keep with me forward
> all through the night".
>
> **CYNDI LAUPER** *"All Through the Night"*

conducta, desde corregir los malos hábitos hasta construir estabilidad y felicidad. Y exploraremos cómo puedes aprovechar la música para alcanzar la paz interior y encontrar un propósito, ayudándote a convertirte en... bueno, en lo que sea que quieras ser.

La música es profundamente entretenida, y para mucha gente eso es suficiente. La mayoría de los simios sin pelo que te rodean disfrutarán de la música a lo largo de su vida sin siquiera darse cuenta de su potencial para cambiar su mente y su destino. Pero si estás listo para salir de la comodidad del algoritmo de Pandora y meterte en la cabina del *deejay*, hay un mundo lleno de oportunidades al alcance de tus dedos.

WHO ARE YOU?

"La música es una de esas actividades que parecen combinar más de nuestras características humanas que cualquier otra", dice Tod Machover. Sonoriza tus bodas y funerales, sí, pero también tus traslados y tus horas felices; tus prometedoras sesiones de besos, tus rupturas lacrimógenas y tus alegres reencuentros; tus viajes en ascensor y cuando vas a tirar la basura. O, como lo expresa Youssou N'Dour: "Cuando escucho a alguien hablar, mi mente traslada esa voz a música. Mi entorno completo y todo a mi alrededor —la gente que habla y la gente que reza por la mañana— se vuelve música para mí. Todo lo que oigo, lo escucho como música. Es mi forma de vivir. Si no hay música, no me siento libre".

Como cualquier compañía constante, la música goza de una enorme influencia en tu personalidad. A lo largo de todo el día, la música te moldea con discreción: te activa y te tranquiliza, fija algunos recuerdos en detrimento de otros, genera respuestas emocionales, resucita tu pasado. "No puedes escapar del hecho de que todo tiene un ritmo en su forma más simple", dice Mick Fleetwood. "Es así de poderoso. Es como sentarse frente a una ola". Tu mente está ávida de estímulos rítmicos y, cuando los recibe, se reprograma alrededor de ellos. Tú *eres* tu música, a fin de cuentas.

Y como resultado de esta influencia, la música que amas telegrafía verdades profundas al mundo sobre quién eres en realidad. De hecho, la investigación ha demostrado que un completo desconocido puede hacer juicios precisos y detallados sobre ti —tu apertura mental, tu creatividad, dónde te encuentras en el espectro introvertido-extrovertido— después de escuchar solamente 10 de tus canciones favoritas.

En un par de estudios innovadores, los curiosos investigadores de la Universidad de Cambridge acomodaron por parejas a las personas en una habitación y les dieron una tarea simple: conózcanse. Podían hablar de cualquier cosa, pero el tema más popular fue la música. Cuando los participantes del estudio necesitaban un atajo conversacional para conocer la personalidad de un extraño, su táctica favorita de apertura era saber sobre sus preferencias musicales. ¿Por qué? Posiblemente porque instintivamente sabían que eso funcionaría, porque nuestros gustos musicales dicen prácticamente todo lo que vale la pena saber sobre nosotros.

La empatía, por ejemplo, es un rasgo altamente valorado que vale la pena distinguir en un extraño. Los humanos tienden a agruparse alrededor de uno de dos estilos cognitivos: o son empáticos (más propensos a tomar decisiones que tengan en cuenta los sentimientos de los demás), o son sistematizadores (más propensos a basar sus decisiones en sistemas y reglas objetivas). Cuando los investigadores dividieron a los participantes según su estilo cognitivo y

DATO CURIOSO

Dentro de poco la música podría ayudar a los bomberos. Resulta que las ondas sonoras entre 30 y 60 Hz pueden separar las moléculas del fuego del oxígeno que las rodea, extinguiendo las llamas.

y oportunidades. Éste es sólo un ejemplo de los cálculos mentales inconscientes detrás de uno de esos procesos de pensamiento: "¿Camiseta del concierto de Maroon 5? Probablemente sea un buen oyente. Por otro lado, aquel idiota que escucha a Visigoth a todo volumen podría representar el tipo de locura que necesito en este momento...".

Muchos nos sentimos instintivamente cómodos usando las preferencias musicales de una persona como punto de partida para conocerla. Experimento rápido: imagina que un nuevo empleado, Pat, llegará la semana que entra a la pequeña compañía donde trabajas, y tienes curiosidad por saber si te va a caer bien. De mala gana, tu simpático jefe ha accedido a decirte sólo un dato sobre la nueva persona. Puedes obtener la respuesta a una de las siguientes afirmaciones:

- El maratón de series favorito de Pat es *Ozark* o *The Masked Singer*.

- La lectura favorita de Pat es literatura clásica o novela gráfica.

- La música favorita de Pat es EDM o *country*.

¿Cuál sientes que es la información más significativa?

"La música forma parte de quien eres", dice la neurocientífica Heather Berlin. "Y tú puedes usar la música para acceder a tus partes más profundas que están más allá del lenguaje, que simplemente no puedes alcanzar de otro modo". Las canciones operan a un nivel visceral, comunicando emociones, intenciones y valores, en lugar de palabras e ideas. Te remueven, te emocionan, te aplastan o te inspiran en una parte profunda de tu mente donde el

buscaron correlaciones con sus gustos musicales, descubrieron que la gente que había resultado alta en empatía también, por lo general, prefería la música melodiosa y relajante —rock suave, soul, *indie*, R&B—, mientras que aquellos con cerebros sistemáticos tendían a preferir música compleja o intensa, como jazz o rock pesado.

El punto no es que éste sea un descubrimiento revolucionario, por el contrario. Muy bien podías haber adivinado que los empáticos gravitarían hacia la música con una complejidad emocional y lírica, porque están mejor preparados para apreciarla. Por regla general, los humanos somos muy buenos para evaluar constantemente a la gente a nuestro alrededor en busca de amenazas

LO QUE TU MÚSICA DICE SOBRE TI

Investigadores de la Universidad de Heriot-Watt en Edimburgo sondearon a 36 mil oyentes de música, buscando correlaciones entre su personalidad y sus estilos musicales favoritos. Esto es lo que encontraron, según una síntesis que hizo Psych Central *de la información:*

	Seguro	Creativo	Extrovertido	Introvertido	Amable	Tranquilo	Trabajador
BLUES & SOUL	✓	✓	✓	✗	✓	✓	✗
POP	✓	✗	✗	✗	✗	✗	✗
COUNTRY & WESTERN	✗	✗	✓	✗	✗	✗	✓
RAP	✓	✗	✓	✗	✗	✗	✗
HEAVY METAL	✗	✓	✗	✗	✓	✗	✗
ÓPERA	✓	✓	✗	✗	✓	✗	✗
CLÁSICA	✓	✗	✗	✓	✗	✓	✗

lenguaje hablado no puede penetrar. Por eso no siempre puedes entender —ya no digamos poner en palabras— por qué *ésa* es tu balada favorita de siempre, o por qué *esa* canción en particular (tú sabes cuál), de tus dulces pecados, te hace llorar en secreto.

Además de que podemos inferir los valores de la gente a partir de sus preferencias musicales, también las usamos reflexivamente para decidir, de forma preventiva, si un extraño es "uno de los nuestros" o no. Recuerda el instituto. (Lo sé, lo sé... esto sólo llevará un minuto, lo prometo. O simplemente sáltate este párrafo). No importa cuáles eran los grupitos sociales de tu escuela —*freaks* y *geeks*, góticos y marihuaneros, populares y cerebritos, vampiros y hombres lobo—, seguramente tenían géneros musicales específicos que preferían como grupo. Cuando alguien pone a todo volumen "su" música en el metro o en su coche, lo que intenta es decirte algo, y no tiene nada que ver con su amor por esa canción en particular.

Dice el Dr. Jonathan Berger, profesor de la Universidad de Stanford: "Hay aspectos comunes en la experiencia dentro de los grupos y subgrupos culturales que correlacionan aspectos o atributos de 'la música' a un grupo en particular, mientras que otros (incluso dentro de la misma cultura pero, digamos, generacionalmente separados) pueden llamar a esto 'ruido'". La música proporciona a los grupos sociales una prueba tangible de comunidad, proveyendo simultáneamente un faro de identidad —¡esto es quien somos!— y un muro para mantener fuera a los no creyentes.

Es imposible hablar de identidad de grupo, y del rol potencial de la música para facilitar la vinculación grupal, sin referirnos a la oxitocina, la llamada hormona del cariño que te hace sentir emocionalmente cercano a los demás. Como lo discutimos en el Capítulo 3: Ama, la oxitocina es una poderosa poción que facilita y fortalece los lazos entre la gente: los amantes jóvenes, los dueños con sus mascotas, los padres con sus hijos, los estudiantes universitarios con el repartidor de Uber Eats. Y la oxitocina puede ser liberada por la música, especialmente música que es reconfortante o cantada en voz alta. De hecho, la oxitocina forma parte de un delicioso coctel de refuerzos químicos que también incluye endorfinas y dopamina, que se combinan para hacer de la música un poderoso adhesivo para la cohesión grupal.

El hecho de que la música compartida sea un potente significante de la identidad grupal puede ayudar a explicar por qué es ese obstinado símbolo universal de pertenencia: por qué los países tienen himnos nacionales, los clubes de rugbi de los institutos tienen canciones de pelea, los ejércitos tienen bandas militares y los grupos étnicos entrelazan los brazos y cantan a todo pulmón canciones para embeberse de su añeja nación. Pero la identidad de grupo no está conformada por unicornios y arcoíris. La misma música que une a una familia, comunidad u organización lo hace así, a fin de cuentas, excluyendo explícitamente a otros. Declarar un "nosotros" necesariamente define a todos los demás como "no nosotros", y cuanto más cerca estés de tu grupo endogámico, más apartado estarás de todos los demás.

Lo que nos lleva, naturalmente, a la religión.

"Si no hay música alrededor, no me siento libre".

YOUSSOU N'DOUR *sobre la música como una fuerza vital*

LOSING MY RELIGION

La capacidad de la música para mover a la gente ha sido con frecuencia sujeto de controversia. Cuando la música religiosa comenzó a aparecer en los servicios de la Iglesia cristiana, allá por el siglo IV, Agustín de Hipona (después san Agustín) protestó contra el agravio, argumentando que la música traía tanto placer que distraería a los adoradores de lo divino. Temía que los feligreses quedaran tan atrapados por la música que olvidaran concentrarse en la letra. Recuerda, no era un demoniaco heavy metal por el que Agustín protestaba; se trataba de *himnos* creados específicamente por gente religiosa para honrar a Dios. Pero el poder de la música amenazaba con competir con el poder de la Palabra.

A pesar de todos estos recelos, Agustín en realidad amaba la música; de hecho, era su temible poder emocional lo que lo asustaba. Confesó tener reacciones personales como: "La música surgió en mis oídos, la verdad penetró en mi corazón y mis sentimientos de devoción se desbordaron". Agustín creía que, si se usaban sabiamente, los himnos cantados por un grupo podían hacer que una congregación se acercara a Dios, y con el tiempo superó sus objeciones y alentó a los líderes religiosos a abrazar la música. Y ésa es la razón de que haya gruesos himnarios encuadernados tras el respaldo de cada banco cristiano en el planeta.

Las ideas de Agustín influyeron extremadamente en la Iglesia católica, en especial en la creación de un gran canon de himnos. Para la Iglesia, que crecía cada vez más, los himnos se volvieron una forma fundamental de expresar identidad religiosa, uniendo a millones de seguidores en una comunidad global, cantando todos juntos, sin importar la distancia y a lo largo de los siglos. Y la música ha desempeñado un papel vinculante similar en otras religiones y países, y seguidores de equipos deportivos, e incontables culturas y subculturas.

Es sabido que la religión brinda beneficios al cerebro, pero la música cambia la ecuación. Cuando las monjas católicas oran y los budistas meditan, sus lóbulos frontales (el hogar de la concentración) se iluminan por la actividad, mientras que sus **lóbulos parietales** (responsables de la sensación) se apaciguan. La oración puede hacer que

CUATRO PREGUNTAS PARA

PETER GABRIEL

Peter Gabriel es un artista, vocalista y humanista sin precedentes que impulsó Genesis, aumentó la consciencia global de la música del mundo, expandió los límites de la producción de videos musicales e impulsó iniciativas por los derechos humanos alrededor del mundo.

¿Qué tiene una canción de protesta que hace que la gente se exalte?

Bueno, la mayoría de las canciones tratan de ámame o foll**e, entonces tal vez van más allá de eso para referirse más a lo que está pasando en el mundo. Y quizá la intención más extrema de eso es: "Podríamos hacer algo por el mundo y cambiarlo".

Supongo que lo más cerca que he estado de eso es con la canción "Biko", que hicimos durante la gira Amnistía, y realmente fue un punto de encuentro emocional. En ese tiempo hablábamos del *apartheid*, pero de algún modo se volvió una melodía temática para el movimiento de los derechos humanos, como lo han sido otras canciones. Sé que no pocas personas me han escrito para decirme que después del concierto... decidieron involucrarse en los derechos humanos y mencionan "Biko" con bastante frecuencia. Así que sólo necesitas un Mandela o Stephen Biko o Martin Luther King Jr. en el público para tal vez marcar una diferencia.

¿Qué piensas sobre la capacidad de la música para unir a humanos y animales?

Mi experiencia con los bonobos cambió totalmente mi percepción acerca de la inteligencia animal y su capacidad para interactuar con nosotros y entender nuestro lenguaje, aunque muchos científicos siguen negándoles ese grado de inteligencia.

Y quedó absolutamente claro a partir del tiempo que pasé con esos bonobos, y con Koko el gorila, que tenían un nivel muy alto de comprensión de lo que se les decía. Y entonces toqué música con ellos; fue simplemente extraordinario y me sentí como si me hubieran puesto en alguna historia antigua con mis ancestros. La distancia evolutiva simplemente desapareció, y ellos me querían comunicar sus sentimientos.

Mi papá fue un ingeniero/inventor en una compañía que desarrollaba tecnología futurista alrededor de la televisión. También tenían una división Muzak, llamada Reditune. Así que trató de llevar algo de esta música a su área de ordeño, porque había crecido en una granja lechera. Entonces, muy temprano, a las vacas se les ponía esta música tranquila y, claro, aumentó la producción de leche. No hay duda de que la música funciona para relajar.

¿Qué hay de particular en el ritmo, especialmente a través de las percusiones, que ha sido tan inspirador para ti?

Comencé a tocar música como un baterista no muy bueno, así que siempre me ha encantado el ritmo. Y cuando me preguntan cómo deberían aprender música los niños, siempre digo que empiecen con los tambores. Si el *groove* llega a tu alma, todo lo demás es sencillo.

Cuando les das tambores a las personas y las haces que toquen juntas, comienzan a relajarse y sonreír. Y aunque no vayan muy bien con el tiempo, en un cierto punto simplemente se olvidan de ser buenos músicos. Forman parte de eso y se unen a este gran corazón latiente, que es el ritmo. Es una cosa maravillosa cuando lo ves; cuando lo aceleras por encima de tu frecuencia cardiaca te lleva hacia un lado, y si lo relentizas te conduce a otro lado y tu cuerpo responde a eso. Te cambia la velocidad. Pero no te cambia sólo el ritmo físico, es al mismo tiempo un cambio emocional, porque las diferentes velocidades producen distintos sentimientos en ti y en el oyente.

¿Cómo afecta la armonía a una canción de amor?

La armonía, después del ritmo, es la otra herramienta que tienes para cincelar emocionalmente tu escultura... Digamos un intervalo en quinta, como do y sol; sonarán muy bien juntas. Puedes ver la relación matemáticamente; la armonía tiene mucho que ver con las matemáticas. Digamos un intervalo en séptima mayor, que escuchas mucho en las señales de advertencia de los animales, es lo contrario. Despierta a la gente; es una alarma. Cada armonía tiene una respuesta emocional única.

Si tocas do y fa en lugar de do y sol, suenan muy bien juntas, pero no es tan dulce como do y sol o do y mi. Puedes continuar explorando estos intervalos y ver cómo te hacen sentir. Todos los buenos escritores, los buenos compositores, saben cómo yuxtaponer estas armonías de una forma que suene dulce, interesante, estimulante, escalofriante, aterradora o simplemente trascendental. Yo pienso que la armonía es un coctel musical más sofisticado pero fundamental. Si el ritmo es la base nivel uno, entonces la armonía es el nivel dos. El timbre es el nivel tres.

¿Cuál es la mejor música para meditar?

Según aquellos que estudian la psicoacústica, la rama de la ciencia que examina la percepción del sonido y su impacto en la experiencia, la música más efectiva para escuchar mientras se medita podrían ser los pulsos binaurales. Si recuerdas el Capítulo 1: Relájate, los pulsos binaurales son básicamente una ilusión sonora en la cual suenan dos frecuencias distintas, una en cada oído, produciendo una tercera frecuencia. Es profundamente relajante, y el efecto puede provocar actividad en diferentes áreas del cerebro para sincronizarse, el punto de partida perfecto para una meditación productiva.

la gente se relaje profundamente, incluso que pierda la sensación del espacio o el tiempo. Pero los rezos islámicos, que son más musicales, tienen un efecto distinto. De acuerdo con un informe del *Journal of Physiology*, la devoción islámica reduce la actividad en los lóbulos frontales, potenciando los sentimientos de rendición y conexidad. "Islam significa 'rendición' y su idea central es rendirse a la voluntad de Dios", según la Academia Khan; los rezos cantados pueden ayudar a los devotos a alcanzar más eficazmente el estado mental deseado.

En la historia abundan los relatos de experiencias religiosas inspiradas únicamente en la música. Para explorar cómo sucede esto, investigadores de un estudio de 2018 pidieron a musulmanes de Turquía que escucharan música de flauta sufí o himnos alemanes interpretados en órgano. La música de flauta generó profundas emociones en muchos de los oyentes musulmanes, cumpliendo con la definición del estudio de una experiencia religiosa. Curiosamente, sin embargo, el órgano —culturalmente sonoro para los cristianos, pero no para los musulmanes— no tuvo un efecto similar. El poder religioso de la música depende, al menos en parte, de la educación cultural de una persona. Como lo expresaron los autores del estudio: "La música sufí en relación con la experiencia religiosa fue aprendida previamente por el individuo, y la misma música sirve como un recordatorio que reactiva la experiencia religiosa y las emociones positivas profundas".

Incluso para los no creyentes, la música puede generar una especie de estado de flujo presente muy similar al que se consigue con la meditación. Como lo discutimos en el Capítulo 6: Escápate, una canción que te apasione te permite escapar por completo de tus preocupaciones diarias y vivir una experiencia extracorporal. Funciona así:

- Una canción, cuando te concentras en ella, requiere de toda tu atención durante un periodo; te lleva hacia su realidad alterna, y por lo tanto fuera de tu rutina diaria.

- Esa canción tiene un ritmo, que despierta a tu cerebro al estímulo, y te induce emociones, a las cuales tu pobre cerebro reactivo responde como si las emociones fueran reales para ti ; p. ej., como si tú vivieras la historia de la canción.

- Y, sin embargo, tú *sabes* que es una canción. No hay un miedo real, ni un dolor, ni una crisis, así que disfrutas del paseo sin consecuencias, y al terminar puedes absorber felizmente la dopamina.

Muchos de nosotros, siempre tan ocupados, nos consentimos con nuestra música favorita sólo en el contexto de hacer otras cosas, como conducir o cocinar, un ruido de fondo para nuestra ajetreada vida. Pero ¿qué tal si, en lugar de eso, crearas un espacio meditativo para gozar de la música positiva y afirmativa que tu personalidad disfruta? Como tomarse un descanso diario o semanal para hacer yoga, pero con auriculares... estableciendo el compromiso de pasar sólo media hora, más o menos, disfrutando de la capacidad única de la música de ayudarte a olvidar el pasado e ignorar el futuro, y estar simplemente sumergido en el aquí y el ahora.

Si tal experiencia es un escape placentero —y sabes, por experiencia propia, que

lo es— imagina el efecto acumulativo de permitirte esa clase de meditación musical de una forma regular a lo largo de tu vida. Hay evidencia, gracias a estudios alrededor de una práctica similar llamada meditación de amor-amabilidad, que sugiere que este tipo de experiencia extracorporal puede ayudar a volverte una persona más feliz y satisfecha. Como se cita en la publicación en línea *Quartz*, los autores del estudio afirmaron: "La práctica... llevó a un cambio en la experiencia diaria de la gente en un amplio rango de emociones, incluyendo el amor, la alegría, la gratitud, la satisfacción, la esperanza, el orgullo, el interés, la diversión y el asombro... Éstas les permitieron a las personas estar más satisfechas con su vida".

A mí me suena al paraíso.

THIS IS GONNA BE THE BEST DAY OF MY LIFE

Aun cuando conscientemente no estamos prestando atención a una canción, sabemos que de todas formas nuestra mente inconsciente la está procesando, filtrando la letra con la misma seriedad como si el cantante estuviera hablándonos directamente a nosotros. La pregunta es, ¿cuán susceptibles somos a ser inconscientemente influidos

por la música y la letra? Eso no significa que escuchar música alegre te haga estar automáticamente feliz; a veces te puede provocar ganas de lanzar un ladrillo por la ventana de un Chuck E. Cheese. Pero mira un par de cosas que algunos estudios individuales han encontrado verdaderas:

- La música rápida mueve a los oyentes a caminar más rápido; la música lenta ralentiza el paso de la gente.

- Las letras agresivas incrementan los pensamientos y los sentimientos agresivos.

- Escuchar música alegre facilita el pensamiento creativo divergente.

- La música triste deprime aún más a los adolescentes que ya están deprimidos.

- Escuchar música que te gusta disminuye el estrés y te hace más feliz.

¿Observas un patrón? Nuestra música nos afecta profundamente: no sólo en teoría, no sólo durante las sesiones de terapia musical, sino en nuestro día a día. Y dado que la música es un factor siempre presente en tu vida, está modificándola todo el tiempo, sea tu intención o no.

¿Recuerdas la escena de *La naranja mecánica* donde la terapia de aversión de los malvados científicos sociales provoca que el protagonista asocie a su artista favorito, Beethoven, con la violencia y la repulsión? Bueno, no hay manera fácil de decirlo, pero estamos muy cerca de aprovechar ese terrible poder. Un equipo de investigadores de dos universidades canadienses descubrió que, colocando imanes en ciertos lugares cerca de la cabeza del sujeto, podían alterar la potencia de la respuesta de recompensa y *cambiar el género musical preferido de una*

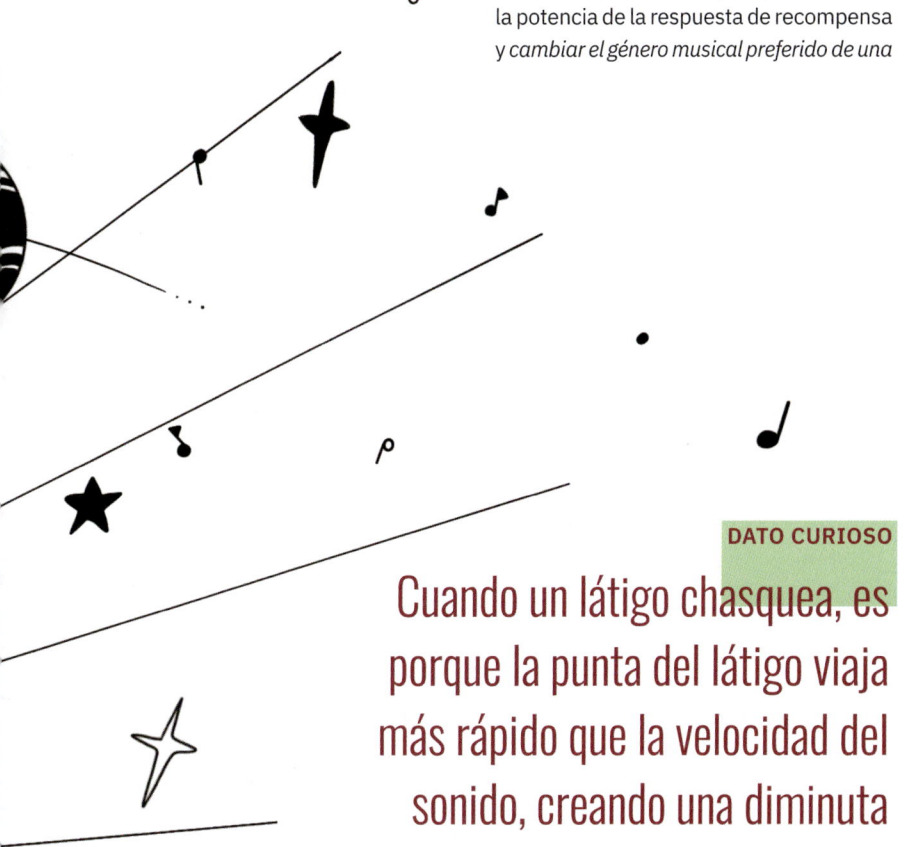

Cuando un látigo chasquea, es porque la punta del látigo viaja más rápido que la velocidad del sonido, creando una diminuta explosión sónica. *¡Wupsh!*

persona... al menos temporalmente. Ésa es una receta para un castigo cruel e inusual.

También representa una increíble oportunidad. Si tus preferencias musicales son potencialmente maleables, entonces nada está grabado en piedra. Por primera vez en la historia humana tienes decenas de millones de canciones al alcance de tus dedos, y una comprensión más clara de cómo aprovecharlas para tu beneficio. Es hora de utilizar este kit de herramientas sin precedentes para reescribir tu historia.

"Todos tenemos una narrativa a la que regresamos una y otra vez", me confió Richie Davidson. "Y para algunas personas, la narrativa es realmente lo único que tienen: es su identidad entera, y es muy difícil para ellas alejarse un paso y verla como una narrativa; simplemente la experimentan como lo que ellas son. Pero una vez que una persona es capaz de alejarse y ver esta narrativa como lo que es, entonces el ánimo puede sosegarse y ser regulado con mayor facilidad".

La música puede ser el descubrimiento que necesitas... sólo presiona *reproducir*.

Al final, todo se trata de la **reverberación.** "Cada cosa en el universo tiene una vibración y una frecuencia", dice Susan Magsamen. "Por lo que estamos llenos de vibraciones todo el tiempo. Y nuestra capacidad para sentirlas, incluso si no podemos escucharlas, es sorprendente". Las cuerdas de tu vida están vibrando en este momento, a un nivel atómico. Tu música entra en tu cabeza, literal y metafóricamente, y reajusta el ritmo de tu vida de incontables maneras. En el día a día, esto significa dormir mejor,

"Puedo decirte que cada cosa que ha escrito Philip Glass puede patinarse sobre hielo".

LAURIE ANDERSON *sobre el verdadero genio de Philip Glass*

El curioso caso de los 40 Hz

Actualmente ni la medicina ni la cirugía pueden revertir los desastrosos efectos del alzhéimer. Pero el sonido y la luz podrían ser capaces de hacerlo, de acuerdo con Tod Machover, un profesor del MIT Media Lab, gracias al arrastre de las ondas gamma. La frecuencia gamma, la más alta de nuestros cinco niveles naturales de actividad cerebral, está asociada con la activación de funciones relacionadas con la agudeza mental y estimula lo que podría considerarse como el sistema inmunitario de nuestro cerebro. Y estos roles la convierten en un tratamiento muy promisorio para el alzhéimer.

Específicamente, se sabe que una frecuencia de 40 Hz (que corresponde más o menos con el mi bajo en un piano) produce actividad en las microglías, que destruyen patógenos en el cerebro y eliminan células dañadas. Como en los humanos, las microglías de los ratones con alzhéimer no pueden limpiar los restos de la placa que causan alzhéimer, y el cerebro muestra poca o nula actividad gamma. Pero al exponer a los ratones a frecuencias gamma a través de luz y sonido, los investigadores fueron capaces de reactivar esas microglías, eliminar la placa y revertir algunos de los síntomas del alzhéimer.

¿Funcionará en las personas? El equipo de Machover, que ha retomado los descubrimientos de Li-Hsuei Tsai y Ed Boyden, también del MIT, ha visto resultados tempranos increíblemente positivos. "Nuestro trabajo muestra que los humanos pueden ser expuestos con éxito a sonido o luz a 40 Hz —con resultados especialmente sorprendentes cuando ambos se combinan— de una forma que impulsa al cerebro a volver a producir frecuencias gamma", informa. Al trabajar en concierto (literal y figuradamente) con otros equipos del MIT, el equipo "Ópera del futuro" de Machover está descubriendo las mejores maneras de convertir esta "terapia gamma" en piezas musicales específicas que plazcan al oído y mejoren las enfermedades mentales como el alzhéimer, el párkinson y la depresión.

concentrarte más y ejercitarte con mayor eficiencia. A largo plazo —con un poco de coreografía de la que has buscado información—, los efectos de la música pueden catalizar mejoras significativas de larga duración en tu salud, tu comportamiento, tu cordura, tus relaciones, tu fortuna y tu personalidad, y literalmente pueden ayudar a convertirte en la persona que quieres ser.

La música ha sido llamada de muchas formas: historia, la materia del amor, el sonido de los sentimientos. ¿Cuál es TU definición?

No es solamente teórico: ciencia, tecnología y medicina están convergiendo para ayudarte a aprovechar por completo el poder de la música como nunca antes. "Imagina tomar una instantánea de tu cerebro e inmediatamente obtener una biblioteca musical personalizada según tu neuroanatomía específica", dice Diana Saville refiriéndose al floreciente campo de la neuroestética computacional. "Con listas de reproducción que te ayuden a tener lluvias de ideas como nunca, alcanzar un momento zen, inspirar asombro, trabajar con mayor eficiencia, relajarte para una siesta, activarte para una fiesta, tomar decisiones más sanas, ser una persona más sociable, etc., etc. ¡Yo me apuntaría a eso!".

El secreto detrás de la singular y maravillosa banda sonora de tu vida es que tu música te ha estado manipulando todo este tiempo. Pero con un poco de fuerza de voluntad, tú puedes tomar el control de esa mezcla y convertirte en tu propia fuerza impulsora hacia lo que sea y quien sea que quieras ser.

La única pregunta que queda es: ¿qué vas a poner a continuación?

PARA LLEVAR

Quien sea o lo que sea que quieras ser, probablemente la música puede ayudarte a llegar allí. Tu playlist es un muy buen predictor de quién eres, pero ése es solamente su estado pasivo. Aprovechada activamente, puede ser también un agente muy poderoso para cambiar quién eres.

PARA FORJAR LAZOS SOCIALES MÁS FUERTES

Prueba cantar en un coro, o cantar con los demás los himnos en la iglesia. Se ha demostrado que el canto grupal mejora el compromiso social y potencia el bienestar y la salud general.

PARA SER MÁS GENEROSO

Escucha música con mensajes alegres. La música "prosocial", con letras sobre mejorar el mundo (como "Imagine" de John Lennon), derriba los sesgos y fomenta el "comportamiento servicial", según varios estudios.

PARA HACER NUEVOS AMIGOS

Aprende a bailar. El movimiento sincronizado se combina con la liberación de endorfinas para volvernos más cooperativos y receptivos a nuevas relaciones.

PARA VOLVERTE UNA PERSONA MÁS CREATIVA

Pon melodías felices. Escuchar canciones diseñadas para generar un ánimo positivo también te hace más propenso al pensamiento divergente y la cognición creativa que se necesitan para solucionar los complejos problemas de hoy, de acuerdo con los investigadores.

PARA VOLVERTE MÁS COMPASIVO

Aprende a tocar un instrumento. Los músicos obtienen mejor puntuación que la persona promedio en el complejo rasgo emocional y cognitivo de la empatía, quizá porque hacer música fortalece conexiones por todo tu cerebro, incluyendo entre tu prosencéfalo "pensante" y tu sistema límbico "sintiente".

CIENTÍFICOS

ENTREVISTADOS PARA ESTE LIBRO

JOY ALLEN

La Dra. Joy Allen es presidenta del Departamento de Musicoterapia del Berklee College of Music, directora fundadora y en funciones del Instituto Berklee para la Música y la Salud, y una experta en el cruce entre la música, la salud y el bienestar.

JONATHAN BERGER

El Dr. Jonathan Berger es profesor en la Universidad de Stanford; sus áreas de investigación incluyen música, ciencia y tecnología. Se especializa en composición, teoría musical y la exploración de la cognición, la percepción y la consciencia.

HEATHER BERLIN

La Dra. Heather Berlin es neurocientífica, psicóloga clínica y profesora clínica asociada de psiquiatría en el Icahn School of Medicine at Mount Sinai. También es conductora del pódcast StarTalk All-Stars, con Neil deGrasse Tyson.

FRANCESCA DILLMAN CARPENTIER

La Dra. Francesca Dillman Carpentier es una psicóloga de medios en la Universidad de Carolina del Norte en Chapel Hill, donde dirige investigaciones sobre los efectos de los medios de comunicación masivos, las respuestas del público a las representaciones del sexo en los medios y las motivaciones de la audiencia que rigen las decisiones de contenido de los medios.

RICHIE DAVIDSON

El Dr. Richie Davidson es fundador y director del Centro para Mentes Saludables de la Universidad de Wisconsin-Madison, y fundador de Healthy Minds Innovations, una organización sin fines de lucro asociada con el Centro. Es más conocido por sus innovadores estudios sobre las emociones y el cerebro. Amigo y confidente del dalái lama, es un experto y conferencista muy solicitado por sus charlas sobre bienestar en escenarios internacionales como el Foro Económico Mundial, donde participa en el Global Future Council on Mental Health.

LAURA FERRERI

La Dra. Laura Ferreri es profesora en la Universidad Lumière Lyon 2. Sus áreas de investigación incluyen música y cognición, música y dopamina como respuesta de recompensa, y memoria.

HELEN FISHER

La Dra. Helen Fisher es antropóloga y experta en relaciones románticas. Es investigadora sénior del Instituto Kinsey para la Investigación del Sexo, el Género y la Reproducción, y es consejera científica en jefe para la página de citas Match.com.

ADAM GAZZALEY

El Dr. Adam Gazzaley es el profesor distinguido David Dolby de Neurología, Fisiología y Psiquiatría en la Universidad de California en San Francisco. También es cofundador y consejero científico en jefe en Akili Interactive Labs y Sensync, y cofundador y científico en jefe en JAZZ Venture Partners. El Dr. Gazzaley es colaborador frecuente de Mickey Hart, exmiembro de la banda Grateful Dead, y juntos exploran la intersección de la ciencia, la tecnología, el arte, el rendimiento y los videojuegos.

KELLY JAKUBOWSKI

La Dra. Kelly Jakubowski es becaria de Leverhulme Early Career en el Departamento de Música en la Universidad de Durham. Dirige investigaciones sobre la relación entre música, recuerdos y emociones.

PETR JANATA

El Dr. Petr Janata es neurocientífico cognitivista y profesor de psicología en la Universidad de California, en Davis. Dirige investigaciones sobre la percepción auditiva y el mecanismo del cerebro que le permite a la gente tener experiencias profundas con la música.

HELEN LAVRETSKY

La Dra. Helen Lavretsky es profesora residente en el Departamento de Psiquiatría de la UCLA y psiquiatra integrativa geriátrica especializada en depresión geriátrica, salud mental integrativa y sugestibilidad cerebral.

DANIEL LEVITIN

El Dr. Daniel Levitin es neurocientífico, músico y autor de cuatro libros superventas de *The New York Times*, incluido *Tu cerebro y la música*. Su investigación abarca la música, el cerebro, la salud, la productividad y la creatividad.

CHARLES LIMB

El Dr. Charles Limb es cirujano, neurocientífico, jefe de Otología/Neurología y Cirugía de la Base del Cráneo, y profesor en la UCLA, en San Francisco. Es un músico consumado y también se desempeña como codirector de la Sound Health Network, una iniciativa que explora la relación entre música y bienestar.

JOANNE LOEWY

La Dra. Joanne Loewy es directora del Departamento de Musicoterapia en el Mount Sinai Health System. Sus áreas de investigación incluyen sedación, evaluación, dolor, asma y musicoterapia en la unidad de cuidados intensivos neonatales.

TOD MACHOVER

Tod Machover es compositor, profesor e inventor en el MIT Media Lab, y director del grupo Opera of the Future del Media Lab, con un enfoque en cómo la tecnología respalda la creación de música innovadora y el desempeño musical.

SUSAN MAGSAMEN

Susan Magsamen es la directora ejecutiva y fundadora del International Arts + Mind Lab (IAM Lab), parte del Brain Science Institute (BSi) de la Universidad Johns Hopkins. Es codirectora de NeuroArts Blueprint, que explora los beneficios y el interés de la música a nivel neural.

RAFAEL PELAYO

El Dr. Rafael Pelayo es especialista del sueño del Centro para la Medicina del Sueño de Stanford y profesor clínico en la División de Medicina del Sueño en el Departamento de Psiquiatría y Ciencias Comportamentales de la Universidad de Stanford.

HEATHER READ

La Dra. Heather Read es profesora de psicología en la Universidad de Connecticut, y su investigación se centra en la neurociencia sensorial y la percepción del sonido. Es directora del Brain Computer Interface Group e investigadora afiliada del MIT Media Lab.

DIANA SAVILLE

Diana Saville es cofundadora y directora de operaciones de BrainMind, una aceleradora de la industria del cerebro. Es cofundadora y presidenta de la organización sin fines de lucro Entrepreneur of Your Own Life.

LAUREL TRAINOR

La Dra. Laurel Trainor es psicóloga cognitivista y profesora en la Universidad McMaster. Su investigación se enfoca en la conexión entre música y ciencia en la cognición y la percepción y en la vinculación en los niños y bebés.

ARTISTAS

ENTREVISTADOS PARA ESTE LIBRO

LAURIE ANDERSON

Laurie Anderson es una artista de vanguardia, compositora, música y directora de cine cuyo trabajo abarca la *performance*, la música pop y los proyectos multimedia. Conocida por su integración de tecnología con arte, Anderson fue la primera artista en residencia en la NASA.

STEVE AOKI

Steve Aoki es un *deejay* estadounidense nominado al Grammy, programador musical y productor y ejecutivo discográfico. Aoki es un entusiasta del cerebro y fundador de la Fundación Aoki para apoyar la ciencia y la investigación cerebral.

DAVID BYRNE

David Byrne es cantante, compositor de canciones, músico, director de cine, productor, escritor, conferencista, fotógrafo y artista visual. Es miembro fundador de la legendaria banda Talking Heads. Ha sido galardonado con un Oscar, un Golden Globe y un Grammy, entre otros, y fue incluido en el Salón de la Fama del Rock and Roll con los Talking Heads en 2002.

CITIZEN COPE
(CLARENCE GREENWOOD)

Citizen Cope es un compositor de canciones estadounidense, productor e intérprete. Su música suele ser descrita como una mezcla de blues, soul, folk y rock, y sus composiciones han sido grabadas por Carlos Santana, Dido, Pharoahe Monch y Richie Havens.

SHEILA E.
(SHEILA ESCOVEDO)

Sheila E. es una percusionista innovadora, cantante y baterista que se volvió un nombre muy conocido por su carrera de toda la vida como solista y sus muchas colaboraciones con Marvin Gaye, Herbie Hancock y Prince, entre muchos otros. El "portento de las percusiones" recibió el premio a la Trayectoria Artística del Grammy Latino junto a su padre en 2021.

MICK FLEETWOOD

Mick Fleetwood es más conocido como el baterista, cofundador y líder de la banda de rock Fleetwood Mac, dos veces ganadora del Grammy. Fleetwood fue incluido en el Salón de la Fama del Rock and Roll con los Fleetwood Mac en 1998.

PETER GABRIEL

Peter Gabriel es un cantante, compositor de canciones, músico, humanista y activista inglés, dos veces incluido en el Salón de la Fama del Rock and Roll. Originalmente fue cofundador y vocalista de la banda de rock Genesis, antes de embarcarse en una icónica carrera como solista. Es un prominente defensor de varias causas sociales y políticas, y una voz muy reconocida en la comunidad neurocientífica.

KOOL
(ROBERT BELL)

Kool es uno de los miembros fundadores de Kool & the Gang, ganadores de siete premios Grammy y numerosos American Music. Una de las bandas más sampleadas de todos los tiempos, Kool & the Gang ha vendido más de 80 millones de álbumes en todo el mundo y ha influido en generaciones de músicos con 25 éxitos en el Top Ten R&B, 9 éxitos en el Top Ten Pop y 31 discos de oro y platino.

LACHANZE
(RHONDA SAPP)

LaChanze es actriz, cantante y bailarina. En 2006 ganó el premio Tony a la mejor actriz principal en un musical por su interpretación de Celie Harris Johnson en *El color púrpura*.

BRANFORD MARSALIS

Branford Marsalis es saxofonista, compositor y líder de una banda. El tres veces ganador de un Grammy toca con su grupo, el Branford Marsalis Quartet, y con frecuencia también como solista con ensembles clásicos. Fue director de la banda del *Tonight Show* de 1992 a 1995.

NICK MASON

Nick Mason es baterista y miembro fundador de la icónica banda de rock, ganadora de varios Grammy, Pink Floyd. Es el único miembro que ha participado en todos los álbumes de Pink Floyd, y el único miembro constante desde la formación de la banda en 1965. Mason fue incluido en el Salón de la Fama del Rock and Roll con Pink Floyd en 1996.

ADAM MASTERSON

Adam Masterson es un cantautor del Reino Unido. Su álbum debut *One Tale Too Many*, aclamado por la crítica, lo llevó a compartir escenario con intérpretes legendarios como Tori Amos, Amy Winehouse, The Stereophonics, Mick Jones de The Clash y Patti Smith.

MOVER
(JONATHAN MOVER)

Mover es un baterista y percusionista profesional de fama mundial. Fue miembro de las bandas Marillion y GTR, y ha grabado y tocado con artistas como Aretha Franklin, Alice Cooper, The Tubes, Shakira, Fuel, Everlast, Frank Gambale, Joe Satriani y Mick Jagger. Recientemente fundó Progject, una banda de rock progresivo con algunos de los músicos más influyentes del género.

YOUSSOU N'DOUR

El vanguardista Youssou N'Dour es un cantante, compositor y líder de una banda senegalesa, ganador de premios Grammy. Es un destacado defensor de la música del mundo, combinando la música tradicional de su país natal con la cultura popular de Occidente, los ritmos cubanos y la instrumentación contemporánea.

QUESTLOVE
(AHMIR THOMPSON)

Questlove ha ganado seis premios Grammy, es baterista, *deejay*, productor, cineasta galardonado con un Oscar, autor superventas de *The New York Times* y cofundador del grupo de hip-hop The Roots. También es el director musical de *The Tonight Show Starring Jimmy Fallon*.

HANS ZIMMER

Hans Zimmer es un compositor de música para cine cuyo trabajo ha aparecido en más de 150 proyectos. Zimmer tiene 12 nominaciones al Oscar por películas como *Origen*, *Rain Man*, *Gladiador* y *Mejor... imposible*, y ganó en la categoría de Mejor Banda Sonora Original por la película animada de Disney *El rey león* y por *Duna*.

GLOSARIO

accidente cerebrovascular "Ataque al cerebro", caracterizado por una reducción del flujo sanguíneo al cerebro o una hemorragia interna de un aneurisma roto

acetilcolina Neurotransmisor neuromuscular relacionado con el sueño REM, la memoria y el aprendizaje

adenosina Neurotransmisor que se acumula durante las horas de vigilia y acaba por provocar la sensación de somnolencia

amígdalas Dos estructuras, una en cada hemisferio, que proporcionan el componente emocional en la toma de decisiones

ansiedad Reacción normal de estrés que eleva nuestra alerta en situaciones de incertidumbre

área de Broca Región de la corteza frontal izquierda identificada por el neuroanatomista Paul Broca en 1861. Responsable de la producción de lenguaje y de la estructura gramatical

área de Wernicke Región en la parte trasera del lóbulo temporal, identificada por el neuroanatomista Carl Wernicke en 1874, responsable de nombrar a las cosas y de entender lo que otras personas dicen

armonía Resultado musical que producen dos o más notas que suenan al mismo tiempo, formando un intervalo (dos notas) o un acorde (tres notas o más)

arrastre de ondas cerebrales Forma específica de sincronización espontánea por la cual las ondas cerebrales se igualan a un estímulo externo

axón Prolongación larga de una neurona que transmite información a las dendritas de otras neuronas

cerebelo Región primitiva localizada tras el tronco encefálico que coordina el movimiento muscular, la postura y el equilibrio

clave Grupo de notas que contienen la base armónica de una composición musical

cociente emocional (EQ) Propuesta para expresar el grado de inteligencia emocional (IE), similar a cómo el CI (coeficiente intelectual) mide la inteligencia

codificación Primera de cuatro etapas en el almacenamiento de la memoria. Aquí un recuerdo es capturado y temporalmente fijado como un patrón sensorial en el hipocampo

consolidación Segunda de cuatro etapas en el almacenamiento de la memoria; es un proceso natural por el que se desechan las cosas sin importancia que los sentidos captaron a lo largo del día

corteza cerebral Capa más externa del cerebro, plegada en su característica estructura arrugada

corteza cingulada Parte de la corteza cerebral usada para juzgar el conflicto y el error

corteza dorsolateral prefrontal Subsección de los lóbulos frontales que maneja las inhibiciones

corteza motora Región de la corteza cerebral que controla el movimiento voluntario de los músculos

corteza prefrontal Parte delantera de la corteza frontal que controla las inhibiciones, la cognición de alto nivel, el comportamiento y las emociones

cortisol Hormona que convierte los ácidos grasos en energía disponible para los músculos

cuerpo calloso Grupo grande de fibras nerviosas que conecta los hemisferios izquierdo y derecho del cerebro

decibel Medida del volumen del sonido

demencia Trastorno que deteriora los procesos mentales e impacta en el funcionamiento diario

dendrita Rama neuronal que se extiende para recibir información de un axón

depresión Trastorno del ánimo que puede causar sentimientos de extrema tristeza, abatimiento y aflicción

disparos neuronales Impulsos eléctricos a través de los cuales las neuronas se comunican entre sí

dopamina Neurotransmisor clave del cerebro, responsable de las sensaciones agradables que experimentamos después de hacer algo placentero

electroencefalografía (EEG) Tecnología de generación de imágenes que mide la actividad eléctrica del cerebro a través de electrodos colocados en el cuero cabelludo

emociones Respuestas automáticas del cuerpo a estímulos ambientales positivos y negativos

enfermedad de Parkinson Trastorno neurodegenerativo que deteriora progresivamente el movimiento a medida que las neuronas productoras de dopamina mueren

endorfinas Hormonas que inhiben las respuestas al dolor y el malestar

enfermedad de Alzheimer Trastorno que arrasa progresivamente con la memoria y la capacidad cognitiva

escala Arreglo de notas musicales en orden ascendente o descendente según su tono

estado de flujo También conocido como "estar en la zona". Estado mental donde uno está completamente inmerso en una actividad

estremecimiento Escalofríos o piel erizada inducidos por una experiencia musical

estrés Esfuerzo, tensión o presión que causa la liberación de la hormona cortisol en el cerebro y el cuerpo. Se ha descubierto que el estrés afecta al crecimiento de nuevas células cerebrales, encoge el hipocampo y dificulta el aprendizaje

experiencia compartida de movimiento afectivo Modelo que propone que nuestro cerebro

procesa la música como acciones motoras humanas intencionales, no simplemente como patrones aleatorios

frecuencia La velocidad a la que una onda repite un ciclo completo

flujo social Cuando muchas personas experimentan un estado de flujo al mismo tiempo

giro cingulado Parte de la corteza cingulada relacionada con la percepción del dolor, los estímulos emocionales y los recuerdos

gusano auditivo Canción que se te queda en la cabeza y se repite en bucle

hipnagogia Estado entre la vigilia y el sueño que puede inducir alucinaciones, sueños lúcidos y parálisis del sueño.

hipocampos Dos estructuras localizadas bajo la corteza cerebral, una en cada hemisferio, cruciales para formar nuevos recuerdos y gobernar la percepción espacial

hormonas Químicos producidos por las glándulas endocrinas, que viajan por el cuerpo y regulan diversas funciones como el crecimiento, el metabolismo y el comportamiento

imagen por resonancia magnética funcional (IRMf) Tecnología de generación de imágenes que monitorea la actividad cerebral a través de los cambios en la oxigenación de la sangre. Útil para definir qué regiones del cerebro se activan bajo diversas circunstancias

ínsula anterior Parte más grande de la corteza insular, responsable de la autoconsciencia

inteligencia emocional (IE) Capacidad para gestionar e identificar nuestros sentimientos y los de los demás

lóbulo frontal Región más delantera del cerebro que controla el habla, la personalidad, el juicio, la resolución de problemas y el movimiento involuntario

lóbulos parietales Dos regiones de la corteza cerebral central que controlan el gusto, el tacto y la percepción corporal

lóbulo temporal Región de la corteza cerebral responsable de la audición, la culpa, la emoción y la memoria

lucha o huida Respuesta instintiva de detección de amenazas que activa el sistema nervioso simpático para precipitar una acción rápida y decisiva

materia blanca Grupos de axones y fibras nerviosas envueltos en mielina que interconectan regiones de la corteza cerebral, también conocida como materia gris

materia gris Capa exterior del tejido cerebral, gris rosada, que contiene la mayoría de las neuronas. Es responsable de llevar la información sensorial de las células y los órganos sensoriales a las regiones del cerebro que procesan la información sensorial y el control muscular

médula oblongada (o bulbo raquídeo) Estructura en el tronco encefálico que mantiene las actividades inconscientes como la respiración, la frecuencia cardiaca y el sueño, así como las acciones involuntarias como estornudar y toser

melatonina Hormona que regula el sueño y la vigilia

melodía Combinación de tonos y ritmos que crea una serie de notas musicales

memoria asociativa Recuerdos asociados con las conexiones y las relaciones entre pensamientos

memoria de trabajo Conocida también como memoria operativa o a corto plazo, es un proceso considerablemente limitado (de 15 segundos a un minuto) que permite el almacenamiento temporal de pequeños paquetes de información

memoria episódica Recuerdos de larga duración de experiencias personales pasadas

memoria procedimental Tipo de memoria a largo plazo que almacena la capacidad para realizar tareas y habilidades. También conocida como "memoria muscular"

musicoterapia El uso de la música para alcanzar metas terapéuticas individualizadas que ayudan a mejorar la salud mental

neocórtex Parte de la corteza cerebral utilizada en la percepción sensorial y la cognición

nervio auditivo Grupo de fibras nerviosas que lleva el sonido desde cada cóclea hasta el cerebro

neurodiversidad Movimiento que representa un cambio en la concepción de las enfermedades mentales. Sugiere que una variedad de trastornos psiquiátricos, como el autismo, no son patológicos, sino variaciones naturales del genoma que merecen una aceptación social más amplia

neuronas Células primarias del sistema nervioso, constituidas típicamente por una estructura de árbol con un axón largo y muchas dendritas como ramificaciones, que comunican señales electroquímicas que se propagan del axón de una neurona a las dendritas de otra a través de las sinapsis o uniones gap

neurotransmisores Químicos cerebrales de distintos tipos que facilitan la comunicación entre las neuronas llevando mensajes electroquímicos a través de la hendidura sináptica

noradrenalina Hormona del estrés liberada por el sistema nervioso simpático en momentos de trauma

norepinefrina Neurotransmisor que ayuda a preparar el cerebro y el cuerpo para una acción de lucha o huida

núcleo accumbens Estructura de recompensa en el prosencéfalo basal que regula el flujo de serotonina y dopamina

oído absoluto Capacidad de una persona para identificar o entonar una nota musical sin la referencia de otra

oxitocina Neurotransmisor y hormona que alivia el estrés y crea sentimientos de calidez, vinculación, seguridad y confianza

ondas cerebrales Impulsos eléctricos generados por la actividad en el cerebro. Hay cinco estados de ondas cerebrales: gamma, beta, alfa, theta y delta. Ver página 6 para más detalles.

plasticidad cerebral Capacidad del cerebro para cambiar y "recablearse" como respuesta a la influencia externa

principio de ISO Técnica usada en musicoterapia en la que un terapeuta comienza por igualar la música con el ánimo del cliente, y luego guía la transformación del ánimo con la apropiada transición de la música

psicoacústica Estudio científico de la respuesta psicológica al sonido

pulsaciones por minuto (PPM) Cantidad de pulsaciones (*beats*) medida en un minuto; ver: tempo

pulsos/sonidos binaurales Dos tonos ligeramente distintos se presentan al oído izquierdo y derecho al mismo tiempo, creando un nuevo tono que se vuelve un pulso binaural

red neuronal Un grupo de neuronas conectadas por la sinapsis

red neuronal por defecto Sistema del cerebro asociado con acciones de introspección y reflexión sobre la identidad

reverberación Persistencia de un sonido después de que su fuente se haya detenido, causada por la reflexión repetida del sonido en un espacio cerrado. También, un libro genial

ritmo Patrones de silencio, sonido y énfasis en la composición musical

ritmo circadiano Reloj biológico de 24 horas del cuerpo, que se coordina con la luz del día para influir en cuándo uno se siente despierto o cansado

ruta sináptica Conexión creada entre neuronas, a través de la sinapsis

sentimientos Interpretaciones del cerebro de las respuestas emocionales

serotonina Neurotransmisor que regula el ánimo y el comportamiento social, haciéndote sentir tranquilo y relajado

sinapsis Uniones neuronales por donde se transmiten los neurotransmisores y los impulsos eléctricos

sincronización espontánea Efecto por el cual las oscilaciones de un sistema se igualan al patrón oscilatorio de otro sistema

sinestesia Fenómeno sensorial por el que los estímulos de un sentido son erróneamente interpretados por un sentido distinto

sistema límbico Colección de estructuras cerebrales que alberga las amígdalas, los hipocampos, el hipotálamo, el giro cingulado,

los ganglios basales y el tálamo. Controla las respuestas emocionales, la motivación y las conductas instintivas

sistema mayor Técnica para memorizar que consiste en emparejar dígitos con un grupo de consonantes

sistema nervioso autónomo (SNA) Responsable de las funciones corporales y las respuestas físicas inconscientes a los estímulos. Se divide en dos ramas principales:

- **sistema nervioso parasimpático**: regula las actividades mientras el cuerpo está descansando

- **sistema nervioso simpático**: estimula la respuesta de lucha o huida

soñar lúcido Capacidad de controlarse y guiarse hacia nuevas experiencias dentro de un sueño

tempo La velocidad de una composición musical, medida en pulsaciones por minuto

teoría de la línea de base social Fenómeno por el cual una comunidad interconectada comienza a basar sus decisiones en una predicción de apoyo mutuo continuo

timbre Característica de la música que describe la calidad de su tono y su sonido

tinnitus Afección por la que una persona escucha, más comúnmente, un zumbido agudo en los oídos

tono Característica de la música que describe cuán alta o baja es una nota

trastorno de estrés postraumático (TEPT) Estado debilitante resultado de un cambio físico en el cerebro debido al abuso o la exposición severa y/o prolongada a estímulos ambientales traumáticos

trastorno del espectro autista (TEA) Complejo trastorno del desarrollo neurológico caracterizado por déficits en la interacción social y el comportamiento, y una alta sensibilidad a los estímulos sensoriales

tronco encefálico Base del cerebro que conecta con la espina dorsal. Incluye el bulbo raquídeo, el puente troncoencefálico y el mesencéfalo

BIBLIOGRAFÍA

CAPÍTULO 1

"How (and Why) to Boost Your Alpha Brainwaves". CABA — the Charity Supporting Chartered Accountants' Wellbeing. 3 de marzo de 2017. https://www.caba.org.uk/help-and-guides/information/how-and-why-boost-your-alpha-brainwaves

Hammond, Claudia. "Why It's Good to Let Your Mind Wander". BBC Reel, 4:03, 26 de julio de 2021. https://www.bbc.com/reel/video/p09mtl6p/why-it-s-good-to-let-your-mind-wander

University of Nevada, Reno. "Releasing Stress through the Power of Music". University of Nevada, Reno. 2006. https://www.unr.edu/counseling/virtual-relaxation-room/releasing-stress-through-the-power-of-music

"Popular Songs". GetSongBPM.com. https://getsongbpm.com/songs

Cafasso, Jacquelyn. "Do Binaural Beats Have Health Benefits?" Healthline. Healthline Media. 6 de octubre de 2017. https://www.healthline.com/health/binaural-beats#potential-benefits

Weiland, Tracey J., George A. Jelinek, Keely E. Macarow, Philip Samartzis, David M. Brown, Elizabeth M. Grierson y Craig Winter. "Original Sound Compositions Reduce Anxiety in Emergency Department Patients: A Randomised Controlled Trial". *Medical Journal of Australia* 195 (11-12): 694-98. https://doi.org/10.5694/mja10.10662

Knight, W. E. J. y N. S. Rickard. "Relaxing Music Prevents Stress-Induced Increases in Subjective Anxiety, Systolic Blood Pressure, and Heart Rate in Healthy Males and Females". *Journal of Music Therapy* 38 (4): 254-72. https://doi.org/10.1093/jmt/38.4.254

Goldsby, Tamara L., Michael E. Goldsby, Mary McWalters y Paul J. Mills. "Effects of Singing Bowl Sound Meditation on Mood, Tension, and Well-Being: An Observational Study". *Journal of Evidence-Based Complementary & Alternative Medicine* 22 (3): 401-6. https://doi.org/10.1177/2156587216668109

MacMillan, Amanda. "Why Nature Sounds Help You Relax, according to Science". Health.com. 5 de abril de 2017. https://www.health.com/condition/stress/why-nature-sounds-are-relaxing

Hadhazy, Adam. "Why Does the Sound of Water Help You Sleep?" Livescience.com. Live Science. 18 de enero de 2016. https://www.livescience.com/53403-why-sound-of-water-helps-you-sleep.html

Rogers, Ann E. "The Effects of Fatigue and Sleepiness on Nurse Performance and Patient Safety". Nih.gov. Agency for Healthcare Research and Quality (US). Abril de 2008. https://www.ncbi.nlm.nih.gov/books/NBK2645/

Francis, Enjoli. "Sleep Deprivation Blamed for JetBlue Pilot's March Meltdown". ABC News, 10 de julio de 2012. https://abcnews.go.com/Blotter/Tired_Skies/sleep-deprivation-blamed-jetblue-pilot-clayton-osbons-march/story?id=16751079

"Can Daylight Saving Time Hurt the Heart? Prepare Now for Spring". Heart.org. 2018. https://www.heart.org/en/news/2018/10/26/can-daylight-saving-time-hurt-the-heart-prepare-now-for-spring

Reddy, Sujana, Sandeep Sharma. 2018. "Physiology, Circadian Rhythm". Nih.gov. StatPearls Publishing. 27 de octubre de 2018. https://www.ncbi.nlm.nih.gov/books/NBK519507

Suni, Eric. "Sleep for Teenagers". Sleep Foundation. Sleep Foundation. 5 de agosto de 2020. https://www.sleepfoundation.org/teens-and-sleep

Better Health Channel. "Teenagers and Sleep". Better Health Channel. Victoria State Government. 2018. https://www.betterhealth.vic.gov.au/health/healthyliving/teenagers-and-sleep

"Sleep/Wake Cycles". Hopkins Medicine. https://www.hopkinsmedicine.org/health/conditions-and-diseases/sleepwake-cycles

Milliken, Grennan. "Your brain stays half-awake when you sleep in a new place". Popular Science. 21 de abril de 2016. https://www.popsci.com/your-brain-stays-half-awake-when-you-sleep-in-new-place

Harmat, László, Johanna Takács, Róbert Bódizs. "Music Improves Sleep Quality in Students". *Journal of Advanced Nursing*. 1 de mayo de 2008. https://pubmed.ncbi.nlm.nih.gov/18426457

RMIT University. "Sound of music: How melodic alarms could reduce morning grogginess: The sounds that wake you up could be affecting how groggy and clumsy you are in the morning". ScienceDaily. 3 de febrero de 2020. www.sciencedaily.com/releases/2020/02/200203104505.htm

Donovan, Jim. "How to Trick Your Brain into Falling Asleep | Jim Donovan | TEDxYoungstown". TEDx, 12:27, septiembre de 2018. https://www.ted.com/talks/jim_donovan_how_to_trick_your_brain_into_falling_asleep

Suni, Eric. "Stages of Sleep". Sleep Foundation. 14 de agosto de 2020. https://www.sleepfoundation.org/how-sleep-works/stages-of-sleep

"Sleep on It". 2017. NIH News in Health. 13 de julio de 2017. https://newsinhealth.nih.gov/2013/04/sleep-it

"What Happens in the Brain during Sleep?" 2015. *Scientific American Mind* 26 (5): 70-70. https://doi.org/10.1038/scientificamericanmind0915-70a

Coombes, Elizabeth. "Anxiety: A Playlist to Calm the Mind from a Music Therapist". The Conversation. 22 de noviembre de 2019. https://theconversation.com/anxiety-a-playlist-to-calm-the-mind-from-a-music-therapist-121655

Aggarwal-Schifellite, Manisha. "Research Shows Lullabies in Any Language Relax Babies". 2020. *Harvard Gazette*. 19 de octubre de 2020. https://news.harvard.edu/gazette/story/2020/10/research-shows-lullabies-in-any-language-relax-babies/

Castro, Joseph. "What Is White Noise?" Live Science. 29 de julio de 2013. https://www.livescience.com/38387-what-is-white-noise.html

Newsom, Rob. "Music and sleep". Sleep Foundation. OneCare. 24 de junio de 2021. https://www.sleepfoundation.org/noise-and-sleep

Passman, Jordan. "The World's Most Relaxing Song". Forbes. 23 de noviembre de 2016. https://www.forbes.com/sites/jordanpassman/2016/11/23/the-worlds-most-relaxing-song/?sh=538f2fa02053

CAPÍTULO 2

Hawks, John. "How Has the Human Brain Evolved over the Years?" *Scientific American Mind* 24 (3): 76-76. https://doi.org/10.1038/scientificamericanmind0713-76b

Kwong, Emily. "Understanding Unconscious Bias". Entrevista con Pragya Agarwal. *Short Wave*. Audio de podcast, 12:40. 15 de julio de 2020. https://www.npr.org/2020/07/14/891140598/understanding-unconscious-bias

Bailey, Chris. "How to Get Your Brain to Focus | Chris Bailey | TEDxManchester". TEDx. Video de YouTube, 15:56. 5 de abril de 2019. https://www.youtube.com/watch?v=Hu4Yvq-g7_Y&list=RDLVHu4Yvq-g7_Y&start_radio=1&t=12s

Trafton, Anne. "How We Tune Out Distractions". MIT News. Massachusetts Institute of Technology. 12 de junio de 2019. https://news.mit.edu/2019/how-brain-ignores-distractions-0612

Mark, Gloria, Shamsi Iqbal, Mary Czerwinski, Paul Johns y Akane Sano. "Neurotics Can't Focus: An in Situ Study of Online Multitasking in the Workplace". Microsoft.com. 1 de mayo de 2016. https://www.microsoft.com/en-us/research/publication/neurotics-cant-focus-an-situ-of-online-multitasking-in-the-workplace/

Lanese, Nicoletta. "Is There Actually Science Bhind 'Dopamine Fasting'?" Livescience.com. 19 de noviembre de 2019. https://www.livescience.com/is-there-science-behind-dopamine-fasting-trend.html

Witte, Martina de, Anouk Spruit, Susan van Hooren, Xavier Moonen y Geert-Jan Stams. "Effects of Music Interventions on Stress-Related Outcomes: A Systematic Review and Two Meta-Analyses". *Health Psychology Review* 14 (2): 1-31. https://doi.org/10.1080/17437199.2019.1627897

Mehta, Ravi, Rui (Juliet) Zhu y Amar Cheema. "Is Noise Always Bad? Exploring the Effects of Ambient Noise on Creative Cognition". *Journal of Consumer Research* 39 (4): 784-99. https://doi.org/10.1086/665048

Hurless, Nicole, Aldijana Mekic, Sebastian Peña, Ethan Humphries, Hunter Gentry y David Nichols. "Music Genre Preference and Tempo

Alter Alpha and Beta Waves in Human Non-Musicians". 2013. https://impulse.appstate.edu/sites/impulse.appstate.edu/files/Hurless%20et%20al.%20_0.pdf

Kučikienė, Domantė, Rūta Praninskienė. "The impact of music on the bioelectrical oscillations of the brain". *Acta Medica Lituanica* vol. 25, 2 (2018): 101-106. https://www.ncbi.nlm.nih.gov/pmc/articles/PMC6130927

American Associates, Ben-Gurion University of the Negev. "Favorite music makes teens drive badly: Teen driver music preferences increase errors and distractibility". ScienceDaily. www.sciencedaily.com/releases/2013/08/130823091347.htm

Schenkman, Lauren. "In the Brain, Seven Is a Magic Number". ABC News, 27 de noviembre de 2009. https://abcnews.go.com/Technology/brain-memory-magic-number/story?id=9189664

Gorlick, Adam. "Media Multitaskers Pay Mental Price, Stanford Study Shows". Stanford University. 24 de agosto de 2009. https://news.stanford.edu/news/2009/august24/multitask-research-study-082409.html

Hammond, Claudia. "Does Listening to Mozart Really Boost Your Brainpower?" BBC Future. 2014. https://www.bbc.com/future/article/20130107-can-mozart-boost-brainpower

Raypole, Crystal. "Here's How Music Can Help You Concentrate". Healthline. 29 de julio de 2020. https://www.healthline.com/health/does-music-help-you-study#benefits-of-music-for-studying

Kusnierek, Timmy. "New Study Confirms Listening to EDM at Work Can Make You a Better Employee". 2016. Your EDM. 4 de junio de 2016. https://www.youredm.com/2016/06/04/study-proves-edm-boosts-your-productivity/#:~:text=According%20to%20a%20recent%20study

Payne, Chris. "NFL Players Talk Music: What's on Their Pre-Game Playlists?" *Billboard*. 4 de septiembre de 2014. https://www.billboard.com/articles/news/6243644/nfl-player-music-playlist-football-durantschwartz-fluker-jenkins-cole-bouye

"MP3 to BPM (Song Analyser)". GetSongBPM.com. 2019. https://getsongbpm.com/tools/audio

"Potential Project - Focused Minds, Organizational Excellence". Potential Project. https://www.potentialproject.com/

Chodosh, Sara. "You should be listening to video game soundtracks at work". Popular Science. 26 de enero de 2018. https://www.popsci.com/work-productivity-listening-music/

Patel, Deep. "These 6 Types of Music Are Known to Dramatically Improve Productivity". *Entrepreneur*. 9 de enero de 2019. https://www.entrepreneur.com/article/325492

Downing, Sam. "Song stuck in your head? Scientists might have figured out how to banish it forever". Nine. 2015. https://www.nine.com.au/entertainment/viral/rip-earworms

CAPÍTULO 3

Chilton, Martin. "Deconstructing the Love Song: How and Why Love Songs Work". UDiscover Music. 14 de febrero de 2020. https://www.udiscovermusic.com/in-depth-features/deconstructing-the-love-song-how-they-work

Kest, Noah. "The Science of Music and Love". 34th St. 13 de febrero de 2018. https://www.34st.com/article/2018/02/science-of-music-and-love

Salleh, Anna. "What Science Can Tell Us about the Music of Love", ABC News (Australian Broadcast Corporation). 6 de junio de 2017. https://www.abc.net.au/news/science2017-06-07/what-science-can-tell-us-about-the-best-music-for-romancing/8583892

Pereira, Carlos Silva, João Teixeira, Patrícia Figueiredo, *et al.* "Music and Emotions in the Brain: Familiarity Matters". Editado por Jay Pillai. PLOS ONE 6 (11): e27241. https://doi.org/10.1371/journal.pone.0027241

Ifeanyi, K. C. "Your Taste in Music Could Be Ruining Your Relationship". *Fast Company*. 31 de julio de 2019. https://www.fastcompany.com/90384344/your-taste-in-music-could-be-ruining-your-relationship

Boer, Diana, Ronald Fischer, Micha Strack, Michael H. Bond, Eva Lo y Jason Lam. "How Shared Preferences in Music Create Bonds Between People: Values as the Missing Link". Personality and Social Psychology Bulletin 37, núm. 9 (septiembre de 2011): 1159-71. https://doi.org/10.1177/0146167211407521

Titlow, John Paul. "How Music Changes Your Behavior at Home". Fast Company. 10 de febrero de 2016. https://www.fastcompany.com/3056554/how-music-changes-our-behavior-at-home

Wahl, David. "The Psychology of Listening to Music during Sex". *Psychology Today*. 12 de marzo de 2021. https://www.psychologytoday.com/us/blog/sexual-self/202103/the-psychology-listening-music-during-sex

Orenstein, Beth. "Music for Low T: Get in Tune with Your Sex Drive". Everyday Health. 12 de julio de 2013. https://www.everydayhealth.com/low-testosterone/music-for-low-t-get-in-tune-with-your-sex-drive.aspx

Kuzma, Cindy. "Create the Ultimate Sex Playlist". Men's Health. 16 de septiembre de 2011. https://www.menshealth.com/sex-women/a19526228/create-the-ultimate-sex-playlist

Schäfer, Katharina, Suvi Saarikallio y Tuomas Eerola. "Music May Reduce Loneliness and Act as Social Surrogate for a Friend: Evidence from an Experimental Listening Study". Music & Science 3 (enero): 205920432093570. https://doi.org/10.1177/2059204320935709

Vann, Madeline. "Can Sad Music Heal Your Broken Heart?" Everyday Health. 12 de noviembre de 2014. https://www.everydayhealth.com/depression/can-sad-music-heal-your-broken-heart.aspx

"Do Ya Think I'm Sexy?" Sonos, Apple Music. 9 de febrero de 2016. https://musicmakesithome.com/post/138963442147/do-ya-think-im-sexy

"Crazy in Love". Sonos, Apple Music. 9 de febrero de 2016. https://musicmakesithome.com/post/138964984527/translate-deutschland-france-nederland-crazy

"6 scientific facts about how music influences intimacy". Music Crowns. 13 de noviembre de 2021. https://www.musiccrowns.org/tips/6-scientific-facts-about-how-music-influences-intimacy

"Music's Influence on Sexual Behaviors". Tick Pick. https://www.tickpick.com/music-influence-on-sexual-behaviors

CAPÍTULO 4

"How Does Marijuana Produce Its Effects?" National Institute on Drug Abuse. 2018. https://www.drugabuse.gov/publications/research-reports/marijuana/how-does-marijuana-produce-its-effects

Growney, Claire. "Earliest References to Music Therapy" The History of Music and Art Therapy. https://musicandarttherapy.umwblogs.org/music-therapy/earliest-references-to-music-therapy

"Music Therapy and Military Populations". American Music Therapy Association. 2011. https://www.musictherapy.org/research/music_therapy_and_military_populations

Growney, Claire. "Music Therapy during the World Wars". The History of Music and Art Therapy. https://musicandarttherapy.umwblogs.org/music-therapy/music-therapy-in-the-1900s

"About the Certification Board for Music Therapists". CBMT. 2019. https://www.cbmt.org/about

Novotney, Amy. "Music as Medicine". Apa.org. Noviembre de 2013. https://www.apa.org/monitor/2013/11/music

Loewy, Joanne. "NICU Music Therapy: Song of Kin as Critical Lullaby in Research and Practice". Annals of the New York Academy of Sciences 1337 (1): 178-85. https://doi.org/10.1111/nyas.12648

Waterhouse, J., P. Hudson y B. Edwards. "Effects of Music Tempo upon Submaximal Cycling Performance". *Scandinavian Journal of Medicine & Science in Sports* 20 (4): 662-69. https://doi.org/10.1111/j.1600-0838.2009.00948.x

Thakare, Avinash E, Ranjeeta Mehrotra y Ayushi Singh. "Effect of Music Tempo on Exercise Performance and Heart Rate among Young Adults". *International Journal of Physiology, Pathophysiology and Pharmacology* 9 (2): 35-39. https://www.ncbi.nlm.nih.gov/pmc/articles/PMC5435671

"10 Percent of US Adults Have Drug Use Disorder at Some Point in Their Lives". National Institutes of Health (NIH). 18 de noviembre de 2015. https://www.nih.gov/news-events/news-releases/10-percent-us-adults-havedrug-use-disorder-some-point-their-lives

Gardstrom, Susan C. y Wiebke S. Diestelkamp. "Women with Addictions Report Reduced Anxiety after Group Music Therapy: A Quasi-Experimental Study". *Voices: A World Forum for Music Therapy* 13 (2). https://doi.org/10.15845/voices.v13i2.681

Erkkilä, Jaakko y Tuomas Eerola. "Review of Music Therapy Methods in the Treatment of Gambling Addiction". Music Therapy Today (online) IV, núm. 3 (junio). https://www.researchgate.net/publication/228092588_Music_therapy_methods_in_the_treatment_of_gambling_addiction

"World Federation of Music Therapy". Music Therapy World. http://musictherapyworld.net

Sol Republic. "Sound Over Pounds: Survey Finds Two Out Of Three People Cut Their Workout Short Or Ditch It Completely Without Headphones". PR Newswire. 2 de abril de 2014. https://www.prnewswire.com/news-releases/sound-over-pounds-survey-finds-two-out-of-threepeople-cut-their-workout-short-or-ditch-it-completely-withoutheadphones-253570611.html

"Does Synchronizing Brain Waves Bring Harmony?" AlzForum. 14 de abril de 2021. https://www.alzforum.org/news/conference-coverage/does-synchronizing-brain-waves-bring-harmony

Jabr, Ferris. "Let's Get Physical: The Psychology of Effective Workout Music". *Scientific American*. 20 de marzo de 2013. https://www.scientificamerican.com/article/psychology-workout-music

CAPÍTULO 5

Suttie, Jill. "Four Ways Music Strengthens Social Bonds". Greater Good. https://greatergood.berkeley.edu/article/item/four_ways_music_strengthens_social_bonds

Harvey, Alan R. "Links Between the Neurobiology of Oxytocin and Human Musicality". Frontiers in Human Neuroscience. 26 de agosto de 2020. https://www.frontiersin.org/articles/10.3389/fnhum.2020.00350/full

Keeler, Jason R., Edward A. Roth, Brittany L. Neuser, John M. Spitsbergen, Daniel J M Waters y John-Mary Vianney. "The Neurochemistry and Social Flow of Singing: Bonding and Oxytocin". Frontiers in Human Neuroscience. 23 de septiembre de 2015. https://www.ncbi.nlm.nih.gov/pmc/articles/PMC4585277

Fishbein, Adam. "Birds Can Tell Us a Lot about Human Language". Scientific American Blog Network. 2 de febrero de 2018. https://blogs.scientificamerican.com/observations/birds-can-tell-us-a-lot-about-human-language

New Jersey Institute of Technology. "Duetting songbirds 'mute' the musical mind of their partner to stay in sync". ScienceDaily. www.sciencedaily.com/releases/2021/05/210531153207.htm

Morelle, Rebecca. "Choir Singers 'synchronise Their Heartbeats'". BBC News. 9 de julio de 2013. https://www.bbc.com/news/science-environment-23230411

Horn, Stacy. "Why Joining a Choir Is the Easiest Way to Make Yourself Happier". Slate. 25 de julio de 2013. https://slate.com/human-interest/2013/07/singing-in-a-choir-research-shows-it-increases-happiness.html

Kreutz, Gunter et al. "Effects of choir singing or listening on secretory immunoglobulin A, cortisol, and emotional state". Journal of Behavioral Medicine 27, núm. 6 (2004): 623-35. doi: 10.1007/s10865-004-0006-9

Weinstein, Daniel, Jacques Launay, Eiluned Pearce et al. "Singing and Social Bonding: Changes in Connectivity and Pain Threshold as a Function of Group Size". Evolution and Human Behavior. 19 de octubre de 2015. https://www.sciencedirect.com/science/article/abs/pii/S1090513815001051

Dunbar, R. I. M. "Neocortex Size, Group Size, and the Evolution of Language". Current Anthropology 34, núm. 2 (1993): 184-93. doi:10.1086/204160. https://pdodds.w3.uvm.edu/files/papers/others/1993/dunbar1993a.pdf

Harré, Michael. "Social Network Size Linked to Brain Size". Scientific American. 7 de agosto de 2012. https://www.scientificamerican.com/article/social-network-size-linked-brain-size

Baimel, Adam, Rachel L. Severson, Andrew S. Baron y Susan A. J. Birch. "Enhancing 'theory of Mind' through Behavioral Synchrony". Frontiers In. 23 de junio de 2015. https://www.frontiersin.org/articles/10.3389/fpsyg.2015.00870/full

Overy, Katie. "Making Music in a Group: Synchronization and Shared Experience". Annals of the New York Academy of Sciences 1252, núm. 1 (2012): 65-68. doi:10.1111/j.1749-6632.2012.06530.x. https://music.uwo.ca/research/research-groups/mlal/pdf/Overy2012NYAS.pdf

Seaver, Maggie. "Study Says Going to Concerts Leads to a Longer, Happier Life". Real Simple. https://www.realsimple.com/health/preventative-health/live-music-happiness-study

Kokal, Idil, Annerose Engel, Sebastian Kirschner y Christian Keysers. "Synchronized Drumming Enhances Activity in the Caudate and Facilitates Prosocial Commitment - If the Rhythm Comes Easily". PLOS ONE. 16 de noviembre de 2011. https://journals.plos.org/plosone/article?id=10.1371/journal.pone.0027272

Schulkin, Jay y Greta B. Raglan. "The Evolution of Music and Human Social Capability". Frontiers In. 17 de septiembre de 2014. https://www.frontiersin.org/articles/10.3389/fnins.2014.00292/full

Morin, Amy. "Can You Die from Loneliness?" Psychology Today. 2019. https://www.psychologytoday.com/us/blog/what-mentally-strong-people-dont-do/201901/can-you-die-loneliness

Manson, Joshua. "How Many People Are in Solitary Confinement Today?" Solitary Watch. 4 de enero de 2019. https://solitarywatch.org/2019/01/04/how-many-people-are-in-solitary-today

Raghunathan, Raj. "The Need to Love". Psychology Today. 8 de enero de 2014. https://www.psychologytoday.com/us/blog/sapient-nature/201401/the-need-love

Schulten, Katherine. "Is 14 a 'Magic Age' for Forming Cultural Tastes?" New York Times. 25 de mayo de 2011. https://learning.blogs.nytimes.com/2011/05/25/is-14-a-magic-age-for-forming-cultural-tastes

Sol Republic. "Sound over Pounds: Survey Finds Two Out of Three People Cut Their Workout Short or Ditch It Completely Without Headphones". PR Newswire. 2 de abril de 2014. https://www.prnewswire.com/news-releases/sound-over-pounds-survey-finds-two-out-of-three-people-cut-theirworkout-short-or-ditch-it-completely-without-headphones-253570611.html

University of Montreal. "Singing calms baby longer than talking: New study shows that babies become distressed twice as fast when listening to speech compared to song". ScienceDaily. https://www.sciencedaily.com/releases/2015/10/151028054532.htm

Associated Press. "New Study Shows Unique Ways Dads Are Bonding w/ Kids". FOX 47. Scripps Local Media, 13 de junio de 2019. https://www.fox47news.com/news/local-news/new-study-shows-unique-ways-dads-are-bonding-w-kids

CAPÍTULO 6

Guillery-Girard, Bérengère, Sylvie Martins, Sebastien Deshayes et al. "Developmental trajectories of associative memory from childhood to adulthood: a behavioral and neuroimaging study". Frontiers in Human Neuroscience. 27 de septiembre de 2013. https://www.frontiersin.org/articles/10.3389/fnbeh.2013.00126/full

Upile, Tahwinder, Fabian Sipaul, Waseem Jerjes, Sandeep Singh, Seyed Ahmad Nouraei, Mohammed El Maaytah, Peter Andrews, John Graham, Colin Hopper y Anthony Wright. "The Acute Effects of Alcohol on Auditory Thresholds". BMC Ear, Nose and Throat Disorders 7, núm. 1 (18 de septiembre de 2007). https://doi.org/10.1186/1472-6815-7-4

Gradus, Jaimie y Matthew Friedman. "Research Quarterly Advancing Science and Promoting Understanding of Traumatic Stress PTSD and Death from Suicide Point: PTSD Increases Risk for Death from Suicide". US Department of Veterans Affairs, National Center for PTSD. https://www.ptsd.va.gov/publications/rq_docs/V28N4.pdf

Landis-Shack, Nora, Adrienne J Heinz y Marcel O Bonn-Miller. "Music Therapy for Posttraumatic Stress in Adults: A Theoretical Review". Psychomusicology 27 (4): 334-42. https://www.ncbi.nlm.nih.gov/pmc/articles/PMC5744879

Stafford, Tom. "Why Does Walking through Doorways Make Us Forget?" BBC. 8 de marzo de 2016. https://www.bbc.com/future/article/20160307-why-does-walking-through-doorways-make-us-forget

Whitbourne, Susan Krauss. "Why and How You Daydream". Psychology Today. 8 de enero de 2013. https://www.psychologytoday.com/us/blog/fulfillment-any-age/201301/why-and-how-you-daydream

Zedelius, Claire. "Daydreaming Might Make You More Creative—but It Depends on What You Daydream about". Behavioral Scientist. 2 de noviembre de 2020. https://behavioralscientist.org/daydreaming-might-make-you-morecreative-but-it-depends-on-what-you-daydream-about

Warner, Jennifer. "Loud Bar Music Makes You Drink More". WebMD. 18 de julio de 2008.https://www.webmd.com/mental-health/addiction/news/20080718/loud-bar-music-makes-you-drink-more

Engels, Rutger C. M. E., Gert Slettenhaar, Tom ter Bogt y Ron H. J. Scholte. "Effect of Alcohol References in Music on Alcohol Consumption in Public Drinking Places". The American Journal on Addictions 20 (6): 530-34. https://doi.org/10.1111/j.1521-0391.2011.00182.x

MacArdle, Mark. "Does Country Music Drink More than Other Genres?" Medium. 14 de octubre de 2018. https://towardsdatascience.com/does-country-music-drink-more-than-other-genres-a21db901940b

Mormann, Nicole. "Spotify Reveals Top Pot Playlists in Honor of 4/20". Hollywood Reporter. 20 de abril de 2015. https://www.hollywoodreporter.com/music-news/spotify-reveals-top-pot-playlists-790195

Seibert, Erin. "Let's Talk About Iso-Principle: The Introduction". Music Therapy Time. 19 de mayo de 2015. https://musictherapytime.com/2015/05/19/lets-talk-about-iso-principle-the-introduction

CAPÍTULO 7

"Mozart – One of History's Most Tragic Figures". WNO. 25 de agosto de 2020. https://wno.org.uk/news/mozart-one-of-historys-most-tragic-figures

Hambrick, David. "What Makes a Prodigy?" Scientific American. 22 de septiembre de 2015. https://www.scientificamerican.com/article/what-makes-a-prodigy1

Lewis, Penelope A., Günther Knoblich y Gina Poe. 2018. "How Memory Replay in Sleep Boosts Creative Problem-Solving". Trends in Cognitive Sciences 22 (6): 491-503. https://doi.org/10.1016/j.tics.2018.03.009

"Thomas Edison's Secret Trick to Maximize His Creativity by Falling Asleep". HuffPost. 28 de octubre de 2017. https://www.huffpost.com/entry/thomas-edisons-secret-trick-to-maximize-his-creativity_b_59f4d276e4b06ae9067ab91c

Larson, Jennifer. "Alpha Brain Waves: What Are They and Why Are They Important?" Healthline. 9 de octubre de 2019. https://www.healthline.com/health/alpha-brain-waves#what-are-they

Yu, Christine. "Why Do We Get Our Best Ideas in the Shower?" Headspace. https://www.headspace.com/articles/shower-epiphanies

"Keep Your Brain Young with Music". Johns Hopkins Medicine. https://www.hopkinsmedicine.org/health/wellness-and-prevention/keep-your-brain-young-with-music

Suttie, Jill. "How Music Helps Us Be More Creative". Greater Good. 2017. https://greatergood.berkeley.edu/article/item/how_music_helps_us_be_more_creative

Mehta, Ravi, Rui (Juliet) Zhu y Amar Cheema. "Is Noise Always Bad? Exploring the Effects of Ambient Noise on Creative Cognition". *Journal of Consumer Research* 39 (4): 784-99. https://doi.org/10.1086/665048

"What Is Neuroplasticity? Definition & FAQs". Emotiv. https://www.emotiv.com/glossary/neuroplasticity

Lu, Jing, Hua Yang, Xingxing Zhang, Hui He, Cheng Luo y Dezhong Yao. "The Brain Functional State of Music Creation: An FMRI Study of Composers". Scientific Reports 5 (1). https://doi.org/10.1038/srep12277

Lesiuk, Teresa. "The Effect of Music Listening on Work Performance". Psychology of Music 33, núm. 2 (abril 2005): 173-91. https://doi.org/10.1177/0305735605050650

"This Is Your Brain on Jazz: Researchers Use MRI to Study Spontaneity, Creativity". Johns Hopkins Medicine. 26 de febrero de 2008. https://www.hopkinsmedicine.org/news/media/releases/this_is_your_brain_on_jazz_researchers_use_mri_to_study_spontaneity_creativity

"The Averaged Inter-Brain Coherence between the Audience and a Violinist Predicts the Popularity of Violin Performance". 2020. NeuroImage 211 (mayo): 116655. https://doi.org/10.1016/j.neuroimage.2020.116655

"Correlation between Math and Music Ability". Brain Balance Centers. https://www.brainbalancecenters.com/blog/correlation-between-math-and-music-ability

Wolchover, Natalie. "What Type of Music Do Pets Like?" Live Science. 19 de marzo de 2012. https://www.livescience.com/33780-animal-music-pets.html

Herron, Isaac. "10 Mind-Blowing Music Facts". Youth Time. 28 de mayo de 2021. https://youth-time.eu/10-mind-blowing-music-facts

Cornish, Audie, Robert Siegel, Amy Wang. "When It Comes To CDs In 2016, Mozart Outsells Beyonce, Adele And Drake". Entrevista con Pragya Agarwal. All Things Considered. Audio de podcast, 1:00. 12 de diciembre de 2016. https://www.npr.org/2016/12/12/505311193/when-it-comes-to-cds-in-2016-mozart-outsells-beyonce-adele-and-drake

"Spotify Listeners Are Getting Nostalgic: Behavioral Science Writer David DiSalvo and Cyndi Lauper Share Why". Spotify Newsroom. Spotify, 14 de abril de 2020. https://newsroom.spotify.com/2020-04-14/spotify-listenersare-getting-nostalgic-behavioral-science-writer-david-disalvo-and-cyndilauper-share-why

CAPÍTULO 8

Westmaas, Reuben. "What Getting Chills from Music Says about Your Brain". Discovery. 1 de agosto de 2019. https://www.discovery.com/science/Getting-Chills-from-Music

Jennings, Alistair. "Why Does Music Make Us Emotional?" Inside Science. 29 de diciembre de 2017. https://www.insidescience.org/video/why-does-music-make-us-emotional

"'Happy' and 'Sad' Music Differs across Cultures - Durham University". Durham University. 14 de enero de 2021. https://www.dur.ac.uk/news/newsitem/?itemno=43528

Mohana, Malini. "Music & How It Impacts Your Brain, Emotions". Psych Central. 17 de mayo de 2016. https://psychcentral.com/lib/music-how-it-impacts-your-brain-emotions

Lubin, Gus. "8 Amazing Effects That Background Music Has on Sales". Business Insider. 21 de julio de 2011. https://www.businessinsider.com/effects-of-music-on-sales-2011-7

Allen, David. "'King Kong' by Max Steiner (1933) and James Newton Howard (2005): A Comparison of Scores and Contexts". 7 de febrero de 2014. https://davidallencomposer.com/blog/king-kong-max-steiner-james-newton-howard-comparison

Roberts, Maddy Shaw. "John Williams Receives His 52nd Oscar Nomination for 'Rise of Skywalker' Score". Classic FM. 13 de enero de 2020. https://www.classicfm.com/composers/williams/52nd-oscar-nomination-star-wars-rise-skywalker

Daniel, Alex. "40 Facts About Music That Really Sing". Best Life. 27 de febrero de 2019. https://bestlifeonline.com/music-facts

Hartmann, Graham. "Science: Queen's 'Don't Stop Me Now' Is the World's Most Uplifting Song". Loudwire. 13 de febrero de 2019. https://loudwire.com/queen-dont-stop-me-now-worlds-most-uplifting-song

Sweetland Edwards, Haley. "The Best and Worst Political Campaign Songs (but Mostly the Worst)". Mental Floss. Minute Media. 7 de febrero de 2019. https://www.mentalfloss.com/article/29066/best-and-worst-political-campaign-songs-mostly-worst

CAPÍTULO 9

Cherry, Kendra. "Music Preferences and Your Personality". VeryWell Mind. 28 de enero de 2020. https://www.verywellmind.com/music-and-personality-2795424

Swartz, Aimee. "Do You Have A Mellow Music Brain Or An Intense One?" Popular Science. 22 de julio de 2015. https://www.popsci.com/do-you-have-mellow-music-brain-or-intense-one

Heshmat, Shahram. "How Music Brings People Together". Psychology Today. 30 de noviembre de 2021. https://www.psychologytoday.com/us/blog/science-choice/202111/how-music-brings-people-together

Demmrich, Sarah. "Music as a Trigger of Religious Experience: What Role Does Culture Play?" Psychology of Music 48, núm. 1 (enero de 2020): 35-49. https://doi.org/10.1177/0305735618779681

McFadyen, Darin. "Neuroscience shows listening to music has kind of the same effect as meditation". Quartz. 12 de mayo de 2018. https://qz.com/quartzy/1274667/neuroscience-shows-listening-to-music-has-kind-ofthe-same-effect-as-meditation

Fredrickson, Barbara L., Michael A. Cohn, Kimberly A. Coffey, Jolynn Pek y Sandra M. Finkel. "Open Hearts Build Lives: Positive Emotions, Induced through Loving-Kindness Meditation, Build Consequential Personal Resources". Journal of Personality and Social Psychology 95, núm. 5 (noviembre de 2008): 1045-62. https://doi.org/10.1037/a0013262

Meng, Qi, Tingting Zhao, Jian Kang. "Influence of Music on the Behaviors of Crowd in Urban Open Public Spaces". Frontiers In. 27 de abril de 2018. https://www.frontiersin.org/articles/10.3389/fpsyg.2018.00596/full

Palmer, A. "Violent song lyrics may lead to violent behavior". Monitor on Psychology 34, núm. 7 (julio-agosto 2003). https://www.apa.org/monitor/julaug03/violent

Ritter, Simone, Sam Ferguson. "Happy creativity: Listening to happy music facilitates divergent thinking". PLOS ONE 12, 9 (2017). https://doi.org/10.1371/journal.pone.0182210

ter Bogt, Tom, Natale Canale, Michela Lenzi, Alessio Vieno y Regina van den Eijnden. "Sad Music Depresses Sad Adolescents: A Listener's Profile". Psychology of Music 49, núm. 2 (marzo de 2021): 257-72. https://doi.org/10.1177/0305735619849622

Tayag, Yasmine. "Brain Manipulation Could Help Failing Artists Win Back Fans, Study Suggests". Impact. 21 de noviembre de 2017. https://www.inverse.com/article/38634-music-taste-brain-manipulation

Wu, Xiao y Xuejing Lu. "Musical Training in the Development of Empathy and Prosocial Behaviors". Frontiers in Psychology 12: 661769. 11 de mayo de 2021. https://doi.org/10.3389/fpsyg.2021.661769

Barker, Eric. "Should everyone be required to learn a musical instrument?" Barking Up the Wrong Tree. 6 de julio de 2011. https://www.bakadesuyo.com/2011/07/should-everyone-be-required-to-learn-a-musica

Stillman, Jessica. "Science: Listening to This Type of Music Makes You a Better Person". Inc. 4 de diciembre de 2019. https://www.inc.com/jessicastillman/science-listening-to-this-type-of-music-makes-you-a-betterperson.html

Allen, Summer. "Five Ways Music Can Make You a Better Person". Greater Good. Berkeley, 14 de noviembre de 2017. https://greatergood.berkeley.edu/article/item/five_ways_music_can_make_you_a_better_person

Stillman, Jessica. "This Quirky Activity Is the Best Way to Make Friends, According to Science". Inc. 17 de mayo de 2017. https://www.inc.com/jessicastillman/this-quirky-activity-is-the-best-way-to-make-friends-accordingto-science.html

Collingwood, Jane. "Preferred Music Style Is Tied to Personality". PsychCentral. Healthline. 17 de mayo de 2016. https://psychcentral.com/lib/preferred-music-style-is-tied-to-personality

Backus, Fred. "Streaming Surpasses Radio as the Top Way to Listen to Music". CBS News. 9 de abril de 2017. https://www.cbsnews.com/news/streaming-tops-radio-as-the-top-way-to-listen-to-music

"Fighting Fire with Sound: Wave Extinguisher" ESO. 10 de junio de 2018. https://www.eso.org/blog/firefighters-fight-fires-with-sound

Graham, Sarah. "True Cause of Whip's Crack Uncovered". Scientific American. Springer Nature America, Inc., 28 de mayo de 2002. https://www.scientificamerican.com/article/true-cause-of-whips-crack

AGRADECIMIENTOS

A Michael Sand y Samantha Weiner, nuestras Estrellas del Norte. No hay palabras suficientes para agradecer su confianza y cariño.

Y a nuestros colegas, amigos y seres queridos, un gracias enorme a cada uno de ustedes, significan mucho para nosotros.

Stacy Woodruff xo

Rosemary Hermann

Don Hermann

Lois Schwartzman

Adam Masterson

Jaz Masterson

Max Masterson

Jill Gabriel

Melanie Gabriel

Luc Gabriel

Isaac Gabriel

Meabh Flynn

Mike Large

Isabel Brandl

Eddie Walsh

Jason Koonce

Chris Jones

Craig Dubitsky

Lisa Silverman

Diane Shaw

Peggy Garry

Gabby Fisher

Lindsay Mergens

Mamie VanLangen

Monica Shah

Elisa Gonzalez

Abrams Sales Team

Zoë Stone

Michael Thomas

Marc Cimino

Adam Ibarra

Shirley Wu

Marni Condro

Mister Lynch

Tod Machover

Illozoo

Alexis Rosenzweig

Marc Goldberg

Britta Bucholz

Aaron Matusow

Taylor Weekly

James Robinson

Michelle Lahana

Kathey Marsella

Susan Magsamen

Amber Treadway

Laura DiMichele

Shelby Scott

Trish Greene

Lucas Reilly

Ann Marie Wilkins

Victoria Gilbert

Salwa Benloubane

Tony Johnson

Kevin Goins

Angelo Ellerbee

Yvette Alberdingk-Thijm

Patrick Tucker

Martin Mugratsch

Elisa Kim

Scott Braun

Leonard Ssemakula

Annie Ohayan

Toki Wright

Kim Jakwerth

Nikki Kearney

Billy Goldberg

Adam Neuhaus

Joe Sabia

Chris Golier

Bill Campbell

Peter Berkowitz

Mover

Charles Limb

Danielle Parillo

Brenda Ross

Mark Burk

Ahovi Kponou

Peter Haugen

Reyna Mastrosimone

Marc Rosen

Nathan Brackett

Andrew Gaeta

Cory Baker

Rich Antoniello

Greg Werner

Jenna Ruggiero

Jesse Kirshbaum

Alex Kirshbaum

Heather Berlin

The Ticknors

Daymond John

Ted Kingsbery

Alex Hoffman

Rob Bozas

Y CRÉDITOS

Cofundadores de Reverberation y editores ejecutivos
MICHAEL HERMANN, PETER GABRIEL, ANNA GABRIEL

Diseño del libro **SAMANTHA MERLEY**

Diseño de portada **MARC BESSANT**
Ilustraciones de los interiores **BRIDGET FITZGERALD**
Ilustraciones de cabeza de capítulo **GAËTAN HEUZÉ**

Editora consultora de ciencia **DIANA SAVILLE**
Editores asistentes de ciencia **KRITI G. ACHYUTUNI,
RANYA R. BELMAACHI, SHREYA V. KRISHNA**

Investigadora principal **KATIE SEMACK**
Consultora creativa **MEGAN KINGERY**

Legal **ELLIOT SCHAEFFER**
Finanzas **LENNY SANDER, BILL PELLEGRINO**

AGRADECIMIENTOS ESPECIALES A Joy Allen, Maayan Levavi, Ryan Schinman,
Universal Music Group, Eric Simon, Paula Kaplan, y a todos los artistas
y científicos maravillosos que nos prestaron su cerebro.

Autor **KEITH BLANCHARD**

Editora **SAMANTHA WEINER**
Gerenta de edición **LISA SILVERMAN**
Jefe de producción **LARRY PEKAREK**

REVERBERACIÓN
Haz todo mejor con música

Título original: REVERBERATION. Do Everyting Better with Music

Traducción: Luis Carlos Fuentes

Letras de canciones usadas con el permiso de Universal Music Publishing Group, Kobalt
Music, Brenda Richie Publishing, Sony Music Publishing (US) LLC y Hal Leonard LLC.
Todos los derechos reservados.

Referencias de fotos para las ilustraciones de las entrevistas cortesía de Eric Ryan Anderson,
Alex Elena, Jill Furmanovsky, Daniel Dorsa, Brad Heaton y Amanda Demme.

Publicado por primera vez en inglés en 2023
por Abrams Image, un sello de ABRAMS.
TÍTULO ORIGINAL EN INGLÉS: REVERBERATION
(Todos los derechos reservados en todos los países por Harry N. Abrams, Inc).

Este libro está pensado únicamente con fines de entretenimiento, y nada de su contenido
deberá interpretarse como consejo profesional médico, legal o de cualquier otro tipo. Se han
realizado todos los esfuerzos para procurar la exactitud de la información contenida en él,
incluyendo el texto y los elementos gráficos, pero éste es un campo que avanza muy rápido,
con teorías y opiniones concurrentes y otros retos para la verificación rigurosa. Por lo tanto,
la exactitud no puede ser garantizada. Busque siempre el consejo de su médico antes de
modificar cualquier rutina de salud o ejercicio.

D. R. © 2024, Editorial Océano de México, S.A. de C.V.
Guillermo Barroso 17-5, Col. Industrial Las Armas
Tlalnepantla de Baz, 54080, Estado de México
info@oceano.com.mx

Primera edición: 2024

ISBN: 978-607-557-883-5
Depósito legal: B 16361-2024

Impreso en España / *Printed in Spain*

9005863010824

OCÉANO **REVERBERATION**